Gerald Mackenthun

Politisches Denken

Athen und Rom

Gerald Mackenthun

Politisches Denken

Athen und Rom

vta

Impressum

Die Deutsche Nationalbibliothek verzeichnet diese Publikation in der Deutschen Nationalbibliographie; detaillierte bibliographische Daten sind im Internet über http://dnb.dnb.de abrufbar.

1. Auflage Februar 2020

Dr. Gerald Mackenthun, Eberbacher Str. 4, 14197 Berlin, 030 8227813

Email: verlagta@gmail.com; www.verlag-ta.de

Druck und Vertrieb: Books on Demand GmbH
In de Tarpen 42, 22848 Norderstedt

Gesetzt aus der Athelas serif Standard und der Gill sans serif light.

Umschlaggestaltung: deblik Berlin

ISBN 978-3-946130-27-7 (Print)

ISBN 978-3-946130-28-4 (eBook)

Inhalt

ROM

Können wir aus der Geschichte lernen?

Jedes Buch hat eine Vorgeschichte, und diese Geschichte ist eng verflochten mit der Geschichte des Autors.

Als junger Mann war ich ein paar Jahre bei den Jungsozialisten aktiv, der Jugendorganisation der Sozialdemokratischen Partei Deutschlands. Die Berliner Jusos waren der radikalste Landesverband. Sie analysierten den (bundesdeutschen) Staat als „Stamokap“, als Staatsmonopolistischen Kapitalismus, also als Verschmelzung eines imperialistischen Staates mit einer kaum verschleierten Monopolwirtschaft. Mit Unbehagen muss ich darauf hinzuweisen, dass dieser Begriff eine ursprünglich marxistisch-leninistische Bezeichnung zur Verurteilung demokratischer Staaten und ihrer Marktwirtschaften war. Ich hatte damals keine Ahnung, was ich da redete.

Nach meinem Ausscheiden aus der SPD habe ich diese Partei, die Partei Willy Brandts, eine Zeit lang weiter gewählt. Dann schwenkte ich zu den Grünen, da mir der Umweltschutzaspekt wichtig erschien. Ihre Verteufelung der Kernenergie, der Bundeswehr und der landwirtschaftlichen Gentechnik erschienen mir freilich schon immer ideologische Irrtümer zu sein; ihre moralinsauere Dauererregung stieß mich zunehmend ab. Unter der sachorientierten und unaufgeregten Kanzlerschaft von Angela Merkel vollzog ich einen weiteren Schwenk hin zur CDU. Im Großen und Ganzen verändert sich der erwachsene Mensch temperaments- und charaktermäßig wenig und wenn, dann allenfalls langsam. Bei mir ließ sich ein allmählicher politischer und weltanschaulicher Wandel von „links“ nach „konservativ“ erkennen, eine Entwicklung, die mich selbst überraschte[1].

Die Worte „links“ und „konservativ“ stehen in Anführungszeichen, weil derartige Begriffe in den vergangenen Jahrzehnten an Trennschärfe und Wert verloren haben. Bündnis 90/Die Grünen und ihr sie unterstützendes linksalternatives Milieu sind in Teilen konservativ, vor allem was die Bewahrung der Natur angeht. Wenn ich also konstatiere, dass ich von einem sozialdemo-

---

1 Eine Erfahrung, die ich mit Jan Fleischhauer teile: *Unter Linken. Von einem, der aus Versehen konservativ wurde.* Rowohlt, 2010

kratischen Linksliberalen zu einem sozialkonservativen Liberalen mutiert bin, dann sind das zunächst nur Etiketten, bei denen ich selbst unsicher bin, ob und wie sie verwendet werden sollten.

Da ich mich einen Liberalen nannte, interessierte mich zunehmend die Frage, was Liberalismus eigentlich sei. Liberalismus ist eine gewiss mächtige politische Strömung der Neuzeit bzw. der Moderne. Alle modernen Demokratien sind liberale Demokratien mit weiten Freiheitsspielräumen für ihre Bewohner bei gleichzeitig starken sozialstaatlichen Interventionen.

Der Liberalismus als politische Haltung ist eng verknüpft mit dem Begriff der Freiheit. Die garantierte und geschützte Freiheit in Deutschland erlaubte es mir, mein Leben weitgehend selbstbestimmt zu gestalten. Dafür bin ich dankbar. Ich wollte verstehen, auf welchen Grundlagen dieser von mir so geschätzte freiheitliche Liberalismus beruht, was ihn gefährdet und wie er geschützt werden müsste. Keine Gesellschaft scheint mir annehmbar, in der nicht Frauen und Männer weitgehend frei sind, ihr Leben in die eigenen Hände zu nehmen und ihre Meinung zu sagen.

Ich nahm zunächst an, dass Liberalismus und Freiheit aus sich heraus beschrieben werden könnten. Tatsächlich haben sie wichtige Vorläufer in der Französischen und Amerikanischen Revolution. Um diese Revolutionen zu verstehen, ist es notwendig, weiter zurückzugehen und ein tieferes Verständnis für die vorausgehende Renaissance und Aufklärung zu gewinnen, die die Saat zur Gedankenfreiheit gelegt haben.

Der Kern dieser Befreiung des europäischen Geistes besteht in der Kritik des religiösen Dogmatismus. Erst als durch kühne Denker und mutige Politiker die Macht der Amtskirche gebrochen war, konnten die Menschen ihr Potenzial entfalten. In diesem Licht erscheint mir die mittelalterliche, unhinterfragte Verschränkung von christlicher Kirche und monarchischer Herrschaft als ein über 1500 Jahre währender Umweg von den Freigeistern der athenischen Demokratie zum freiheitlichen Liberalismus der Neuzeit. Es wurde nötig, mich mit dem politischen Denken Athens zu beschäftigen. Hier liegen die Wurzeln eines undogmatischen, demokratischen Denkens, das vorher unbekannt war und zu einer später selten erreichten Blüte gelangte.

Bei diesen Überlegungen angekommen, stieß ich auf das Werk *Geschichte des politischen Denkens. Von den Anfängen bei den Griechen bis auf unsere Zeit* von Henning Ottmann (9 Teilbände mit zusammen 3434 S., J.B. Metzler Verlag, 2001-2012). Ottmann war von 1995 bis 2009 Professor für Politische Theorie und Philosophie am Geschwister-Scholl-Institut für Politikwissenschaft der

Ludwig-Maximilians-Universität München. *Geschichte des Politischen Denkens* orientiert sich an den großen Strömungen und Gestalten wie Platon, Aristoteles, Machiavelli, Hobbes oder Arendt. Philosophen, Historiker, Dichter, Theologen und Juristen kommen gleichberechtigt zu Wort. Ottmanns Gesamtschau von den Griechen und ihrer Entdeckung von Politik und Demokratie, über die Römer und die christliche Welt bis zur Gegenwart, ist geradezu überwältigend. Seine klugen Einschätzungen und unaufgeregten Bewertungen gaben Antworten auf meine Fragen und erwiesen sich als verlässlicher Leitfaden. Auch die politisch-philosophischen Bücher von Otfried Höffe waren von unschätzbarem Wert. Bei einem Werk wie diesem muss man zwangsläufig auf die Schriften anderer stützen, umso mehr, als ich speziell zu keinem Aspekt dieser Periode geforscht habe.

Bei der Lektüre mit ihren unendlich vielen politisch-historischen Fakten entstanden Fragen: Welches Wissen stellt uns die Vergangenheit für eine heutige Anwendung bereit? Was können wir aus der Geschichte lernen? Kann man überhaupt etwas aus ihr lernen? Diese Fragen liefen beim Schreiben dieses Buches im Hintergrund immer mit. Im letzten Kapitel soll eine Antwort versucht werden. Ich möchte dennoch schon hier auf drei Aspekte kurz eingehen.

1. Wenig überraschend dürfte die Erkenntnis sein, dass sich die menschliche Psyche über die Zeit kaum ändert, weder im Kollektiv noch im Individuum. Die Geschichte zeigt menschliches Handeln in allen seinen Facetten, den guten wie den schlechten. Wahn und Würde des Menschen liegen eng beieinander und laufen parallel. Zu allen Zeiten gab es Egoismus und Niedertracht, und zu allen Zeiten gab es Großherzigkeit und Solidarität. Die Unterschiede liegen in den Größenverhältnissen der beiden Gruppen zueinander. Sie entscheiden darüber, ob es den Menschen in der jeweiligen Zeit und am jeweiligen Ort besser oder schlechter geht. Das bedeutet, dass mit einer grundlegenden Verbesserung der psychisch-ethischen Grundausstattung des Menschen nicht zu rechnen ist, dass aber zugleich die äußeren Umstände so ausgestaltet werden können, dass der bessere Teil des Menschenmöglichen mehr Gewicht bekommt.

Und noch etwas scheint unvergänglich: das stete Gefühl der Überforderung. Viele Kommentatoren empfinden die Zeit ab etwa den Anschlägen am 11. September 2001 in den USA (oder ab irgendeinem anderen Zeitpunkt) als eine Krisenzeit. Die Zahl der Konflikte steigt in gleichem Maße, wie die Chancen auf Lösungen zu sinken scheinen. Die Globalisierung führe zu Arbeitszeitverdichtung, Rechtspopulismus, zunehmende Entfremdungsgefühlen und Abbau des Wohlfahrtsstaates. Das gesellschaftliche Klima werde rauer, die Bereitschaft zum Kompromiss sinke[2].

Der Blick in historische Texte lässt erkennen, dass Klagen über gesellschaftliche Unruhe und Überreizung konstant über die Jahrhunderte zu finden sind. Selbst im scheinbar so statischen Mittelalter fühlten sich Zeitgenossen immer wieder von fiebrigen Streitereien beunruhigt. Ein baldiges Ende wurde prophezeit, wenn die Menschheit sich nicht besinne. Aktuelle Klagen sind nur die Fortsetzung einer alten menschlichen Gewohnheit und müssen nicht allzu ernst genommen werden.

2. Seit dem 6. und 5. Jahrhundert vor Christus, als kühne und unabhängige athenische Denker ihre Ideen verbreiteten, hat die Menschheit alle nur vorstellbaren Herrschaftsformen ausprobiert. Aus diesen vielen Erfahrungen hat sich die repräsentative Demokratie als jene politische Organisationsform herauskristallisiert, welche am besten geeignet erscheint, für ein unblutiges, friedliches Zusammenleben der Menschen zu bürgen. Die republikanische Demokratie entspricht jener „Mischverfassung", wie sie von politischen Denkern in Athen und Rom konzipiert wurde. Sie vereinigt Elemente der Volksherrschaft (die Wähler), der Oligarchie (die Mitglieder der Parlamente) und der Monarchie (den Präsidenten oder den Kanzler).

Die repräsentative Demokratie ist mehr als nur „ein Mann, eine Stimme" (die Garantie der Wahlgleichheit). Sie ist jene Herrschaftsform, die im Ausgleich der Interessen durch *checks and balances* am weitesten geht. Der repräsentativen Demokratie sind heute unverzichtbar beigestellt Rede- und Versammlungsfreiheit, Mehrparteiensystem, unabhängige Gerichte, Garantie des Eigentums, Gewaltmonopol des Staates, weltanschauliche Neutralität der Vollzugsorgane, Minderheitenschutz, Gleichstellung von Mann und Frau, Einhaltung der Menschenrechte, Wohlfahrtsstaatlichkeit und vieles mehr. Auf wirtschaftlichem Gebiet korrespondiert sie mit einer sozialen Marktwirtschaft, d. h. einer relativen Freiheit des Wirtschaftens mit mehr oder weniger tiefgreifenden Eingriffen zur Sicherung von Chancengleichheit. Repräsentative Demokratie und soziale Marktwirtschaft bilden zusammen einen ganzen

---

[2] Beispielsweise Paul Virilio (1997) *Rasender Stillstand*. Frankfurt/M.: Fischer Taschenbuch, und *Geschwindigkeit und Politik* (2008), Berlin: Merve. Oder Thomas Fuchs, Lukas Iwer, Stefano Micali (Hg.) (2018) *Das überforderte Subjekt: Zeitdiagnosen einer beschleunigten Gesellschaft*. Berlin: suhrkamp taschenbuch wissenschaft. Die Thematik der Beschleunigung ist von anderen Autoren vielfach aufgegriffen worden.

Strauß von Rechten, wesentlich mehr als in der Zeit der Antike und wesentlich ausdifferenzierter im Vergleich zu damals.

3. Entgegen der obigen These von der weitgehenden Unveränderbarkeit der Psyche ist seit Mitte des vorigen Jahrhunderts eine erstaunliche Verbesserung der Lebensbedingungen der Menschen in globalem Maßstab zu beobachten. Es scheint, als hätte sich die Menschheit im Großen und Ganzen mehr auf ihre kooperativen, mitfühlenden und einsichtsvollen Fähigkeiten besonnen. Heute sind die Menschen weltumfassend gesehen gesünder, wohlhabender und sie leben länger als zu jeder anderen Zeit in der Geschichte des *Homo sapiens*. In den vergangenen 70 Jahren, seit Ende des Zweiten Weltkriegs, gab es einen kolossalen Ausbruch aus Armut, Kindersterblichkeit und Analphabetismus. Immer mehr Mädchen gehen zur Schule, die Schulzeit verlängert sich, Milliarden Menschen genießen einen Komfort, der vor 100 oder 200 Jahren noch unvorstellbar war. Einkommen und Gesundheit haben sich fast überall verbessert. Die Lebenserwartung hat sich in etwa verdoppelt, was die Chancen auf Freiheit und Selbstbestimmung deutlich ausweitet.[3] Dieser Fortschritt beruht ganz überwiegend auf einem Zurückdrängen von Kirchenmacht und einer weiten Verbreitung des freien Gedankenaustausches und von marktwirtschaftlichem Handel unter demokratischen, wohlfahrtsstaatlichen Staatsverfassungen, die sich der Friedenssicherung als einer oberen Maxime verschrieben haben. Zugleich sind dies die Kernbestandteile des Liberalismus.

Betrachtet man die Welt nicht nur durch die verzerrte Brille der Apokalyptiker[4], könnte man mit einigem Recht zu dem Ergebnis gelangen, dass sich die Menschheit seit einigen Jahrzehnten im Aufwind befindet. „Die Aufklärung funktioniert“, betonte der amerikanisch-kanadische Psychologe Steven Pinker in einem Beitrag für die Neue Zürcher Zeitung (21. Februar 2018[5]). Die

---

[3] Angus Deaton (2017) *Der große Ausbruch. Von Armut und Wohlstand der Nationen.* Stuttgart: Klett Cotta. Der britisch-amerikanischer Ökonom ist Professor für Wirtschaftswissenschaften an der Princeton University. Er erhielt 2015 den Alfred-Nobel-Gedächtnispreis für Wirtschaftswissenschaften für seine Analyse von Konsum, Armut und Wohlfahrt.

[4] beispielsweise der frühere EU-Parlamentarier Hans-Peter Martin: *Game over. Wohlstand für wenige, Demokratie für niemand, Nationalismus für alle – und dann*? München 2018. Sein Kompendium der Ausweglosigkeit erzeugt ein Gefühl der Lähmung.

[5] https://www.nzz.ch/feuilleton/die-aufklaerung-funktioniert-ld.1358560. Von Pinker erschienen unter anderem: *The Better Angels of Our Nature: Why Violence Has Declined.* Viking Adult, 2011. Übers. Sebastian Vogel: *Gewalt: Eine neue Geschichte der Menschheit.* Frankfurt am Main 2011. *Enlightenment Now: The Case for Reason, Science, Humanism, and*

Fortschritte seien kein bloßer Zufall. Vielmehr handelt es sich um die Fortsetzung eines Prozesses, der Ende des 15. Jahrhunderts durch die Wiederentdeckung der kulturellen Leistungen der griechischen und römischen Antike in der Renaissance angestoßen, im späten 18. Jahrhundert durch die Aufklärung und im 19. Jahrhundert durch Religionskritik fortgesetzt wurde und der im 20. Jahrhundert die menschlichen Lebensverhältnisse in fast jedem Bereich verbessert hat.

Hat die Menschheit also doch aus der Geschichte gelernt? Die Einsicht, dass Kriege unter allen Bedingungen verhindert werden müssen, ist breit akzeptiert. Menschenrechte, Demokratie und Umweltschutz haben sich in weiten Teilen der Welt durchgesetzt. 1945, gegen Ende der Nazi-Herrschaft, existierten nur noch drei demokratische Staaten in Europa: Großbritannien, die Schweiz und Schweden. Nach 1945 war Osteuropa unter sowjetischer Herrschaft. Heute sind so gut wie alle 49 europäischen Staaten Demokratien. Weißrussland, Ungarn und Serbien werden autokratisch geführt, doch sie sind weit entfernt von Zuständen wie im nationalsozialistischen Deutschland. In Lateinamerika verschwanden die Militärdiktaturen, in Osteuropa die Einparteiensysteme. Einige Staaten Afrikas und Asien lassen Wahlen und Aktivitäten der Zivilgesellschaft zu. Der demokratische Wohlfahrtsstaat, der durch Daseinsvorsorge und -fürsorge Lebensrisiken minimierte und Freiheitschancen erhöht, setzte sich gegen die Verführungen des utopischen Kommunismus und die ethnische Homogenität des Nationalsozialismus und dessen tödlichen Rassismus durch. Stattdessen dominieren auch in den außereuropäischen Zivilgesellschaften die westlichen Werte der Demokratie und des Liberalismus. Wie ist dieser humane Fortschritt zu erklären? Und warum dauerte er so lange, wo doch bereits die Antike viele benötigte Zutaten bereitstellte?

Dieses Buch möchte in knapper Form die politischen Erfahrungen der Antike rekapitulieren, um daraus mögliche Lehren für unsere heutigen Demokratien zu destillieren. Die entscheidenden politischen Fragen blieben dabei teils die gleichen, teils stellen sie sich in neuem Zusammenhang und mit verändertem Schwerpunkt dar:

Gibt es eine menschliche Natur; ist der Mensch von Natur aus gut oder böse; was folgt aus der jeweiligen Annahme für das Zusammenleben der Men-

---

Progress. Allen Lane, 2018. Übers. Martina Wiese: *Aufklärung jetzt: Für Vernunft, Wissenschaft, Humanismus und Fortschritt. Eine Verteidigung.* Fischer, Frankfurt/M. 2018. Pinkers Bücher erfahren in der Öffentlichkeit breite Aufmerksamkeit.

schen; wird der Mensch durch Gemeinschaft und Staat gehemmt und verbogen oder bei der Entfaltung seiner Natur unterstützt; unter welchen Bedingungen funktionieren kleine und größere Gemeinschaften und Gesellschaften am besten; welche Strukturen, Institutionen und Hierarchien gibt es und werden benötigt; wer soll herrschen und welche Eigenschaften sollten Herrscher und Machthaber haben; wie gelangen sie an die Macht; wie erhält man Macht und wie stürzt man Machthaber; wer macht die Gesetze und wer muss sich daran halten; gibt es Rechte für alle Menschen und alle Zeiten oder sind Gesetze gewohnheitsmäßige und willkürliche Vereinbarungen; was ist die beste Staatsform und welche Elemente muss sie besitzen; wie begründet man und wie weit reicht ein Widerstandsrecht gegen den Staat; was gilt mehr: Kollektive oder Individuen; wie gestaltet sich das Verhältnis zwischen Individuum und Kollektiv; wie weit müssen sich Individuen anpassen; was ist Gerechtigkeit, was Gleichheit? Im Schlusskapitel werde ich darauf eingehen.

Welche Rolle spielen dabei Denker und Philosophen? Apodiktisch formulierte Karl Marx in der berühmten Elften These über Feuerbach: „Die Philosophen haben die Welt nur verschieden interpretiert, es kommt darauf an sie zu verändern." Stimmt das? Alle politischen Denker versuchten auf ihre Gegenwart einzuwirken, und sei es durch Überzeugung. Zu ihren Lebzeiten hatten die wenigsten von ihnen unmittelbaren Erfolg. Die lange Reihe der politisch Denkenden – besonders die der Moderne und der Neuzeit – ist bedeutender Teil der Aufklärung, und mit dem Wirken der Aufklärung kamen ihre freiheitlichen, republikanischen und demokratischen Vorstellungen zum Zuge. „Sie haben tatsächlich die Welt verändert, zunächst die Welt des Denkens, nicht selten auch die soziale und politische Welt selbst." Das betont der deutsche Philosoph Otfried Höffe im Vorwort zu seiner *Geschichte des politischen Denkens* (2016, S. 12). Höffes Buch habe ich dankbar mit herangezogen, denn auch er erinnert einerseits an die Herkunft politischer Denkfiguren und Hauptbegriffe, stellt andererseits jene Diagnosen und Therapievorschläge vor, aus denen für unsere heutige Zeit etwas zu lernen wäre, und sei es, einige Missverständnisse und Verwirrungen aufzulösen.

Weder das politische Denken noch eine Geschichte des politischen Denkens kommt ohne politisches Interesse der Autoren und Protagonisten aus. Eine politische Neutralität ist kaum vorstellbar. Die Fülle des Materials der griechischen und römischen Antike zwingt zu einer subjektiven Auswahl. Was dabei beachtet werden sollte, ist ein methodisches Denken und das Bemühen um stichhaltige Argumente.

So ist auch mein Versuch subjektiv. Er ist beeinflusst von meinem Erststudium der Politischen Wissenschaft an der Freien Universität Berlin in den 1970er Jahren, was bereits auf mein spezifisches politisches Interesse hindeutet. Mein Zweitstudium der Psychologie Anfang der 1990er Jahre (ebenfalls an der FUB) erweiterte meinen Blick um die menschlich-anthropologische Dimension der Geschichte. Diese Erfahrungen prägen meine Erkenntnis und mein Interesse. Mein Versuch läuft auf ein kritisches Lob des Liberalismus hinaus, genauer gesagt auf einen sozialen, marktwirtschaftlichen Liberalismus, den ich im Augenblick für jene politische Weltanschauung halte, die mir am gemäßesten ist. Ich hoffe, dass sich mir einige Leser werden anschließen können.

Berlin, Winter 2020

ATHEN

Wir verdanken den antiken Griechen die Tragödie und die Komödie, die Geschichtsschreibung, die Rhetorik, den Logos[6] und die Theorie – und wir verdanken ihnen die großen Erfindungen und Entdeckungen der Demokratie und aller wesentlichen politischen Verfahren. Die Griechen hatten konkrete Vorstellungen von der Freiheit der Wahl und der Entscheidung und von der Verantwortung des Einzelnen für die Gemeinschaft. Dies hat *Politik, d.h. den institutionalisierten Ausgleich von Interessen in einer Gemeinschaft*, erst möglich gemacht. „Die Polis ist ein kollektiv verantwortlicher, zu verbindlichen Entscheidungen im Inneren und gemeinsamem Handeln nach außen befähigter Verband, dessen Ordnung auf Recht und Gesetz beruht." (Nippel in Lieber 1993, S. 23) Die Bürger sind das konstitutive Element des Gemeinwesens. Erstmals wurde Politik als eine von Freien und Gleichen gedacht.

Es gelang den Griechen, „was den Menschen in der Geschichte nicht häufig widerfuhr: Sie probten im Raum der Politik die Möglichkeiten einer vom Willen der ganzen Bürgerschaft getragenen politischen Ordnung und durchmaßen im Raum der geistigen Auseinandersetzungen alle Regungen und Ausdrucksformen, deren der menschliche Geist fähig ist. Sie sind damit zum wesentlichen Ausgangspunkt und zugleich integralen Bestandteil der Geschichte Europas geworden." (Dahlheim S. 280)

Seit dieser Zeit, schreibt Henning Ottmann, Professor für Politische Wissenschaft an der Universität München, in seiner groß angelegten *Geschichte des politischen Denkens*, befindet sich Europa im Spannungsverhältnis von individualistischem Wettstreit und Gemeinschaftlichkeit. Im antiken Griechenland wurde das Bewusstsein von Leistung und Exzellenz ebenso hervorgebracht wie das Selbstbewusstsein der Individualität. „Das Streben nach Exzellenz und Leistung hat sich mit dem Bewusstsein der Gleichheit und Gemeinsamkeit vereint" (Ottmann 2001a, Vorwort, S. VI). In der Rhetorik (dem Wettstreit

[6] Die griechischen Termini sind nicht völlig deckungsgleich mit den jeweiligen modernen Begriffen. Wie soll man beispielsweise die Bedeutung des Wortes *Logos* verstehen? Der Begriff bedeutete am Anfang bei Homer „Rede", nahm bei den Stoikern die Bedeutung von „Vernunft" als göttliche Kraft an, die die Welt regiert, und wurde in der Bibel zum schöpferischen Wort Gottes.

der Redner), in den Tragödien, in der Ethik der klassischen Philosophie: „allenthalben ist die griechische Kultur von der Spannung von Exzellenz und Gleichheit, von Wettstreit und Kooperation, von herausragendem Selbstbewusstsein und dem Streben nach Maß und Mitte geprägt. Das scheinbar Unvereinbare hat sich in der Kultur der Griechen vereint." (ebd.) Die Helden Homers drückten bereits diesen Individualismus aus. Das Wort „Selbst" existiert in dessen Epen noch nicht, aber die wichtigsten Personen können sich entscheiden und sind nicht bloß Spielball der Götter. Bürger, die ein urbanes Leben führen, gab es bei Homer allerdings noch nicht.

Polis und Staat

Die Polis war eine Einheit, die sich selbst genügte, und zwar in dreifacher Weise: erstens nach innen als Genossenschaft der Bürger, deren Zusammenleben auf Gesetzen beruhte. Die politische Verfassung beruhte auf drei Institutionen: der Versammlung der Bürger, dem Rat, der der Versammlung Vorschläge unterbreitete, und den Beamten, gewählte oder durch Los bestimmte Vertreter, deren Amtszeit auf maximal ein Jahr beschränkt wurde. Zweitens bildete die Polis kultisch-religiös den heiligen Schutzbereich der jeweiligen Stadtgottheit. Diese dienten der Identifikation und dem sozialen Zusammenhalt. Drittens waren die Beziehungen nach außen durch den festen Willen bestimmt, Fremdherrschaft nicht zu ertragen. Freiheit bezeichnete das Recht, nach eigenen Gesetzen zu leben (Dahlheim S. 55/56).

Die griechische Demokratie ist eine direkte Demokratie, im Gegensatz zur repräsentativen Demokratie der Neuzeit. Damals erfunden wurden das Wahlverfahren, die Rechenschaftslegung, Amtskontrollen, das Rede- und das Klagerecht für Jedermann. Jeder Athener hatte das Recht, Anträge zu stellen, und jeder Antrag musste im Rat der 500 vorbereitet werden. Jeder konnte Richter werden – und er musste es werden, wenn er dafür gewählt wurde.

Die Autorität der Redner auf dem Marktplatz (*agora*) speiste sich aus ihrer Kompetenz und aus der Gewalt ihrer Rede. *Arete* (Tugend) ist in erster Linie Könnerschaft. Der *Argon* (Wettstreit) steht laut Ottmann bei den Griechen für Exzellenz, für das Herausragende, für die Bildung von Persönlichkeiten. Aus der Konkurrenz entspringen Höchstleistungen. Die Polis steht für Demokratie, Gemeinsamkeit und Gleichheit. Die griechische Kultur „verband den

Willen zur Exzellenz mit dem zur Kooperation, den Willen zur Leistung mit dem Respekt vor der Gleichheit, die Bildung selbstbewusster Persönlichkeiten mit der Hochschätzung des gemeinsamen Lebens in der Stadt“ (Ottmann 2001a, S. 16). Das Gegenmittel gegen den unvermeidlichen Exzess ist das intensive Streben nach Mitte und Maß. Grundlagen einer guten Ordnung sind *eunomia, diké* und *eirene*: Wohlordnung, Recht und Friede.

Der hohe Grad der damaligen Bürgerbeteiligung wurde von keiner späteren Demokratie je wieder erreicht. Das politische Gemeinwesen der Griechen war für Jahrhunderte demokratischer als das aller Nachfolger. Jeder freie männliche Bürger nahm an der Volksversammlung und an den Gerichtsversammlungen teil. Politik in der Polis ist Bürgerpolitik. Sie waren politischer, als es die Bürger der Neuzeit sind. Ihr Zusammenleben war allerdings auch enger, mit allen damit verbundenen Vor- und Nachteilen. Der grundsätzliche Hang zum Privatleben, letztlich zur politischen Passivität ist unausrottbar.

Dass Menschen Bürger und nicht Untertanen sein können und dass sie als Bürger über Rechte und Pflichten verfügen, ist eine Errungenschaft der Antike. Im alten Griechenland stellte man sich die Gemeinschaft als etwas Menschengemachtes vor, dessen Konstitution und Organisation von Menschen gestaltet werden. Der *polites* war Teilhaber und Mitgestalter der Gemeinschaft, der *idiotes* war der Privatmann, der sich raushält. Heute ist kein Bürger verpflichtet, sich an Politik zu beteiligen. In den Staaten der Neuzeit wird Politik zur Sache von Repräsentanten. Politik wird von Abgeordneten und von Berufspolitikern gemacht.

In der Polis war die Politik ureigene Angelegenheit der Bürger, genauer gesagt der freien Griechen, zu denen auch die freien Bauern, die Gemüsehändler und Handwerker gehörten. Sie mussten nachweisen, dass Vater und Mutter Athener waren, und sie mussten sich in Wählerlisten eintragen. Diese Demokratie war, wie immer wieder betont werden sollte, eine der Bürger im engen und strengen Sinne, nicht die der Frauen, ohnehin nicht die der Sklaven und auch nicht jener Bürger aus anderen griechischen Gemeinwesen, die niedergelassenen Ausländer. Es gab keine Grund- und Menschenrechte und keine politische und rechtliche Gleichheit. Die griechische Demokratie kam ohne Parlament, ohne gewählte Abgeordnete und ohne professionelle Politiker oder Parteien aus. Es gab keinen Gesetzgeber im modernen Sinne, keinen

Juristenstand und keine ständigen Gerichte[7]. Es gab weder Schulen noch Hochschulen. Der griechische Bürger war Kleinstaatler, ein Nationalist und Partikularist, erst in zweiter Linie Hellene. Die Polis war eine Personengemeinschaft, jene Organisationsform, zu der in der Neuzeit die Kommunitaristen zurückzukehren wünschen.

Im Unterschied zum modernen Wähler, der alle vier oder fünf Jahre zur Wahlurne geht, hielten die Bürger Athens in der Volksversammlung tatsächlich und jederzeit alle Entscheidungen in ihren Händen. Die Volksversammlung tagte regelmäßig, ihre Kompetenz erfasste am Ende alle Bereiche des öffentlichen Lebens, von der Gesetzgebung über die Steuern bis zur Organisation der öffentlichen Kulte. Abgestimmt wurde durch Handaufheben. All dies erzeugte zusammen mit den umfassenden politischen Kompetenzen Selbstbewusstsein (Dahlheim S. 197). „Die Demokratie hatte damit ihren zentralen Punkt erreicht, der für alle ihre Gegner zum ersten Stein des Anstoßes wurde: es zählte die Zahl und nicht die Leistung, und es galt das Wort des Armen, da er die Mehrheit besaß.“ (Dahlheim S. 199)

Die Volksgerichte Athens wurden durch Losverfahren aus allen sich meldenden Bürgern gebildet und deren Geschworene erhielten Tagegelder. Es gab Geldbußen bei der Verweigerung der Übernahme von Amtsfunktionen durch das Los. Der Besuch der Volksversammlungen kostete Zeit, die nicht jeder hatte. Zudem interessierte sich nicht jeder für Politik, und nicht jeder Beratungsgegenstand fand interessierte Zuhörer. Dies galt besonders in guten Zeiten und dann, wenn keine existenziellen Entscheidungen anstanden.

Überall, wo Menschen aufeinandertreffen, bedarf ihr Handeln der Koordinierung. Seit den antiken Griechen beruht Politik auf dem Miteinander-Reden und Miteinander-Handeln. Die wichtigsten Mittel der Koordinierung sind Kommunikation und Verhandlung. Das ist mehr oder etwas anderes als Befehl und Zwang. Die Kunst der Argumentation und die Rhetorik gehen auf die alten Griechen zurück. Im fünften Jahrhundert v. Chr. entstand die professionelle Redekunst. Einer ihrer Seitenzweige ist die Überredung, die aber immer noch besser ist als die Gewalt, die stumm ist und nicht diskutieren will. Sprache ist ein Machtinstrument und eine für die demokratische Politik unerlässliche Kunst (Höffe 2016, S. 17). Rhetorik und Erfolg hängen zusammen. Die Sophisten sind nicht nur Wortverdreher, wie Sokrates meinte – aber oftmals waren sie es doch. Die großen Philosophen und Redner dieser

---

7 Der Vorteil sei, so Höffe, dass die Bürgerschaft nicht in Fachleute und in Laien gespalten war. Vielmehr waren alle Bürger Laien (Höffe 2016, S. 61).

Epoche waren „in einer Person Aufklärer, Gelehrte und Intellektuelle" (Höffe 2016, S. 17). Sie stellten den Menschen in den Mittelpunkt.

Politische Ämter und Priesterämter blieben getrennt. Eine Theokratie gab es bei den Griechen nicht, wenngleich die Polis auch eine religiöse Einheit war (Ottmann 2001a, S. 14). Eine organisierte Priesterschaft existiert ebenso wenig wie eine einheitliche Staatskirche. Es waren Homer und andere Dichter, die die Götterwelt schufen. Die Götter wurden nicht von einer Theokratie unters Volk gebracht. Der Abstand zwischen Menschen und Göttern war unvergleichlich geringer als im Judentum und Christentum. Götter wandeln oftmals unter den Menschen. Sie sind nicht allwissend und nicht allmächtig. Sie können den Tod beschließen und herbeiführen, aber nicht verhindern und nicht aufheben. Dennoch muss man die Rechtsordnung sakral nennen. Göttliche Mächte spielten eine herausragende Rolle. Wegen ihres göttlichen Ursprungs war Kritik an den Zuständen sakrosankt. Wenig bekannt ist, dass Platon und Aristoteles Vorstellungen vom Göttlichen vertraten, die man Monotheismus nennen könnte.

Vor der Demokratie herrschte die Tyrannei. Die Bedeutung des Wortes ist klar: Alleinherrscher und Autokrat, aber nicht unbedingt Gewaltherrscher. Er war nicht immer, aber oft ein Usurpator, einer, der widerrechtlich die Macht an sich gerissen hat. Die Tyrannis ist Folge von Klassenkämpfen im siebten und sechsten Jahrhundert vor Christus zwischen Volk und Adel, Armen und Reichen. Tyrannen sorgten für Frieden. Das erklärt eine immer wiederkehrende Bereitschaft auch unter Philosophen, der Tyrannis und dem Tyrannen eine Chance zu geben. Die Tyrannis strahlt Faszination und Reiz aus. Der Tyrann beeindruckt, weil er aus der Gemeinschaft der Sterblichen herausragt. Doch sein Fall ist unausweichlich. Was mit Gewalt beginnt, wird meist mit Gewalt beendet. Kennzeichen der heutigen Demokratie ist unblutiger Machtwechsel.

Die Bedeutung der Gesetze

Die Zeit zwischen 650 und 540 v. Chr. war die Zeit der großen Gesetzgeber: Lykurg (oder Lykurgos) in Sparta, Drakon und Solon in Athen. Ursprünglich betrachteten die Griechen die rechtlich geregelte Lebensordnung als göttliche Stiftung. Lykurg soll der frommen Überlieferung zufolge seine Ordnung von dem Gott Apollon in Delphi empfangen haben. Die griechischen Gesetzgeber nahmen mit der praktischen Tätigkeit der systematischen Erfassung des Rechts Abschied von dem Gedanken, dass das Recht auf einer von den Göttern gestifteten Ordnung beruhen müsse. Stattdessen entwickelten sie die Vorstellung von einer autonomen gesetzlichen Ordnung, die von Bürgern geschaffen wird und deren Zwecken zu dienen hat. Am Ende der Entwicklung stand das Verständnis vom Recht als der einzig legitimen Grundlage des Verfassungsstaates. Die Römer haben diesen Grundgedanken übernommen, ausgeweitet und an die späteren europäischen Rechtsordnungen weitergegeben. Soweit dachten die ersten Gesetzgeber natürlich nicht. Sie wollten Konflikte zwischen Arm und Reich, das Problem der Schulden der Armen und der Forderung nach politischer Mitsprache lösen, allerdings ohne die Vorrechte des Adels allzu sehr einzuschränken. Die Gesetze waren das Gegenteil von Rache und Gewalt. Die zu lösenden Probleme wurden dem geschriebenen und allgemein gültigen Gesetz unterworfen. Der direkte Kampf wurde abgelenkt in die Auseinandersetzung um die richtigen Gesetze (Dahlheim S. 157). Die Athener lernten, dass das Gesetz für alle Geltung haben muss, und gelernten Gerechtigkeit zu verstehen als die Durchsetzung der Gesetze, für die alle verantwortlich waren (Dahlheim S. 160).

Athen hatte mit der ausufernden Verschuldung vieler Bauern, denen der Verkauf als Sklave durch den Gläubiger drohte, der einschnürende Bindung einer großen Zahl kleiner Bauern an einen reichen Grundherren und der Aufteilung begrenzter Landflächen auf immer mehr Personen zu kämpfen. Athen stand oftmals vor dem offenen Bürgerkrieg zwischen verarmten Bauern und einem nach Reichtum jagend Adel. 594 wählten sie Solon zum Streitschlichter mit diktatorischen Vollmachten. Er sah in der Habgier und der Ungerechtigkeit der adeligen Herren die Wurzel des Übels. Nur ein Gesetz konnte die *Eunomia*, die gute Ordnung des Staates, wiederherstellen. Wie schon in Sparta war dies ein wichtiger Schritt hin zur inneren Friedlichkeit.

Solon stellte sich zwischen die beiden Lager und wollte den sozialen und politischen Kompromiss, erzwungen durch das Gesetz und nicht durch den politischen Kampf der Bürger. Dahlheim schreibt (S. 158), Solons Gesetze „werden die ersten gewesen sein, die auf Tafeln geschrieben und öffentlich aufgestellt wurden“. Schulden wurden annulliert, als Sklaven verkaufte Bürger auf Staatskosten zurückgekauft, ausländische Handwerker nach Athen eingeladen und das politische Vorrecht der adeligen Geburt durch das Vorrecht des ererbten oder erworbenen Reichtums ersetzt. Die Zahl der stimmberechtigten Bürger wurde dadurch erheblich ausgeweitet. Der nicht zu tilgende Makel war, dass nur die Bürger in der höchsten Steuerklasse in die höchsten

Ämter gewählt werden konnten. Eine dauerhafte Befriedung des sozialen Konflikts erreichte Solon nicht, da er an das Grundübel der Überbevölkerung nicht herankam. So gingen weiterhin viele ins offene Elend.

Die griechische Kolonisierung des Mittelmeerraumes beruhte ganz überwiegend auf dem Mechanismus von steigender Bevölkerungszahl und nicht nachkommender landwirtschaftlicher Produktion. Ein Grund für das Elend und den Auswertung an Auswanderungsdruck war die „Realteilung" des bäuerischen Besitzes auf die Nachkommenschaft. Bei mehreren männlichen Nachkommen musste das vorhandene Land auf immer mehr Menschen verteilt werden. Die kleinen Parzellen erwirtschaftete nicht mehr das Existenzminimum für Familien. (S. 64) Dass im wesentlichen der Adel über Jahrhunderte hin alleiniger Besitzer von Grund und Boden waren, war und blieb ein ewiger Streitpunkt und Konfliktherd. Unablässig über die Zeit forderten die Armen eine Neuverteilung des Landes und die Streichung der Schulden. Der Adel war sich uneinig und reagierte je nach Zeit, Ort und Umstände auf zweierlei Art: einige nutzten die inneren Widersprüche, um sich zu Tyrannen aufzuschwingen, andere traten als Gesetzgeber auf, um die Probleme mithilfe gesetzlich verordneter Regelungen zu lösen (Dahlheim S. 137). Und manchmal wurde das Problem ausgesessen.

Wir bewundern die griechische Kunst und Kultur, vergessen aber, dass der Krieg allgegenwärtig war (Dahlheim S. 81). Ständig bekriegten sich die Nachbarstädte. Hauptstreitpunkt war fruchtbares Land. Seeräuberei und Bandenkriege machten das Meer genauso unsicher wie das Land. Angriff und Verteidigung erforderten immer höhere Mittel, was die Diplomatie in die Welt setzte als Form der Verhandlung zwischen Kontrahenten oder zwischen potentiellen Verbündeten. Erst Rom als Zentralmacht war in der Lage, die Dauerfehde inzwischen den griechischen Stadtstaaten zu beenden (Dahlheim S. 102)[8].

Sparta

Spartas Verfassung, die *Rhetra*, ist die älteste schriftlich überlieferte Verfassung Europas. Ihre Elemente sind Doppelkönigtum, Ältestenrat (Adel) und Volksversammlung. Diese „Mischverfassung" zeigt bereits die Vorzüge der

8 Im Jahre 146 v. Chr. besiegte der römische General Lucius Mummius den Achäischen Bund und Griechenland wurde zur römischen Provinz erklärt.

Machtbeteiligung und Machtbegrenzung, des Ausgleichs und des Kompromisses. Daraus folgt eine große Stabilität. Sparta hat sie über Jahrhunderte gezeigt (Ottmann 2001a, S. 80ff.). Die Volksversammlung entschied durch Zuruf; man schätzte dabei die Lautstärke des Geschreis ab. Schon Aristoteles hatte diesen Wahlmodus „kindisch" genannt. Widerspruch des Volkes, welches vor allem aus Soldaten bestand, war wohl selten zu hören. Gehorsam galt in Sparta als eine der höchsten Tugenden. Jedenfalls war Spartas Verfassung ein tragfähiger Kompromiss zwischen Monarchie, Aristokratie und Demokratie. Eine in der Verfassung nicht erwähnte, mächtige Institution war das Ephorat, ein Aufsichts- und Entscheidungsgremium neben den drei Funktionsgruppen. Laut Ottmann ist seine Rolle historisch nicht eindeutig belegt und hat in neuzeitlichen Demokratien keine Entsprechung.

Die schöne Synthese von Politik und Kultur, wie sie Athen gelang, blieb Sparta verwehrt. Es hat seine einseitige, harte Erziehung mit der Verarmung seiner Kultur bezahlt. Man lebte kommunistisch und kriegerisch und betrieb keinen Handel mit den Nachbarn. Die Ähnlichkeiten mit einem totalitären System sind ständige Aufsicht und permanentes Gemeinschaftsleben, eine fast vollständige Auflösung der Familie, eine Erziehung mit der Peitsche, barbarische Riten, eine Ausrichtung des Lebens an Krieg und Kampf und eine Abschottung nach außen. All das sind Züge einer geschlossenen Gemeinschaft, die den Einzelnen total ergreift und ihn zu einem Instrument des gemeinsamen Lebens macht. Sparta betrieb eine Art Züchtungsexperiment. Das Dritten Reiches erblickte in Sparta ein Vorbild.

Die Epoche der Demokratie

Das Wort Tyrannos drückt aus, dass sich ein Adeliger ohne Ermächtigung durch die bestehenden staatlichen Institutionen die Macht im Staate ergreift und gewillt ist, sie auf Dauer und notfalls mit Gewalt zu erhalten. Der Tyrann unterschied sich damit von einem König, den Tradition, Erbfolge, Wahl oder die Götter legitimierten. Nahezu zweihundert Jahre lang erstreckte sich die tyrannische Herrschaftsform auf Athen und viele andere Stadtstaaten. Nicht alle Tyrannen waren schlechte Regenten, aber 510 v. Chr. vertrieben die Athener ihren letzten Tyrannen. Die Epoche der attischen Demokratie begann mit den Reformen des Solon (um 590 v. Chr.) und des Kleisthenes (um 510 v. Chr.) und dauerte zwei Jahrhunderte bis 322 vor Christus.

Die Idee der Demokratie entstanden nicht, weil es ein Modell für sie gab oder weil revolutionär gestimmte Massen politische Mitsprache und soziale Gerechtigkeit gefordert hätten (Dahlheim S. 201). Die Demokratie entstand vielmehr so, wie sich Kant und Hegel den Fortschritt der Geschichte dachten: listig hinter dem Rücken der Subjekte. Man wollte dies und jenes, aber heraus kam die Demokratie (Ottmann 2001a, S. 93). Sie kam auf leisen Sohlen und war das Ergebnis von Konsequenzen aus Erfahrungen. Die Erfahrungen waren das Zusammenstehen des Volkes gegen die Perser und die Eroberung der Ägäis durch griechische Flotten.

Der Abscheu vor Tyrannen ebnete der Demokratie den Weg, indem Solon und später Kleisthenes den Weg des Ausgleichs und der Machtverteilung beschritten. Die Entstehung der Demokratie ist mit dem Lebensgefühl der Griechen eng verbunden: mit ihrem besonderen Empfinden für Mitte und Maß, der Selbstbescheidung und des Ausgleichs. Die Faszination dieser Epoche ergibt sich aus der Kombination von Politik und Kultur, von Werten der Gleichheit und Gemeinsamkeit mit denen des Wettstreits und der Exzellenz.

Innerhalb der unbedingten Geltungskraft der Gesetze konnte jeder leben, wie er wollte. Diese Freiheit unterscheidet sich von der modernen Auffassung, wonach die Freiheit des Bürgers vor allem als Freiheit *vom* Staat verstanden wird. In Athen war es die Freiheit *im* Staat, freilich nur für die freien männlichen Vollbürger. Etwa 200 000 Menschen bewohnten das 2500 Quadratkilometer große Gebiet Athens, 30 000 von ihnen hatten das aktive und passive Wahlrecht. Ihrem Selbstverständnis zufolge war jeder Bürger für jedes Amt geeignet.

Solon (ca. 640-560 v. Chr.)

Solon erhielt das Amt des Schlichters oder Schiedsrichters 594/593 v. Chr. durch Wahl. Er entschied sich gegen die Tyrannis und für die Reform. Seine entscheidende Wirtschafts- und Sozialreform bestand in der Lastenabschüttelung, d.h. der Befreiung der verarmten, leibeigenen Bauern. Die Schuldsklaverei wurde verboten und – sofern sie bestand – rückabgewickelt. Den Verlust der persönlichen Freiheit aus Armutsgründen hatte nun kein Bürger Attikas mehr zu gewärtigen. Ursache der Schuldsklaverei war rücksichtsloses Gewinnstreben der Großgrundbesitzer. Solon galt als ehrlicher Makler zwischen den Klassen, so dass auch die Besitzenden ihm vertrauten. Sie fürchteten die radikale Forderung nach gleichem Landbesitz (*Isomoria*) für alle attischen Bürger. Das hätte die Grundfesten der gesamten bisherigen Sozialordnung in Frage gestellt.

Solon formulierte einige Grundvoraussetzung der Demokratie: eine davon ist das verantwortliche Handeln. Der Mensch ist seinen Trieben und seinen Leidenschaften nicht rettungslos ausgeliefert. Zum Menschen gehören auch der Logos und die Voraussicht, die Fähigkeit, Handeln zu steuern und an die Stelle der Begierden, der Affekte und des Zorns eine planvolle, maßvolle Politik zu setzen. Beides sind Möglichkeiten des Menschen und seiner Macht. Macht an sich ist nicht „böse". Solons Schlüsselbegriff und Leitstern (eine weitere Grundvoraussetzung, zugleich ein Ziel) ist die *Eunomia*, die gute Ordnung, das Maß und die Mäßigung, die allgemeiner Bürgerverantwortung und politische Teilhabe. Der Gegenbegriff ist die *Dysnomia*, die Unordnung.

Mit den unvermeidlichen inneren Spannungen wird die Gestaltung der politischen Ordnung zu einem Problem von existenzieller Bedeutung. Seitdem gibt es Überlegungen, wie sich die politische Ordnung stabilisieren und die sozialen Spannungen abbauen ließen. Dazu sind Eingriffe in den gesellschaftlichen Status quo unumgänglich. Diese Eingriffe sind nicht beliebig. Die Einzelmaßnahmen beruhen auf den Erfahrungen der Vergangenheit und den Wünschen für die Zukunft. Der Aktionsradius ist begrenzt, vor allem von der Tradition.

Sich einen Gesellschaftsvertrag auszudenken ist das Gegenteil von dem, was üblicherweise passiert. Üblicherweise sind staatliche Strukturen die Resultate der Reaktion auf Ereignisse und Erfahrungen. Meistens waren dies Erfahrungen der Unordnung. Die Entwicklung der Demokratie in Athen entsprang unter anderem der Notwendigkeit zur Versachlichung von Herrschaft. Es gab nicht nur Spannungen zwischen der Grundbesitzelite und der in Armut und Verschuldung lebenden Masse der Kleinbauern. Es kamen hinzu Gegensätze zwischen altem Adel und neuen wirtschaftlichen Eliten, zwischen Sympathisanten Athens und solchen Spartas und zwischen Verfechtern einer Anlehnungs- und solchen einer Autonomie-Politik gegenüber unterworfenen oder abhängigen Stadtstaaten.

Die Neuregelungen wurden in Gesetzen auf Holztafeln fixiert, auch dass eine Neuerung. In einem noch weitgehend durch mündliche Kommunikation geprägten Polisalltag versprach der Schriftgebrauch erhöhte Wirkungskraft. Das Recht der Gemeinschaft wurde nunmehr unabhängig von Situation und Anwendern zu einer zentralen staatlichen Institution. Das Bürgerrecht für Zuwanderer wurde eingeschränkt. Bodenerwerb und –besitz war den Vollbürgern vorbehalten. Für Solon und seine Zeitgenossen war die Neuaufteilung des Bodens noch nicht denkbar.

Partizipationsrechte wurden an die soziale Stellung und das Einkommen geknüpft (Timokratie; Herrschaft der Besitzenden). Es gab vier Zensusklassen. Mit der timokratischen Klassifizierung verbunden waren abgestufte politische Rechte der Mitwirkung und der Machtausübung in Ämtern. Nicht auf den angehäuften Reichtum kam es nun an, sondern auf einkommensstarke wirtschaftliche Betätigung. Das soll Attika[9] Jahre des wirtschaftlichen Aufschwungs und Wohlstandes gebracht haben. Politische Mitbestimmung für die beiden unteren Vermögensklassen gab es wohl vor allem in der Volksversammlung (*Ekklesia*) und in den mit ihr eng verbundenen Volksgerichten (*Heliaia*).

Der athenische Staatsmann und Lyriker Solon hätte Tyrann werden können, wollte es aber nicht (Ottmann 2001a, S. 73). Nach Vollendung seines Reformwerkes ging er für zehn Jahre auf Reisen. Er ist einer der wenigen, die Macht hatten und sie nicht ausspielten. Das haben viele nicht verstanden. Solon wollte der Stadt Athen ein uneigennütziger Schlichter ihrer Streitigkeiten sein. Er verachtete die Tyrannis. Seine Standesgenossen verachteten Solon dafür: Wie konnte er die Gelegenheit verstreichen lassen? Wer hoch hinaus will, muss auch herrschen wollen.

„In seinen Rollen als exemplarischer Weiser, Versöhner und Gesetzgeber der Polisgemeinschaft hat Solon einen über Platon, Aristoteles und Cicero bis in die Gegenwart sich erstreckenden Nachruhm erhalten. Authentisches und Legendäres sind dabei zu einer komplexen und von der Forschung allenfalls mühsam auszudifferenzierenden Einheit verschmolzen. Unsicherheiten bei der Bestimmung der tatsächlichen historischen Verortung Solons sind vor allem darin begründet, dass die Autoren der literarischen Hauptquellen zu Solon, nämlich Herodot, Aristoteles und Plutarch, erst im Abstand von über einem bis zu sieben Jahrhunderten nach Solons Tod über ihn und sein Werk berichtet haben." (Wikipedia, „Solon", angeklickt 28. November 2019)

Kleisthenes (ca. 570-507 v. Chr.)

Kleisthenes gilt als eigentliche Urheber der Demokratie in Athen (Dahlheim S. 163). Seine 508/507 v. Chr. durchgeführten Reformen werden in der Geschichtsforschung als Meilenstein auf dem Weg zur attischen Demokratie

---

9 Athen und die Provinzen rund um Athen

angesehen. Die Reform des Kleisthenes 508/507 v. Chr. war vor allem eine organisatorische. Sie brach die verklebte Struktur der Sippen auf und zwang die Bürger, sich mit den umliegenden Regionen und Landschaften zu befassen (Ottmann 2001a, S. 100ff.). Er zerschlug durch eine ausgeklügelte Verwaltungsreform die Gefolgschaft der Adeligen und demokratisierte durch eine gezielte Durchmischung des athenischen Volkes die Neuordnung. Die Reformen brachten den Bürgern politische Mitspracherechte und waren geeignet, bei den Bürgern ein Bewusstsein der Gemeinsamkeit zu schaffen. Der Adel behielt seine wirtschaftliche Überlegenheit, sein soziales Prestige und seine politische Führungsrolle. Reichtum, Bildung, Erfahrung, Beziehungen und die Bereitschaft zur Übernahme politischer Ämter waren und blieben die Voraussetzungen dafür.

Ebenso bedeutsam war die Schaffung des „Rates der 500", eines repräsentativen Organs, bestückt mit Delegierten der neu geschaffenen athenischen „Gemeinden" und geleitet von geschäftsführenden Vorsitzenden, einer zweiten repräsentativen Ebene. Die Amtszeit dieser Ratsherren war kurz; sie rotierten alle 36 Tage, das entspricht einem Zehntel des Jahres. Der Rat der 500 beriet nahezu täglich, er erhielt eine Aufwandsentschädigung und wurde jedes Jahr neu gewählt. Der Rat hatte einen geschäftsführenden Ausschuss von fünfzig Mitgliedern. Der Rat war eine Art Regierung, war aber abhängig von der Meinung der Volksversammlung. Die Beamten wurden per Beschluss bestimmt, denn man war seit Aristoteles der Meinung, dass sich Beamtenschaft und Regentschaft ständig abwechseln sollten. Es gab zehn ständige Gerichtshöfe, aufgeteilt nach den Prozessgegenständen.

Aristoteles schreibt dem Kleisthenes noch eine weitere institutionelle Neuerung zu: die Einführung des *Ostrakismos*, des Scherbengerichts. Mit dieser Art der Volksabstimmung konnten Adelige für zehn Jahre verbannt werden, ohne ihren Bürgerstatus und ihr Vermögen zu verlieren. Dieser Ostrakismos scheint eine gegenüber früheren Verbannungsbedingungen rechtlich abgesicherte, sanftere Form gewesen zu sein, um unliebsame Adelige aus dem Verkehr zu ziehen. Ostrakismos wurde zwischen 487 und 415 v. Chr. angewandt, mal zum Nutzen der Demokratie, mal als Mittel der Gegnerbekämpfung. Zur Stabilität Athens trug er laut Ottmann nicht bei, und er wurde schließlich vergessen.

Weitere bedeutende Athener wirkten an dem austarierten System von Institutionen und Entscheidungsfindungsverfahren mit. Perikles führte die Zahlung von Aufwandsentschädigungen (Diäten) für Richter und für den Besuch der Volksversammlung (*Ekklesia*) ein, was die Zahl der Anwesenden deutlich erhöht haben soll. Dahinter steht der ernsthafte Wunsch, auch ärmeren Bürgern die Teilnahme an den Institutionen der Demokratie zu ermöglichen. Eine grundsätzliche Debatte entspann sich über die uneingeschränkte Entscheidungskompetenz der Volksversammlung. Eine Lösung bestand darin, den Verfahrensgang für Gesetzesänderungen zu erschweren und von ad-hoc-Beschlüssen der Volksversammlung abzugrenzen. Zugleich begrenzte Perikles um 450 v. Chr. per Gesetz den Bürgerstatus. All jene wurden vom Bürgerrecht ausgeschlossen, die nicht mütter- wie väterlicherseits von athenischen Bürgern abstammten. So restriktiv handhabte keine andere Polis das Zugehörigkeitsrecht.

Erfunden und ausprobiert wurden eine Reihe von Verfahren zur Eignungsprüfung, Abstimmung, Kontrolle der laufenden Amtsführung und Rechenschaftslegung, ohne die bis heute keine sinnvolle politische Ordnung denkbar ist (Ottmann 2001a, S. 105). Erstaunlich bleibt der prozentual außerordentlich hohe politische Aktivierungsgrad der athenischen Bürger. Etwa fünf Prozent der rund 30.000 Bürger waren zu einem gegebenen Zeitpunkt Beamte im Dienste der Gemeinschaft, jedoch immer mit nur kurzen Amtszeiten (oftmals nur 30 Tage, und nie länger als ein Jahr) und immer bestimmt durch das Los. Nur Posten, die Spezialkenntnisse erforderten, wurden per Wahl besetzt, darunter die militärischen Oberbefehlshaber, die sogenannten Strategen.

Die Demokratisierung in der Mitte des 5. Jh. hatte es mit sich gebracht, dass eine bislang den Adeligen vorbehaltene und auf deren spezifische Tüchtigkeit (*Arete*) abzielende Erziehung zu einem öffentlichen, d.h. die Polis in ihrem Wesen betreffenden Anliegen wurde: Jeder freie Bürger sollte zur „politischen Tüchtigkeit“ erzogen werden. Diesen Gedanken griff Aristoteles im dritten Buch seiner *Politik* auf. Der gute Bürger müsse gut zu regieren verstehen, aber er müsse auch gut regiert werden können. Die Despotie kennt nur Herren und Untertanen, in der Demokratie regieren „Gleichartige und Freie“ sich selbst. Der gute Bürger müsse das Regieren „in beiden Richtungen“ können: verantwortlich Entscheidungen treffen und diese Entscheidungen verständig mittragen. Teilhabe ist nicht nur Privileg und Vorteil, sondern ebenso eine schwere Bürde. Die Polis verlangte ihren Bürgern viel ab. Der Freie müsse sich Wissen um das politische Gemeinwesen aneignen und sich intensiv dem politischen Geschäft widmen.

Das demokratische System erwies sich auch im Angesicht von Krisen als ziemlich stabil, auch weil es ständig angepasst wurde und man aus Erfahrung lernte. Die Anpassung und Modernisierung der Demokratie bestand im Rückbau basisdemokratischer Elemente zugunsten eines Expertentums. Noch entschied die Mehrheit, aber was sie zu entscheiden hatte, gaben nur einige wenige vor. Die Athener stabilisierten ihre Demokratie, indem sie eine Oligarchisierung zuließen. Es entstanden funktionale und soziale Eliten. Vor allem im finanzpolitischen Bereich bildete sich ein Expertentum heraus. Angesichts leerer Kassen in der Folge verlorener Kriege übernahmen reiche Bürger die Finanzierung öffentlicher Aufgaben.

Die Polis wurde dadurch immer abhängiger von ihrer wirtschaftlichen Oberschicht. Zunehmend wurde von Amtsträgern erwartet, dass sie für die Erfüllung ihrer Aufgaben eigene Mittel beisteuerten. Das schloss die ärmeren Bürger von solchen Ämtern aus. Die Macht der Verwalter der öffentlichen Kassen wuchs. Sie wurden nicht mehr – wie in Athen sonst üblich – ausgelost. Stattdessen wählte man Personen mit wirtschaftlicher Fachkenntnis und Erfahrung für eine längere Amtszeit. Lobbygruppen kamen auf, die unter Hinweis auf ihre Zahlungen Einfluss auf die Kriegs- und Handelspolitik zu nehmen suchten. Diversität, die Bildung von Untergruppierungen und Interessengruppen, scheint in jedem Gemeinwesen unvermeidlich. Seitdem wird privater Reichtum als Ressource öffentlichen und wirtschaftlichen Engagements begrüßt und steht zugleich als Quelle der Korruption und des persönlichen Vorteils unter Verdacht.

Kritik und Gefahr der Demokratie

Die Demokratie in Athen hatte es immer schwer. Aristoteles war gegen sie, weil er in ihr eine Art Anarchie vermutete, wo jeder tun und lassen könne, was er wolle. Eine der bekanntesten Redenschreiber, Isokrates, verglich die Demokratie mit der Monarchie und hielt die Monarchie für entschieden effizienter. Es sei leichter, *einem* Willen zu folgen als vielen und verschiedenartigen. Wer ständig ein Amt innehabe, gewinne einen Vorsprung an Erfahrung, während man bei kurzzeitigem Amtswechsel schon wieder in das Privatleben zurückkehre, noch bevor man ausreichend Einsicht gewonnen habe. In Demokratien und Oligarchien fühle sich niemand zuständig. Das allgemeine Wohl werde durch Rivalitäten beschädigt. Entscheidungen werden verzögert, da jeder eine andere Meinung und divergente Interessen hat. In der öffentlichen Versammlung werde mehr gestritten als entschieden. Man sei einander übel gesonnen und hoffe geradezu, dass Vorgänger und Nachfolger ein Amt schlecht verwalten, weil das dem eigenen Ansehen vorteilhaft sei (Ottmann 2001b, S. 245).

Die Kritik an der Demokratie entzündete sich an den Exempeln ihres offenkundigen Versagens. Das war beispielsweise die Vernichtung der nach Sizilien entsandten athenischen Flotte 415-413 v. Chr. Athen beherrschte im fünften vorchristlichen Jahrhundert ein maritimes Imperium, das die gesamte Ägäis einschloss und eine enorme Rendite abwarf. Warum sollte die zahlungskräftige Oberschicht für Kriegssteuern aufkommen, wenn das Ergebnis eine Niederlage ist? Seitdem gibt es ein fortbestehendes Unbehagen daran, dass die wohlhabenden Bürger die finanziellen Lasten zu tragen haben, ohne dass ihnen dies mit Ämterprivilegien vergolten wird.

Eigentlich sollten die tugendhaften, die gebildeten, die über Muße verfügenden Bürger das Sagen haben. Das läuft tendenziell auf eine Privilegierung aufgrund von Bildung, Reichtum und/oder Abstammung hinaus. Wer die an Sachverstand, Bildung, Tugend, Herkunft oder Reichtum Ungleichen gleich behandelt, verletzt mit der schematischen Legalität den wohlverstandenen Gleichheitsgedanken.

Beschwert wurde das demokratische Prinzip Athens, dass die Staatsmänner die Bürger zur Besserung und zum tugendhaften Leben erziehen sollten. „Diese Erwartung konnte eine Demokratie nicht erfüllen, die stolz darauf war, die Privatsphäre ihrer Bürger zu achten und jedem im Rahmen der Gesetze zu erlauben, zu leben, wie er will (auch wenn es keine aus überpositivem Recht abgeleitete Schranken für staatliche Regelungen geben konnte)." (Nippel in Lieber 1993, S. 29) Die Diätenzahlungen, die so vielen Bürgern überhaupt erst die Realisierung ihres Rechts auf politische Partizipation ermöglichten, wurde von der Kritik als Korrumpierung des Volkes beklagt. Die Gleichheit der Ungleichen ließ sich einfach nicht herstellen. Die Ungleichheit führt unweigerlich zu politischen Spannungen, was zu einer Instabilität der Verfassungen führte. Der Wunsch nach Stabilität und Konsolidierung ließ Athener immer wieder über die Vorteile der Oligarchie und der Tyrannis nachdenken.

Das sind Beobachtungen, wie sie in der Geschichte des politischen Handelns immer wiederkehren werden. Das Hauptargument wird gemacht aus dem Blickwinkel der Effizienz. Von hier aus betrachtet erscheint die Demokratie als eine von Eigensucht, Inkompetenz, Entscheidungsunfähigkeit, Rivalitäten und Missgunst geprägte Regierungsform. Die Städte Hellas' lagen miteinander im Streit. Die Bürger Athens selbst waren zur Zeit des Demosthenes (384–322 v. Chr.) in Anhänger und Gegner Makedoniens gespalten. Das Klima zwischen den Parteien war vergiftet, so wie heute zwischen Demokraten und Republikanern in den USA. Man überzog sich gegenseitig mit Verdächtigungen wegen Korruption oder Verrat.

Was den Schlüsselbegriff der Gleichheit angeht, so bestand die Gleichheit vor dem Gesetz, die Gleichheit auf der *Agora* samt Redefreiheit, auch für die Armen. Das demokratische Recht ist die Gleichheit nach der Zahl, nicht nach dem Ansehen. Die Widersacher wiesen darauf hin, dass Verdienst, Erfahrung und bessere Einsicht in den Hintergrund treten. Das steht im Gegensatz zur Einsicht, dass das politische Geschäft Erfahrung, Bildung und Sachverstand erfordert – Eigenschaften, die die breite Masse nicht besitzt. Und lehrt nicht die Geschichte, dass die Massen zügellos und egoistisch sind? Prominenteste Kritiker waren Platon und Aristoteles (Ottmann 2001a, S. 110ff.). Beide, in unterschiedlicher Schärfe, verbanden sie mit Chaos, Autoritätsverlust und Pöbelherrschaft.

In der Tat zeigt die frühe Demokratie auch heikle Seiten. Sie setzte bei den Bürgern große Urteilsfähigkeit voraus und verlangte einen enormen Zeitaufwand. Die attische Demokratie muss zudem immer mit der Befreiung der Bürger von Arbeit durch Sklaverei in Verbindung gebracht werden. Und der Frau kam bei den Griechen keine politische Rolle zu. Der Prozess gegen Sokrates 399 v. Chr. war unrecht und das Urteil ein Fehlurteil.

Die in Athen permanent brodelnde Gerüchteküche unterstellte gern Bestechlichkeit, sexuelle Verfehlungen oder die schlechte Behandlung von Verwandten. Gerüchte waren gängiger Bestandteil politischer und gerichtlicher Auseinandersetzungen, die Furcht vor ihnen ein Instrument sozialer Kontrolle in einer sonst relativ liberal geprägten Gesellschaft. Schon damals waren die meisten Bürger nicht in der Lage, Wahrheit und Verleumdung zu trennen. „Allerdings kannte die direkte Demokratie eine Kontrollinstanz, die der Fake-News-Kommunikation unserer Tage fehlt – die persönliche Konfrontation der Opponenten in der Volksversammlung. Sie verhinderte das, was die sozialen Netzwerke so unsozial macht: die diskursive Abschottung.“[10]

---

[10] Wolfgang Krischke: „Ehrt eure kleinen Männer“, FAZ, 24. August 2019

Macht und Hybris

Die Demokratie Athens wurde später erobernd und imperialistisch. Athen überfiel mehrmals militärisch schwächere Gegner, einfach weil es sich anbot. Als Melos, eine Kolonie der Spartaner, 416–415 v. Chr. „durch die Übermacht der athenischen Flotte angegriffen wird, schicken die Athener Gesandte, und was diese vortragen, ist das Credo aller Machtpolitik bis heute, Machtpolitik pur, ohne Schranken des Rechts, der Moral und der Religion." (Ottmann 2001a, S. 149ff.) Gemeint ist der „Melier-Dialog", verfasst von Thukydides, ein gescheiterter Versuch der Melier, durch vernünftiges Gespräch dem Untergang zu entgehen. Die Athener antworten: Wenn ihr so stark wäret wie wir, würdet *ihr* uns vernichten. Nun machen wir es.

Die Vernichtung der Melier, die mit Sparta verbündet waren, beschädigt das Bild von der griechischen Demokratie nachhaltig. Laut Thukydides zählt im Kriege nichts mehr als Macht und Stärke. Alles andere: Billigkeit, Recht, Moral, Schonung und Bedenken der Folgen, wird beiseite gewischt. Einmal ausgebrochen, führt der Krieg zu Misstrauen und Wortbruch und zur Lösung aller natürlichen Bande. Worte und Eide gelten nicht mehr. Der Krieg trifft auch die Gemäßigten, die nicht ungeschoren bleiben. Es erfolgt eine Umwertung aller Werte: Unbedachtheit gilt als Tapferkeit, vorausdenkendes Zögern als Feigheit, Sittlichkeit als Ängstlichkeit, Klugheit als Schlaffheit usw. Der Geist der Demokratie verkam zur bloßen Interessenspolitik[11]. Das hat der Idee der Demokratie über Jahrhunderte geschadet.

Im Melier-Dialog zeigt sich die Tragik der Großmächte. Um nicht zu kollabieren, müssen diese sich ausdehnen. Nur Ausgreifen sichert das Überleben, dem Ende der Expansion aber folgt der Zusammenbruch. Zu Beginn des dritten vorchristlichen Jahrhunderts erfuhr das demokratische System in Athen eine letzte Blüte, bevor es schließlich nur noch eine tote Hülle war, in der sich wieder eine Oligarchie etablierte. Von der Demokratie blieb nur die Idee.[12] Die Athener, die Melos bezwangen, 1000 Männer töteten, alle Frauen und Kinder in die Sklaverei verkauften, werden später an der maßlosen Macht untergehen.

---

11 Pseudo-Xenophon (entstanden ca. 430-420 v. Chr.): *Staat der Athener*. – „Staat der Athener ist die erste fachtechnische Schrift, die sich ausschließlich mit Politik befasst." (Ottmann 2001a, S. 227f.) Der Urheber der Schrift ist nicht bekannt; das Manuskript wurde im Nachlass des Xenophon gefunden.

12 Wolfgang Will (2019) *Athen oder Sparta. Eine Geschichte des Peloponnesischen Krieges*. München: Verlag C. H. Beck

Das Schicksal von Melos war auch der Stadt Mytilene zugedacht. Der Peloponnesische Krieg entzündete sich an der Forderung der peloponnesischen Städte, Athen möge seinen Seebund auflösen und die Verbündeten aus dem Würgegriff seines imperialen Systems entlassen. Nachdem sich der Krieg festgefahren hatte, kündigte die Stadt Mytilene auf Lesbos an, aus dem Seebund auszutreten. Die Athener waren außer sich. Sie belagerten die Stadt mit einer Flotte, die dortige Regierung wurde abgelöst und die neue kapitulierte. Wie sollte mit den Besiegten verfahren werden? Redner forderten eine exemplarische Bestrafung, um der Erosion des Seebundes Einhalt zu gebieten. Alle erwachsenen Männer sollten hingerichtet, Kinder und Frauen in die Sklaverei verkauft werden. So der Beschluss.

Am nächsten Tag aber, berichtet Thukydides, überkam einigen Mitgliedern der *Ekklesia* (Versammlung) die Reue: War es rechtens, eine ganze Stadt auszurotten, statt nur die Schuldigen? Athens oberster Souverän, die Volksversammlung, trat am nächsten Tag noch einmal zusammen. Kleon, der Wortführer des Beschlusses vom Vortag, warnte die Athener vor einer Revision. Eine Stadt mit grausamen, aber unveränderlichen Gesetzen sei besser dran als eine mit Gesetzen, an die man sich nicht hält. Athen könne seine überlegene Machtstellung nur behaupten, wenn es konsequent bei seinen politischen Verfahren und deren Ergebnissen bleibe, auch wenn die Folgen im Einzelfall fatal seien.

Sein Gegenredner, ein gewisser Diodotos, wies darauf hin, dass Beratungen und Beschlüsse katastrophale Folgen haben können, wenn Zorn die Entscheidung lenke und politische Gegner mundtot gemacht werden. Selbst legitime Verfahren könnten so ihre Akzeptanz verlieren. Eine zweite Abstimmung erbrachte eine hauchdünne Mehrheit für eine milde Bestrafung.[13]

Macht, griechisch *dynamis*, ist Möglichkeit, Potenz im weitesten Sinne des Wortes. Thukydides, geboren um 460 v. Chr., Autor der *Geschichte des peloponnesischen Krieges*, gilt als ein Realist der Macht. Sein Realismus gründet auf einer Theorie der menschlichen Natur und auf einer nüchternen Beobachtung des tatsächlichen Handelns der Menschen und Völker (Ottmann 2001a, S. 139). Macht, das arbeitet Thukydides heraus, hat ihre eigene Gesetzlichkeit und ihre eigene Versuchung. Es ist eine Eigenschaft der Macht, in sich dynamisch zu sein, ausgerichtet auf das Immer-Mehr. Das Mehr-haben-Wollen, die *Pleonexie* (Ottmann 2001b, S. 17; Höffe 2015, S. 167), ist eine Versu-

---

13 Egon Flaig (2013): *Die Mehrheitsentscheidung. Entstehung und kulturelle Dynamik*. Paderborn: Verlag Ferdinand Schöningh, S. 173ff.

chung der Macht, die den Menschen mit sich reißen kann. Das Recht erscheint demgegenüber als etwas Sekundäres. Aber Recht ohne Macht ist Ohnmacht; Macht ohne Recht ist Hybris. Hybris kommt vor dem Fall. Alle diese Probleme begleiten uns bis heute. Thukydides analysierte nicht nur, er warnte und mahnte vor der Hybris.

Rhetorik und Sophistik

Alle attischen Politiker waren nur mit dem Segen der Volksversammlung handlungsfähig. Es konnte nicht ausbleiben, dass einige Menschen über innere und äußere Eigenschaften verfügen, die sie aus der Masse heraustreten lassen. Die meisten von ihnen waren wohlhabend. Politik ist teuer. Sie verfügten über Vermögen, einen großen Namen, Beziehungen und über Jahre aufgebaute Erfahrungen. Sie mussten kompetent und sie mussten große Redner sein.

Wo Politik durch Miteinander-Reden gemacht wird, wird die Redekunst politisch bedeutsam. Man muss schon ein begnadeter Redner sein, um eine Stadt (oder einen Staat) mit Redekunst zu führen. Die Zuhörer sollten genügend Urteilskraft besitzen, zu unterscheiden, was eine verantwortungsbewusste Rede und was Demagogie ist. Das Überzeugen kann zum Überreden werden und sich fortsetzen in Täuschung und Verführung. Die Sophistik steht für beides, für die griechische Entdeckung der Politik der Überredung wie für die Verführung durch das Wort. Die Macht der Rede ist ein zweischneidiges Schwert (Ottmann 2001a, S. 212). Das gilt nicht nur für die Demokratie.

Sophisten waren eigentlich Lehrer, erhielten aber das Image des Wortverdrehers. Heute sind wir gewohnt, sie als Winkeladvokaten anzusehen, die mit ausgefeilter Rhetorik und geschickter Argumentation alles behaupten und durchsetzen können. Sie stehen eher für den Verfall des Denkens.[14] Aber es wäre ungerecht, Sophisten einzig mit Demagogie in Verbindung zu bringen. Einige („linke") Sophisten waren die ersten Kritiker der Sklaverei und die ersten Lehrer der Gleichheit der Menschen „von Natur aus" (Ottmann 2001a, S. 217). Platon und Aristoteles verteidigten noch die Sklaverei. Bei anderen („rechten") Sophisten handelt es sich um zynische Realisten der Macht und um schamlose Vertreter eines natürlichen Rechts des Stärkeren. Wenn

[14] Das englische Wort *sophisticated* hat im Deutschen keine Entsprechung, Im Englischen bedeutet es soviel wie gebildet oder urban und wird verwendet, um zu loben und zu bewundern.

Macht verwerflich ist, dann ist es auch die Macht der Rede. Miteinander-Reden ist auch ein Wettstreiten, ein Kämpfen mit Worten, eine eigene Form des Strebens nach Sieg. Dahlheim ist bei den Sophisten an die Legende vom Rattenfänger von Hameln erinnert. Ihr Ruf war nicht der beste.

Xenophon schrieb: „Die Sophisten reden, um zu betrügen; sie schreiben zu ihrem eigenen Gewinn und nützen niemandem etwas." (zit. in Dahlheim S. 252) Eine feststehende Lehrmeinung vertraten die Sophisten nicht. Ihr Merkmal war ihre Vielseitigkeit. Kritias etwa schrieb Dramen, Elegien, Reden, Dialoge, Aphorismen und über die Verfassung ebenso wie über die Natur und die Liebe. Für ihn war Gott eine Erfindung eines klugen Mannes, der mit der Gottesfurcht die Bösewichter in Schach halten wollte. Den Naturwissenschaften standen die Sophisten fern, eher waren sie Soziologen, die über die Ordnung der menschlichen Gesellschaft nachdachten.

Ihre Fähigkeiten waren gefragt, insbesondere die Fähigkeit, den Gegner durch die Kunst der Rede zu besiegen. Die Rhetorik entschied über Karrieren. Doch es war für die Demokratie gefährlich, wenn es nur noch um den Sieg im Streit der Argumente ging und nicht nur um das eigentliche Ziel, die beste Ordnung des Staates. „Damit war ein Kernproblem demokratischen Ordnung getroffen", gibt Dahlheim zu bedenken (S. 253). Der Komödiendichter Aristophanes hat in seinem 423 v. Chr. aufgeführten Stück *Die Wolken* Sokrates als Prototyp eines verdorbenen und gefährlichen Sophisten auf die Bühne gebracht. Das wurde mehr als zwei Jahrzehnte später zum blutigen Ernst, als Sokrates, der einigen als geriebener Sophist galt, angeklagt wurde, die Götter zu leugnen und die Jugend gegen die bestehende Ordnung aufzuhetzen. Andererseits soll er selbst über die Wortklaubereien der Sophisten gespottet haben.

Neben den Sophisten waren es die Komödienschreiber, die zur Ergötzung des Publikums Staat und Eliten hemmungslos durch den Kakao zogen. Religiöse Konservative standen gegen oftmals artistische Sophisten. Konservative waren bestrebt, die Tugenden des Bürgerstaates zu bewahren, die Progressiven schoben die Grenzen der Kritik der herrschenden Ordnung immer weiter hinaus. Die Sophisten begruben alle Tugenden Athens unter ihren rhetorischen Künsten. „Alles dies, das hemmungslose Karikieren von Staat, Politik, Parteien und Bildung, überlebte die Katastrophe von 404 nicht. Eine von Krieg, Niederlagen und Hunger aufgestörte Gesellschaft ertrug die burleske Art nicht mehr, in der ihre sozialen Nöte und ihre staatlichen Einrichtungen auf der Bühne vorgeführt wurden. Man wollte die gewählten Beamten und die Generäle, denen man zu gehorchen hatte, nicht in der Rolle von Schwachköpfen, Schiebern und Dieben sehen, und erst recht nicht Götter, die sich vor Schreck in die Hosen machten." (Dahlheim, S. 261) Dies ist die Grundstimmung, in der Sokrates 399 v. Chr. vor seine Richter trat.

Krieg: Sparta, Athen und Persien

Bürgerkriege flammten immer wieder auf, denn die kleinen Städte und Kolonien waren innerlich gespalten: eine demokratische Partei stand einer Oligarchie gegenüber. Athen hatte seine Bundesgenossen fast durchgehend die demokratische und Sparta den abhängigen Stadtstaaten die Oligarchieordnung aufgezwungen. Dies ging immer Hand in Hand mit Vertreibungen und Enteignungen der politischen Gegner, woraus sich die an die Macht gebrachten Parteien bedienten. Diese Bürgerkriege wurden ohne Gnade bis zur physischen Vernichtung des politischen Gegners ausgetragen (Dahlheim S. 234). Der Historiker und Feldherr Thukydides betonte, dass dieser Vorgang typisch war für viele, die noch folgen sollten. Keine der innerstädtischen Konflikte konnte ohne das Eingreifen der Großmächte entschieden werden.

Athen wie Sparta waren keine Zentralmächte, sondern Bündnisse von seit jeher kriegerisch zerstrittenen, lokalen Stadtstaaten. Besonders Athen unterlag eine Mechanik der Expansion, die keine Grenzen kannte. Athen hatte unter dem alternden Perikles den festen Willen, den Einflussbereich seines Seebundes auszudehnen. Es heißt, die europäischen Großmächte seien 1914 wie Schlafwandler in einen Weltkrieg hineinschlitterten[15]. Und so auch 432/31 v. Chr., als Athen und Sparta die Kontrolle über die lokalen Kriege verloren. Die Einzelheiten lassen sich bei Dahlheim (S. 225ff.) nachlesen. Nur soviel: Athen unterstützte eine wichtige Hafenstadt im Kampf gegen die einflussreiche Stadt Korinth. Das bis dahin neutrale Korfu rief Athen gegen Korinth zur Hilfe, obwohl Korfu wie Korinth eine Kolonie im heutigen Albanien gegründet hatten. Dort herrschte Bürgerkrieg. Korfu mit einer starken Flotte kontrollierte den Handel in der Adria und die Häfen der Poebene. Athen zwang weitere Kolonien, sich auf seine Seite zu stellen. Korinth und seine Verbündeten wandten sich an Sparta mit der Bitte um Hilfe. Die Rechtslage war nicht eindeutig.

---

[15] Clark, Christopher (2015) *Die Schlafwandler. Wie Europa in den ersten Weltkrieg zog*. München: Deutsche Verlags-Anstalt in der Verlagsgruppe Random House/Pantheon

Keine Seite konnte mehr zurück. Ein Kompromiss war unmöglich geworden. Es gab nur noch Sieg oder Untergang. Das Ziel musste die bedingungslose Kapitulation des Gegners sein. Krieg würde Leiden bedeuten, die Niederlage aber den Tod. Im Falle des Sieges winkten unvorstellbare Reichtümer und Ruhm. Schiere Großmannssucht trieb die Hellenen an. Sparta, das über keine große Seemacht verfügte, fiel zwischen 431 und 425 fünfmal auf dem Landweg in Attika ein (die Provinzen um Athen herum), „hieb die Bäume ab, riss die Weinstöcke aus dem Boden, steckten Scheunen und Höfe in Brand, während sich die attische Landbevölkerung mit ihren Herden und dem geretteten Hausrat in den Straßen Athens drängte und in Barackenlager schlief." (Dahlmann S. 229) Der Krieg endete in einem Patt und brüchigem Frieden.

Thukydides belehrt seine Leser, dass der Krieg verschiedene zufällige Anlässe hatte. Seine Ursache sei nur in einer unaufhaltsamen Kettenreaktion zu finden, die ausgelöst wurde, als Athen während der Abwehr der Perser zur Seemacht aufstieg und allmählich eine mächtige Rivalin Spartas wurde. „Mit anderen Worten: die Handelnden der Jahre 432/31 waren verstrickt in eine Situation, die sie nicht gesucht hatten, und sie wurden verantwortlich für eine Lage, die ihnen die Geschichte aufgenötigt hatte. Sie wurden schuldig, ohne dass ihre Taten sie schuldig sprachen. Denn die Macht, einmal begründet, folgt ihren eigenen Gesetzen ..." (Dahlheim S. 266/7)

Thukydides verbannte den Willen der Götter aus der Geschichte und setzte an ihre Stelle das Streben des Menschen nach Macht, Besitz und Geltung – Kräfte, die mächtiger sind als rechtliche und sittliche Bindungen. Recht und Ordnung können die Herrschsucht des Individuums nur verhüllen, ein dünner Schleier, den der Krieg zerreißt. Der peloponnesische Krieg wurde für Thukydides zu einem Drama, was bedeutet, dass das Streben nach Macht der stärkste Trieb menschlichen Handelns ist. Das auf seine Freiheit und Demokratie stolze Athen verwandelte sich in einen Tyrannen. Geschichte ist bei Thukydides identisch mit Politik und Krieg. Können Werke der Historiker für künftige Generationen einen praktischen Nutzwert haben? Ist Thukydides Rückschau einseitig? Dass Menschen ihr Handeln immer und überall dem Nutzen und dem Machttrieb unterwerfen, ist eine Hypothese, keine allgemeingültige Gewissheit.

415 v. Chr. dann dasselbe Spiel: Eine Stadt auf Sizilien rief Athen um Hilfe. Athen sicherte Unterstützung zu und wagte diesmal den Griff nach der Weltmacht. Getrieben wurden die einfachen Soldaten von der Gier nach un-

ermesslicher Beute und nach Land auf Sizilien. Athen erhofft sich die Ausweitung der Macht ins westliche Mittelmeer, auch um Sparta von Getreidelieferungen abzuschneiden. Alle ließen sich von den *Fake News* eines unermesslichen sizilianischen Reichtums verwirren. Athens Jugend zog begeistert in den Krieg. Athen hielt sich für unbesiegbaren und war zugleich getrieben von der Sorge um Machtverlust. Sparta sah ebenfalls seinen Einfluss bedroht und schickte zusammen mit Korinth Kampfschiffe nach Syrakus. Athen musste auf Sizilien kapitulieren. Die Feldherren wurden hingerichtet, die Soldaten verhungerten in den Steinbrüchen Siziliens.

Die Niederlage Athens nutzte der persische Großkönig, um im Bündnis mit Sparta seine Hoheit über die Griechenstädte in Kleinasien zu festigen. Nunmehr waren es die Spartaner, die Athen von Getreidelieferungen abgeschnitten. Finanziert mit persischem Geld, konnte Spartas Flotte auch die Dardanellen und die Getreidezufuhr aus den Siedlungen um das Schwarze Meer herum blockieren. 404 v. Chr. wurde Athen eingeschlossen, ausgehungert und zur Kapitulation gezwungen.

„Am Ende einer tödlichen Spirale von Intervention, Verfolgung, Mord und militärischer Gewalt stand nicht selten die unerbittliche physische Vernichtung des Gegners." (Dahlheim S. 234) Dieses Schicksal drohte nun Athen. Das demokratische Athen war als tyrannische Macht verhasst. Da geschah eines der seltenen Wunder: Die Spartaner zeigten sich einsichtig, gewährten Athen die Unabhängigkeit und garantierten ihr den Besitz seines attischen Landgebietes, aber die Kriegsschiffe mussten ausgeliefert und die langen Mauern zwischen Athen und dem Hafen Piräus geschleift werden. In der Stadt nahmen mit Spartas Hilfe Oligarchen die Macht, die in einer brutalen Säuberungswelle viele Demokraten dem Henker auslieferten. In allen ehemals attischen Städten stürzte Sparte die Demokratie und legte die Regierung in die Hände der Vermögenden.

Der Prozess gegen Sokrates

Der Ruf nach Friede und Ruhe erscholl in ganz Griechenland. Materiell und politisch erholte sich Athen schnell. Die Demokratie wurde bereits 403 wiederhergestellt und blieb stabil. Die lange Mauer zum Hafen wurde wieder aufgebaut. Sparta war mit seinen Eroberungen überfordert und mit inneren

Aufständen beschäftigt. Das war die Konstellation, als der Prozess gegen Sokrates begann.

Sokrates diskutierte mit den Bürgern Athens über die ethischen Grundlagen ihres Daseins. Fragen nach Tugendhaftigkeit, Vorurteilen und Vernunftwidrigkeiten wurden durchleuchtet. Sokrates hatte den unvergänglichen Gedanken, dass der *logos*, das heißt die Vernunft, im Dialog geboren wird. Andererseits: Durch sein bohrendes Fragen und Infragestellen wurde Sokrates bei den biederen Athenern als Störenfried angesehen. Er versuchte, das Wissen seines Gegenübers als nur vermeintliches Wissen zu entlarven. Aus einer Erschütterung bislang vorherrschender Sinn- und Wertvorstellungen sollten jene neuen Vorstellungen hervorgehen, die das Leben wahrhaft lebenswert machen.

Des eigenen Nichtwissens überführt zu werden, ist ein peinlicher Prozess. Damit konnte sich Sokrates keine Freunde machen. In den Dialogen stecken die Gesprächspartner von Sokrates-Platon reihenweise Niederlagen ein. Es ist sehr die Frage, ob dies ein geeignetes Verfahren ist, Erkenntnis hervorzubringen. Sokrates liebte es, die Menschen in die Enge zu treiben. Die Gesprächsführung von Sokrates hat etwas Bedrängendes, und es ist erstaunlich, dass seine Gesprächspartner nicht aus der Haut fahren, sondern gutmütig mitmachen.

Platon lässt den Sokrates die entscheidenden Aussagen wie in einem Lehrvertrag, also monologisch statt dialogisch, entwickeln. Sokrates-Platon lebten eine Überlegenheit, die sie nicht problematisierten. Sie gingen davon aus, dass philosophisches Wissen höherwertiges Wissen ist, und dass ihren Trägern eine Sonderstellung, wenn nicht gar eine herausgehobene Stellung im Gemeinwesen zustehe. Platons Anforderungen an einen philosophischen Politiker sind so hoch, das zumindest unter den zeitgenössischen Athenern nur ein einziger diese Voraussetzungen erfüllt, eben Sokrates. Was ist mit einer derart hohen Messlatte gewonnen? Und war Sokrates wirklich ein moralisches Vorbild?

Der Amerikaner Isidor F. Stone veröffentlichte 1990 das Buch *Der Prozess gegen Sokrates*. Er vertritt folgende These: Sokrates wurde beschuldigt, die Staatsgottheiten Athens zu lästern und damit die Integrität des Staates zu gefährden. Seine Sympathie für Sparta war allgemein bekannt. Er mache die demokratische Verfassung Athens verächtlich. Davon wollte er die jungen Leute überzeugen. Das kam nicht gut an. Sokrates war nicht unbedingt beliebt. Andererseits anerkannte er die Autorität des Staates. Sokrates war nicht zu fassen. Er saß zwischen allen Stühlen. In einem Lustspiel hat sich der Dichter Aristophanes unter dem Titel *Die Wolken* über Sokrates lustig gemacht. Er beschrieb ihn als Schwätzer, der phantastisches Zeug redet.

Die 501 athenischen Männer, die das Gericht darstellten, hatten nichts Schriftliches in der Hand (eine Anklageschrift ist nicht überliefert). Sokrates, der Kauz, war gegen das Schriftliche, weil er sich „mit Buchstaben nicht unterhalten kann". Sokrates zog es vor, sich selbst zu verteidigen. Das stellte sich als eklatanter Fehler heraus. Nicht nur, dass er hässlich war wie die Nacht, mit seinen wulstigen Lippen, den hervorquellenden Augen und der Sattelnase mit den großen Nasenlöchern. Er verwechselte den Gerichtshof mit dem Marktplatz. Er dachte, er könnte seine üblichen Spielchen mit Logik treiben.

Man hatte Sokrates ausführlich angehört, aber seine Rede überzeugte nicht. Mit einer merkwürdigen Sturheit sagte Sokrates in seiner Verteidigungsrede, die Götter hätten ihn beauftragt, das träge Pferd Athen wie ein stechendes Insekt zu quälen, und davon werde er nicht ablassen. Man schritt zur ersten Abstimmung. Das Ergebnis lautete 252 zu 249 gegen Sokrates. Er wurde schuldig gesprochen. Nun ging es um die zweite Abstimmung: Tod oder eine andere Strafe? Wieder redete sich Sokrates um Kopf und Kragen.

Er wurde mit 281 gegen 220 Stimmen zum Tode verurteilt. „So ging Sokrates in den Tod, nicht weil der geistige Terror in das demokratische Athen Einzug gehalten hätte, sondern weil eine tief verunsicherte und gedemütigte Stadt glaubte, Religion und Moral der Väter für das eigene Überleben schützen zu müssen." (Dahlheim S. 255)

Höffe interpretiert die Haltung Sokrates nach dem Todesurteil so: „Nie darf man um eines (angeblich) höheren Rechts willen selbst Unrecht begehen." (Höffe 2016, S. 23) Sokrates hatte seine Flucht als Unrecht aufgefasst. Die Gesetze Athens und das Urteil des höchsten Gerichts müssen unter allen Umständen befolgt werden. An diesem Punkt war Sokrates staats- und rechtsgläubig.

Doch darf man, muss man sich bei existenziell wichtigen Themen, wenn es um Leben und Tod geht, sich einer demokratischen Mehrheit beugen? Darf man sich einem Fehlurteil beugen, welches zum eigenen Tode führt? Sokrates wie Platon lehnten ein Widerstandsrecht, die Erlaubnis zum staatsbürgerlichen Ungehorsam, ab. Das Leben darf nicht höher als das Recht geachtet werden (Dialog *Triton*, 54 b).

Auch wer Platon hier nicht folgt, schreibt Höffe, dürfte zweierlei einsehen: „Man darf sich die Rechtfertigung des Ungehorsams nicht leicht machen.

Vor allem muss man bereit sein, Nachteile in Kauf zu nehmen, sei es, dass man im Fall eines weithin funktionierenden Rechtsstaats auch einmal Unrecht erträgt, sei es, dass man, weil elementare Rechts- und Gerechtigkeitsprinzipien gefährdet sind, beim deshalb erforderlichen Einspruch gegen die Gefährdung Opfer auf sich nimmt" (2016, S. 23)

Als es zum Sterben ging, war Sokrates in bester Laune. Seine Freunde und Weggefährten wollten gern noch ein letztes großes Wort vom Meister hören. Er tat ihnen den Gefallen und predigte über die Unsterblichkeit der Seele. Er hoffe, sich im Jenseits mit den Weisen aller Zeiten unterhalten zu können. Auch sei er der Meinung, dass das Leben eine lange Krankheit ist, von der er endlich geheilt werde. Sokrates' Worte berühren noch heute und haben über Tausende von Jahren viele Menschen zum Nachdenken angeregt. Kein anderer Prozess, es sei den der Jesu Christi, hat in der Vorstellung des abendländischen Menschen einen so lebhaften Eindruck hinterlassen als der des Sokrates. Beide erlangten durch ihr Martyrium die Unsterblichkeit.

Platon (ca. 428-348 v. Chr.)

Viele halten Platon (lateinisiert: *Plato*) und Aristoteles für zwei der überhaupt größten Denker der Menschheit und Begründer der abendländischen Philosophie. Was danach kam, bestehe „zu einem Großteil aus Fußnoten zu Platon und Aristoteles" (Höffe 2016, S. 17).

Platons Mutter war in erster Ehe mit dem wichtigsten Gesetzgeber Athens, Solon, in zweiter Ehe mit einem Freund des größten Athener Staatsmannes, Perikles, verwandt. Platon war sich seiner aristokratischen Abstammung immer bewusst. Das politische Denken des Abendlandes tritt in Krisenzeiten ins Leben: Bei der Geburt Platons fängt der Peloponnesische Krieg an, bei seinem Tod beginnt die mazedonische Vorherrschaft über seine Heimatstadt, dazwischen liegt die Tyrannei der sogenannten 30 und das Fehlurteil gegen Sokrates.

„Platon ist der bedeutendste Schüler des Sokrates. Seine Philosophie zieht aus dem Tod seines Lehrers [Sokrates] die radikale Konsequenz. Die Stadt, die den einzig Gerechten verurteilt, richtet sich selbst. Mit ihr war keine Politik mehr zu machen. Platon bricht mit Athen und mit der Demokratie. An die Stelle der korrupten Stadt Athen soll die gerechte Stadt treten. Und gerecht kann die Stadt nach Platon nur sein, wenn in ihr der Philosoph selber regiert." (Ottmann, 2001b, S. 1)

Platon wurde der schärfste Kritiker der Demokratie aus Erfahrung. Mit dem Todesurteil gegen seinen Lehrer Sokrates bricht er mit Athen und mit der Demokratie. Der Philosoph steht nun (angeblich) über den anderen und begründet damit eine hierarchische Gliederung der Polis. Schon dadurch wird Platons Denken tendenziell antidemokratisch und elitär.

In Platons Namen überliefert sind 30 Dialoge und 13 Briefe. Im engeren Sinne politisch sind drei Dialoge: die *Politeia* (die Verfassung, das Gerechte), der *Politikos* (der Staatsmann) und die *Nomoi* (die Gesetze). Die Gespräche sind keine Protokolle tatsächlich geführter Dialoge, sie sind Kunstwerke. Höffe nennt das Philosophieren Platons ein „Argumentationsdrama" (Höffe 2016, S. 19). Doch oftmals sind die von Platon vorgelegten Beweisführungen mangelhaft und leicht zu durchschauen. Der Leser weiß nicht, ob er von Platon aufs Glatteis geführt werden soll oder ob Sokrates-Platon die Schwäche seiner Argumentation nicht erkannte.

Ein Beispiel: Platon gründet seine Politik unmittelbar auf Metaphysik, auf einer Lehre von den „Ideen" (im Mittelalter auch „Universalien" genannt). Sie sind ewig, unveränderlich und aus einem Guss. Das war gegen das Postulat des Protagoras gerichtet, wonach der Mensch das Maß aller Dinge ist. Protagoras sagte, jeder Mensch hat seinen eigenen Maßstab, es gibt keinen allgemeinen. Platon nannte demgegenüber Gerechtigkeit, Tapferkeit oder Frömmigkeit als solche allgemeingültigen Ideen. Sie sind apriorisch vorhanden, d.h. vor aller konkreten Erfahrung. Die Existenz von Ideen ist allerdings schlecht begründet. Platons Beispiel, dass sogar ein Sklave den Satz von Pythagoras verstehen kann, ist Ergebnis einer geschickten Lehre, eines Unterrichts, keine Aktivierung einer im Menschen schon seit jeher schlummernden Idee.

In Ideen bündeln sich Prinzip, Wesen und Wert, das macht das Denken in Ideen schwierig. Platons „Ideen", das Postulat einer unkörperlichen, unveränderbaren Überwelt, verwirrte den Geist der Menschen über Jahrhunderte ebenso wie seine Idee von der Philosophenherrschaft. Die unsterbliche Seele, auch dies eine neue Idee von Platon, könne das ewig Seiende erkennen. Noch problematischer: Alles Wissen um die Ideen sei angeboren. Dabei waren die „Ideen" wiederum nur eine Idee von Platon. Schon Aristoteles, Schüler des Platon, lehnte die „Ideen" als Ausgangs- und Endpunkt aller Erkenntnis ab.

In weiteren Gesprächen, auf die hier nicht im Detail eingegangen werden kann, scheint eine Denkfigur auf, die man später bei Friedrich Nietzsche wiederfindet: Moral und Gesetz werden aus Schwäche und Ohnmacht geboren. Die Schwachen hätten Gesetz und Moral erfunden, um sich gegen die von Natur aus Starken zu schützen. Immer wieder begegnet man in der Geschichte jenen Philosophen und Politikern, die der Meinung sind, dass dem von Natur aus Stärkeren von vornherein mehr gebührt. Naturrecht bedeute das Recht des Stärkeren; das gelte für die Natur, für Menschen und für Staaten in gleicher Weise. Wenn die Starken gerecht handeln, dann nur, weil ihre Machtinstinkte durch Erziehung verkrüppelt wurden. Dieses Naturrecht tritt mit dem Anspruch auf, die realistischere Weltsicht zu sein.

Der Tyrann müsste der eigentlich Glückliche sein, weil er sich alles leisten kann. Dem widerspricht Platon; die Hybris des Tyrannen kann niemals maßvoll sein. Das größte Glück bestehe darin, gerecht und besonnen zu sein und in echter Gemeinschaft mit Göttern und Menschen zu leben. Kein noch so (politischer) Erfolg entschädigt die Seele für das ihr entgehende innere Glück (Ottmann 2001b, S. 20). Der Mensch solle sich nicht nur erhalten, sondern bessern. Das sei auch Aufgabe des guten Politikers: das Volk besser zu machen.

Eine zentrale Idee Platons ist die der Gerechtigkeit. Platons Gerechtigkeit, die höchste aller Ideale, war nicht von dieser Welt, zugänglich allenfalls nur wenigen, über lange Jahre geschulten Philosophen. Wollte die Politik also gerecht sein, so musste sie in die Hände von Philosophen gelegt werden. Die Menschen seien von Natur aus unterschiedlich, sowohl in ihrer körperlichen Beschaffenheit und ihrer gesellschaftlichen Stellung, aber auch was ihre Moral und den Grad ihrer Intelligenz betrifft. Nur einigen Weise messe die Natur die Fähigkeit zu, sich vernünftig und damit zugleich moralisch richtig zu verhalten. Die überwiegende Mehrheit sei dazu nicht in der Lage. Die Autorität der Weisen tritt an die Stelle der freien Entscheidung: „Niemand, weder Mann noch Weib, sollen jemals ohne Führer sein“ (Gesetze 942A, zit. Dahlheim S. 273).

Zugleich und im Gegensatz dazu, so Ottmann, spitzt Platon die Vorstellung vom verantwortlichen Individuum noch einmal zu. Das Individuum ist eines, das sein Leben wählt und zu verantworten hat. „Platons politisches Denken markiert einen welthistorischen Wendepunkt zur Subjektivität." (Ottmann, 2001b, S. 2) Diese hohe Selbstverantwortlichkeit ist ein Privileg und kommt nicht allen zu.

Politeia

Die *Politeia* (geschrieben nach 387 v. Chr.) ist Platons philosophisches und politisches Hauptwerk. Er entwirft darin die „beste Stadt". Es handelt sich um eine Utopie *avant la lettre*, wie sie später von Thomas Morus (1516), Bacon (1627) und Campanella (1623) fortgesetzt wurde. In der *Politeia* geht es um das Glück des Gerechten; der Gerechte wird glücklich. Platon will beweisen, dass Gerechtigkeit und Glück kein Gegensatz, sondern ein Paar sind (Ottmann 2001b, S. 23).

Was ist Glück, was Gerechtigkeit? Das größte Glück bestehe darin, gerecht und besonnen zu sein und in echter Gemeinschaft mit Göttern und Menschen zu leben. Kein noch so großer (politischer) Erfolg entschädigt die Seele für das ihr entgehende innere Glück (Ottmann 2001b, S. 20). Aber Platons utopisches Modell beruht auf einem starken Paternalismus; die Philosophen wissen, was für die anderen Stände Glück bedeutet.

Der ideale Staat hat nach Platon den Zweck, die Idee des Guten zu verwirklichen; mit der Umsetzung der Gerechtigkeit soll eine Voraussetzung für das gute Leben jedes Bürgers geschaffen werden. Zwischen dem Individuum und dem Staat besteht für Platon eine Analogie, denn so wie sich Gerechtigkeit im Einzelnen als bestimmter innerer Ordnungszustand entfaltet, so macht eine bestimmte Ordnung der Polis diese zu einem gerechten Gemeinwesen. Diese Ordnung ist bei Platon hierarchisch, undurchlässig und stabil – und in unseren heutigen Augen ungerecht.

Die Idee von der Verschmelzung von Glück und Gerechtigkeit wird denn auch als weltfremd hingestellt, und zwar vom Gesprächspartner Thrasymachos, einem Sophisten: Der Gerechte stehe schlechter da bei Geschäften, er zahle zu viel Steuern, er vernachlässige seine eigenen Angelegenheiten zu Gunsten seiner Klienten, er mache sich unbeliebt bei Freunden und Verwandten, die auf seine Protektion setzen, die er ihnen verweigern muss. Und wenn man nach seinem eigenen Vorteil sucht, so Thrasymachos, dann bitte im großen Stil, nur so werde man reich und stehe in hohen Ehren. Gerecht sei alles, was dem Stärkeren und Mächtigen nützt. Dieses Gedankenbild ist uns heute noch geläufig: Die kleinen Diebe werden gehängt, den großen Verbrechern errichtet man Denkmäler. Es erinnert an die Frage von Bertolt Brecht: Was ist ein Bankraub gegen die Gründung einer Bank?

Jahrhunderte später wird Niccolò Machiavelli den Fürsten empfehlen, sie müssten nicht gerecht sein, sondern nur gerecht *scheinen*. Bei Platon betont Glaukon, dass Gerechtigkeit ein soziales Produkt sei, welches zwischen zwei

Menschen und ihren Vorstellungen von Gerechtigkeit entsteht. Nur die Angst, durch missbilligende Blicke der anderen bestraft zu werden, hält die Menschen vom unrechten Tun ab.

Die Angst der Menschen vor dem mit gerunzelter Stirn der Götter ausgesandten Blick könne man vergessen, wendet ein weiterer Gesprächspartner, Adaimantos, ein. Erstens gebe es keine Götter, zweitens, wenn es sie gäbe, kümmerten sie sich nicht um die Menschen, und drittens, würden sie sich kümmern, wären sie mit ein paar Räucherstäbchen und Weihegeschenke leicht zufrieden zu stellen. Der Blick der Götter sei nur erfunden worden, um den Menschen Angst einzuflößen vor dem Unrechttun. Platon kann die Argumente Adaimantos' nicht widerlegen; er muss sie (in einem anderen Text) als Blasphemie unter Strafe stellen. Das Argument, es gebe keine Götter, ist für Platon nicht verhandelbar (Ottmann 2001b, S. 31). Er kann dem Atheismus kein Argument entgegenstellen, nur die Strafandrohung.

Die Dialoge Platons berühren grundsätzliche Probleme der Demokratie, die bis heute nicht gelöst sind und wahrscheinlich nie endgültig lösbar sind. Platon kritisiert im achten Buch der *Politeia* die Demokratie, wie er sie versteht, weil sie alle mitreden lässt, gleichgültig, ob diese etwas von Politik verstehen oder nicht, ob die Beteiligten Wissen und Kompetenz haben oder nicht. In der Demokratie herrsche volle Freiheit, vor allem Redefreiheit, und jeder habe die Erlaubnis zu tun, was er nur wolle. Wie die Oligarchie als letztes und höchstes Ziel den Reichtum einer kleinen Oberschicht anstrebt, so habe die Demokratie die Freiheit als oberstes Ziel im Auge.

Das demokratische Staatswesen sei wie ein buntes Kleid mit vielen Blumen darauf. Niemand unterliege einem Zwang, ein Regierungsamt anzunehmen, und es gebe keinen Zwang, sich regieren zu lassen. Im *Staat* vertritt er die aktuelle These, dass Menschen in Demokratien eine Sucht nach Freiheiten entwickeln, die ihnen auch gewährt werden. Sie beginnen, ihren Selbstwert zu empfinden und Autoritäten zu hinterfragen – die Eltern, die Lehrer, die Regierung. Alle Bürger werden mit der Zeit gleich, der Sklave wie der Großgrundbesitzer, die Frau wie der Mann. Niemand achte mehr auf etwas, auch nicht auf Gesetz und Urteil. Es mache sich allgemeine Gleichgültigkeit breit, auch gegenüber Unterricht und Erziehung. Die Menschen folgten nur noch ihren Begierden. Die Obrigkeit fürchtet sich vor den Bürgern, die Väter vor ihren Söhnen, die Lehrer vor den Schülern, die Alten vor den Jungen. Die Freiheitsliebenden würden hochempfindlich gegen jeden Zwang werden, so dass sie schließlich auch die Gesetze ablehnten.

Platon beschreibt antike Shitstorms, „gegenseitige Anklagen“ und „Kämpfe“. Er beschreibt Bürger, deren Seelen im Freiheitsrausch so „zart“ werden, dass sie keine Autoritäten mehr ertragen. So entstehen Vorwürfe gegen alle Bessergestellten, Teil eines Establishments zu sein. Die Bessergestellten wehren sich und machen so den Vorwurf wahr: Sie treten als Block auf. Schnell kommt ein populistischer Politiker empor, der den Menschen verspricht, sie von dieser Herrschaft der „Volksfeinde“ zu befreien. Es ist der spätere Tyrann, der zu dieser Zeit noch von Freiheit redet. Die antiken Facebook-Menschen wählen ihn.

Der Tyrann ist das zweitgrößte Problem der Demokratie. Demokratie ist nicht grundsätzlich gefeit gegen die Herrschaft des Mobs wie gegen die Herrschaft des Tyrannen. Ist der Tyrann dank des Mobs erst einmal an der Macht, wird er seinen Kampf gegen die „Volksfeinde“ fortsetzen. Er wird die Opposition unterdrücken, weil sie dem wahren Volkswillen entgegensteht, den er verkörpert. Und dann werde „das Volk, beim Zeus, wohl sehen, was für ein Früchtchen es sich erst erzeugt und dann gehegt und gepflegt hat“, schreibt Platon.

Gewissen- und Zügellosigkeit, geistige Verwahrlosung und mangelnde Bildung – das assoziierte Platon mit „Demokratie“. Aus diesem verlotterten Staatswesen müsse fast mit Notwendigkeit eine Tyrannei hervorgehen. Denn „die nach Freiheit durstige Demokratie“ wird sich aller entledigen, die mit Klugheit und Vernunft dem entgegenstehen. Die freiheitliche Selbstgestaltung selbst nur in der Privatsphäre machte Platon Angst. Deshalb seine autokratischen Vorstellungen von bevormundenden Staatsführern, die auch die Privatsphäre samt Familie aufheben und das Privateigentum abschaffen. Die Staatstheorie Platons ist deshalb im 20. Jahrhundert massiv kritisiert worden[16].

Platon verfolgt das Argument, dass richtiges Handeln des richtigen Wissens bedürfe. Ein guter Bürger beherrscht seine sinnlichen Lüste. Wer besitzt eine solche Zucht und ein solches Wissen und worin besteht dieses und kann man es lernen? Platon spricht in dem Dialog mit Glaukon, aber Glaukon ist kein ebenbürtiger Gesprächspartner. Vorschnell bestätigt er die Schlussfolgerungen Platons. Platons These, die ungezügelte Freiheit in der Demokratie schlage unweigerlich in das Gegenteil, die Tyrannis um, wird von ihm nur behauptet, nicht begründet.

---

16 vgl. Christoph Horn: Politische Philosophie, in: ders., J. Müller, J. Söder (Hrsg.), *Platon-Handbuch*, 2009, S. 178f.

Platons Kritik der Demokratie speiste sich zentral aus dem Todesurteil gegen Sokrates 399 v. Chr. Aus seiner Sicht war der Prozess gegen Sokrates an den Haaren herbeigezogen und das Urteil ein Fehlurteil. Das angeblich demokratische Athen habe den größten lebenden Denker wegen einer Lappalie zum Tode verurteilt. Bis in die Neuzeit ist die Haltung Sokrates' gegenüber diesem Urteil eine Herausforderung und ein Rätsel. Obwohl er hätte fliehen können, blieb er und trank den Schierlingsbecher.

Es ist Protagoras, der in dem gleichnamigen Dialog die Demokratie verteidigt und behauptet, dass Tugenden gelernt werden können, d.h. auch die des gerechten politischen Handelns. Protagoras nimmt keine Menschen davon aus. Deshalb kann Politik Sache eines jeden (nicht nur der Fachleute) sein. Dass das Lernen oft misslinge, spreche nicht gegen das Prinzip. Protagoras vertritt eine ausgewogene Theorie, die sowohl der Erziehung als auch der natürlichen Anlage, sowohl der Übung als auch der „Natur" ihr Recht gibt (Ottmann, 2001b, S. 12).

Herrschaft der Philosophen

Der nächste gedankliche Schritt bei Platon führt direkt in den Kommunismus: Die tendenziell aus dem Ruder laufenden Bedürfnisse müssen künstlich beschnitten und auf Ernährung, Verteidigung und Regierung beschränkt werden, nach Platon die drei wesentlichen Funktionen einer Stadt. Sie entsprechen den drei Ständen des Stadtwesens: die Bauern und Handwerker, die Krieger und die Herrscher. Die Philosophen sind weise und nur sie sollen die Stadt regieren. Diese „beste Stadt" hat die Struktur einer Pyramide: unten die vielen Mitglieder des Nährstandes, in der Mitte die Wächter (Polizei, Soldaten, Richter) und oben die wenigen Philosophen. Ökonomisch gesehen ist es sinnvoll, die Tätigkeiten zu spezialisieren und arbeitsteilig miteinander zu kooperieren. Aber Platon separiert und trennt die Menschen, statt sie miteinander zu verbinden (Ottmann 2001b, S. 37).

Die Philosophen sind weise und nur sie sollen die Stadt regieren. Der zentrale Satz lautet: „Wenn nicht entweder die Philosophen Könige werden in den Staaten oder die jetzt so genannten Könige und Gewalthaber wahrhaft und gründlich philosophieren und also dieses beides zusammenfällt, die Staatsgewalt und die Philosophie, so gibt es kein Ende des Unheils für die Staaten und auch nicht für das menschliche Geschlecht." (*Politeia*) Die Philosophenkönige müssen auf eine eigene Familie, auf Kinder und auf Reichtum verzichten. Damit würden sie die Fähigkeit und die Verführung zum Nepotismus verlieren. Platon entwarf einen Staat, in welchem die Macht der Philosophen mit Verzicht verknüpft war. Das widersprach allem, was man je von Politik gehört hat.

Platons ideale Polis ist eine Meritokratie, eine Herrschaft der Besten, der streng ausgewählten Philosophen-Könige, wobei die Meriten (lat. *meritum*, Verdienst, gutes Werk) sich aus der Verbindung von intellektuellen und charakterlichen Vorzügen ergeben. Welcher Mensch ist am vortrefflichsten? Wer die vier Kardinaltugenden (lat. *cardon*, die Türangel) besitzt: Besonnenheit, Tapferkeit, Weisheit und Gerechtigkeit. Mehr als die vier Tugenden, um die sich alles dreht, gibt es nicht.

In Platons Welt werden „von Natur" Herrscher, Bürger, Krieger und Sklaven hervorgebracht. Die hierarchische Dreiteilung ist künstlich, sie kennt keine Durchlässigkeit. Die Aufgaben der drei Stände sind strikt voneinander getrennt. Daran ist nichts gerecht. Sie erlaubt keinen Wechsel der Regierung, wie sie für Demokratien kennzeichnend ist.

Immerhin ergibt sich die Zugehörigkeit zu einer Kaste laut Platon nicht durch Geburt, sondern durch geistige und moralische Kompetenzen. Aber Philosophen und Herrscher können nur ganz wenige werden, und es ist anzunehmen, dass darüber unweigerlich ein Streit ausbrechen muss. Es lohnt sich, über die Rolle der Dichter, die Fähigkeiten der Philosophen, die Erziehung, die Gleichheit von Mann und Frau, die Vorteile einer Herrschaft der Philosophen (bei Platon können selbst Frauen Philosophenköniginnen werden), gleiche Erziehung für Mädchen und Jungen usw. nachzudenken. Es bleibt aber dabei, dass das Kastenwesen Platons die Stadt in ein Korsett zwingt, in welchem sich niemand mehr bewegen kann.

Das Zusammenleben der Geschlechter wird auf den Zweck der Fortpflanzung und zur Züchtung wünschenswerter Eigenschaften reduziert. Aus der Stadt der Erziehung wird eine Zuchtanstalt. Hochzeiten werden staatlich arrangiert. Die Trennung von Privat und Öffentlich wird aufgehoben. Seltsamerweise muss die Philosophen-Kaste asketisch leben. Die Normalbevölkerung aber, der Ernährungsstand, dürfe ihre Unterdrückung mit dem Streben nach Geld und Besitz kompensieren. Wie könnte das funktionieren? Die Wirtschaft bleibt privat und frei, das unterscheidet Platons Utopie vom Kommunismus (Ottmann 2001b, S. 48). Aber die Zerstörung der Familie als Wurzel des Staates und der Gesittung müsste gesellschaftlichen Verfall notwendig nach sich ziehen. Lohnt es sich, genauer auf diese Utopie einzugehen?

Die Utopie von den separierten Ständen wurde später von Nietzsche noch einmal radikalisiert. Bei ihm gibt es nur eine winzige, sich selbst genügende Kaste von Genies, der eine rechtlose Sklavenbevölkerung zuzuarbeiten hat. Die meisten Menschen des Westens werden heute eine solche Staatsform ablehnen, ebenso den Kommunismus, auf den Platons Staatslehre hinausläuft. Sie ähnelt dem rigiden Kommunismus Mao Tse-Tungs, der Roten Khmer und Nordkoreas.

Aber gibt es nicht doch immer wieder einmal vortreffliche Herrscher? Beispielsweise Kyros II., der Begründer des persischen Achämenidenreiches, den schon Herodot als vorbildlichen Herrscher dargestellt hatte. Xenophon, wie Platon ein Sokrates-Schüler, verfasste die *Erziehung des Kyros*, einer der ersten „Fürstenspiegel". Kyros, so Xenophon, finde bei seinen Untertanen „freiwilligen Gehorsam", da er sich durch Frömmigkeit, Besonnenheit und eine asketische Bedürfnislosigkeit auszeichnet, die sich mit umfassender Menschenfreundlichkeit (Philanthropie) verbindet. Xenophanes' Zeitgenosse Isokrates lobte den makedonischen König Philipp II. als Führer der Hellenen. Demostenes hingegen tritt als scharfer Kritiker von Philipp II. hervor – in seinen *Philippika*, kämpferischen Brandreden gegen diesen Herrscher, dem „Schurken aus Makedonien". Was, wenn der beste Herrscher nicht als ein solcher erkannt und anerkannt wird?

In der Mitte des zweiten Buches von *Politeia* stellt Platon in einem Gedankenexperiment die Entwicklung eines gerechten Gemeinwesens dar. In der Urpolis leben die Bürger frei von Neid, Eifersucht und anderen Leidenschaften in Frieden und Eintracht. Die Bewohner in der zweiten Stufe, der differenzierten Polis, haben ausufernde Bedürfnisse. Diese Bedürfnisse müssen gelenkt werden, es braucht Herrschaft.

Der Ursprung der Herrschaft liegt also in einer ausufernden Begehrlichkeit, nicht, wie viel später spekuliert wurde, im Grundeigentum oder im Eigentum an Produktionsmitteln. Wegen der stetig steigenden Bedürfnisse braucht das Gemeinwesen mehr Land, es kommt zu Kriegen um Ressourcen. Unersättlichkeit, also eine psychologische Eigenheit, führt zum Krieg. Dieses Stadium kann nur durch Besonnenheit und Selbstbeherrschung überwunden werden. Darauf hebt das Quartett der Kardinaltugenden ab. Ein „Zurück zur Natur" gibt es bei Platon nicht. Der Mensch kommt nur progressiv, durch sittliche Kultur, in einen höheren und besseren Zustand.

Platon formulierte eine zur heute verbreiteten Kapitalismuskritik alternative Begründung. Nicht die Unternehmer, nicht „die anderen", nicht der Kapitalismus, nicht das Privateigentum an Produktionsmittel, sondern der Mensch selbst mit seinem Immer-mehr-Wollen ist die tiefere Ursache für Konkurrenz und Konflikt. Der Mensch muss seine lebensnotwendigen Bedürfnisse nach Nahrung, Kleidung und Wohnung befriedigen, er muss dies durch Arbeit und Produktion tun, wobei Arbeitsteilung und Spezialisierung sowohl die Arbeit erleichtern als auch die Produktivität steigern. Sofern alle Wirtschaftssubjekte genügsam sind, könnte dieses idyllische System funktionieren. Damit wird aber mindestens ein Element der Anthropologie unterschlagen: die Gier.

Die Gier, die *Pleonexie* (gr. *pleon*, mehr, und *echein*, haben[17]), wütet nicht bloß in einer Wirtschaft- und Finanzelite, sondern in jedem Menschen und kann daher nicht schon durch eine neue Wirtschaftsordnung überwunden werden. „Es braucht vielmehr einen grundlegend neuen, von Habsucht, am besten auch von Ehr- und Herrschsucht freien Menschen." (Höffe 2016, S. 35) Da das nicht zu erwarten ist, bedeutet das, dass es eines staatlichen Apparates bedarf, um Pleonexie einzudämmen, und an der Spitze Regenten, die dieser *Conditio humana* widerstehen können. Deshalb den Regenten Privateigentum und Familie verboten werden. Wer über politische Macht verfügt, soll nicht zusätzlich mit Geld belohnt werden. Platons Philosophen-Herrscher muss derart viele und großartige Eigenschaften haben, dass eine solche Person kaum je zu finden sein wird. Er darf nicht nur Philosoph sein, sondern muss zudem über Herrscherkompetenzen verfügen.

Für Platon ist die entscheidende Frage: Wer regiert? Welcher Typus von Mensch regiert? Die Frage wird beantwortet durch den Hinweis auf die segensreiche Macht der Bildung. Politik und vor allen die Qualität der Politik hängt ab von der richtigen Bildung der Regierenden. Die theoretische Philosophie soll praktisch werden im Philosophenkönig. Aber streben nicht auch Ungeeignete in die Philosophie? Platon geht es natürlich einzig um die „richtigen" Philosophen, die Liebhaber des Wissens und aller Tugenden. *Sophia* ist eine Mischung von Virtuosität und Wissen, die durch eine Übersetzung mit Weisheit nicht richtig getroffen wird. Vielmehr steht sie irgendwo zwischen künstlerischer Meisterschaft und Intellektualität (Ottmann 2001a, S. 166). Platon war sich gewiss, dass es seine tugendhaften Philosophen vor der Korrumpierung durch Macht gefeit sein würden.

---

[17] In seiner *Nikomachischen Ethik* bezeichnet Aristoteles die Pleonexie als eine der drei Formen der Ungerechtigkeit.

Das Gute und das Gerechte

Die Frage nach der Gerechtigkeit ist der Ausgangspunkt der *Politeia* (Der Staat), ein utopischer, vom Gerechtigkeitsprinzip geleiteter Idealstaat. Der ideale Staat hat den Zweck, die Idee des Guten zu verwirklichen; mit der Umsetzung der Gerechtigkeit soll eine Voraussetzung für das gute Leben jedes Bürgers geschaffen werden. Zwischen dem Individuum und dem Staat besteht für Platon eine Analogie, denn so wie sich Gerechtigkeit im Einzelnen als bestimmter innerer Ordnungszustand entfaltet, so macht eine bestimmte Ordnung der Polis diese zu einem gerechten Gemeinwesen. Daher hat jeder Stand und jeder Bürger die Aufgabe, zum gemeinsamen Wohl beizutragen, indem er sich auf angemessene Weise harmonisch in das Ganze einfügt und ihm dient.

Das Gute ist bei Platon einerseits eine „Idee“, ja sogar noch etwas hinter den Ideen Liegendes. Andererseits muss das Gute inhaltlich bestimmt werden, um in der Praxis als Richtschnur dienen zu können. Platon will den Relativismus der Sophisten vermeiden. Er sucht nach allgemein gültigen Kriterien für das Gute. Die „Ideen“ sollen ausnahmslos gültig sein und daher nicht von der Erfahrung abhängig. Und so soll auch das Gute nicht von empirischen Faktoren abhängen oder auf Konventionen beruhend. Damit wird der Wert des Guten quasi wertlos, losgelöst von Nutzen und Nachteil, von Übereinkunft und Herkommen. Die Erfahrung zeigt, dass das, was als gut angesehen wird, von Fall zu Fall, von Epoche zu Epoche beträchtlich voneinander abweicht.

Der Weg zur Konkretisierung der Idee des Guten führte Platon zu der Auffassung, dass das Gute das Geordnete sei. Diese Ansicht kam entgegen, dass „Ordnung“ im griechischen *kosmos*, „ordentlich“ oder „gesittet“ (*kosmios*) heißt. Die Staatsverfassung ist gut, wenn sich die Gemeinschaft im Gleichgewicht befindet. D. h. bei Platon, wenn die Stände in einem angemessenen Verhältnis zueinander stehen. Der einzelne Mensch ist gut, wenn der Körper der Seele untergeordnet ist, wenn sich der Mensch nicht von körperlichen Bedürfnissen und Trieben, sondern von geistigen Motiven leiten lässt. Die Seele ist gut, wenn die Vernunft über die niederen Affekte und Begehren herrscht. Die Seele soll maßvoll und besonnen sein. Gut ist der Mensch, wenn er gegenüber Menschen und den Göttern das Gerechte tut. Das Gute stellt sich dem alten Platon als Synthese von vernünftiger Einsicht und sittlich-geistiger Lust und ebenso als ein unhinterfragtes Aufgehen in die Traditionen der Gemeinschaft einschließlich dem Götterkultus dar (Röd 1994, S. 130ff.).

Von diesen wolkigen Formulierungen der Idee des Guten aus besteht noch keine Möglichkeit, zu bestimmten praktischen Anwendungen zu gelangen. Platon wollte aber Normen für Sitten und Recht aufstellen. Er gab der Idee des Guten die konkretere Gestalt der Gerechtigkeit. Dies bedeutet unter anderem, dass die „Regierungskunst" dem Vorteil der Regierten, nicht den der Regierenden zu dienen habe. Die Heilkunst diene ja auch den Kranken, nicht dem Arzt. Wer als Regent ohne Rücksicht auf die Regierten seinen eigenen Vorteil suchen, sei kein „wahrer Regent".

Mit dem Begriff der Gerechtigkeit als politische Tugend kommt Platon nicht weiter. Das Gute und die Gerechtigkeit unterscheiden sich nicht. Gut ist, was gerecht ist und umgekehrt. Was „richtig" ist, wird von Platon nicht mehr gerechtfertigt. Er setzt das als unmittelbar einsichtig voraus. Dass es Sklaven gibt, die Eigentum ihrer Herren sind, betrachtet er als selbstverständlich. Die Einordnung ins Gefüge der staatlichen Gemeinschaft ist gut und gerecht. Wie kann der status quo als gut und gerecht bezeichnet werden, wenn der Staat Sokrates ermordete?

Der Staat, von dessen Ordnung hier gesprochen wird, ist nicht ein vorhandenes Gebilde, sondern ein Ideal. Die tatsächliche Ordnung habe ihre prägende Kraft verloren. Die neue Ordnung muss vernünftig geplant werden. Die neu zu etablierende, politisch-moralische Staatsordnung muss von Menschen mit hinreichender Kompetenz und hinreichender Macht entworfen und realisiert werden. Dafür kommen nur Philosophen (oder Könige) infrage. Ihnen wird diktatorische Gewalt zugebilligt. Sie sind nur an die Vernunft und an das als richtig Erkannte gebunden. Deswegen erachtete er die Bildung als so wichtig (Röd 1994, S. 135ff.).

Die Gerechtigkeit diskutiert Platon etwas konkreter an der „gerechten Herrschaft". Diese wird anthropologisch legitimiert: der Mensch kann nicht alleine leben und bedarf der Polis, welche ein Herrschaftsgebilde ist. Noch immer ist weitestgehend unklar, was nun politische Gerechtigkeit sei. Man kann allenfalls konstatieren, dass auch die beste Polis (die von Philosophen regiert wird) nicht ohne Zwang auskommt. Überdies braucht es Abgaben (Steuern), um die Wächter und Herrscher zu bezahlen.

Platons Begriffsbestimmung der Gerechtigkeit ist ein vergeblicher Versuch. Er stellt sie über die vier Kardinaltugenden Besonnenheit, Tapferkeit und Weisheit. Als allgemein rechtliche Beschaffenheit definiert er Gerechtigkeit als: Das Seinige tun und nicht vielerlei treiben (HWPh Bd. 3, S. 330). Höffe (1993, S. 259) schreibt, dass Platon unausgesprochen (wie später explizit Aristoteles) mit Gerechtigkeit die Tausch-, nicht die Verteilungsgerechtigkeit meint. Die gerechte Herrschaft wäre also jene, die Tauschgerechtigkeit herstellt.

Der Philosoph und die Tyrannen

Durch die Bekanntschaft mit den Tyrannen Dionysios I. und II. und dem schwerreichen Aristokraten Dion, seinem Lieblingsschüler, ergab sich für Platon eine einmalige Chance, in Syrakus auf Sizilien seinen vollkommenen Staat zu errichten. Zweimal hatte Platon Gelegenheit, seine Idee vom Philosophen auf dem Thron umzusetzen, beide Mal ging es schief . Und das kam so[18]:

Nach dem Justizmord an Sokrates 399 v. Chr. wandte sich Platon – er war 29 Jahre alt – tief enttäuscht von Athen ab und begab sich auf eine Bildungsreise zu verschiedenen Philosophenkollegen, so zu Euklid von Megara und nach Kyrene zu dem Mathematiker Theodoros. In Unteritalien, in Tarent, traf er den damals prominentesten und politisch erfolgreichsten Pythagoreer, den Staatsmann und Mathematiker Archytas. Danach reiste Platon nach Syrakus auf Sizilien, wo damals der Tyrann Dionysios I. herrschte.

Dionysios I. (um 430–367 v. Chr.) gehört zu den mächtigsten Bluthunden der Antike. Er begann seine Laufbahn im Rahmen der demokratischen Institutionen und betätigte sich zunächst als Volksredner und Agitator. Nach seiner Wahl ins Feldherrnkollegium diskreditierte er systematisch seine Amtsgenossen, ließ sich von der Volksversammlung mit Sondervollmachten ausstatten, baute seine Leibgarde zu einer 1000 Mann starken privaten Miliz aus und ergriff schließlich mit einem Staatsstreich die Macht.

Das antike Tyrannenbild war stark von der Persönlichkeit dieses Dionysios und den über ihn kursierenden Anekdoten geprägt. Der von ihm geschaffene sizilische Staat war damals die stärkste griechische Militärmacht. Dionysios machte Syrakus zur größten Stadt und gewaltigsten Festung der damaligen griechischen Welt. Syrakus hatte vier Mal mehr Einwohner als Athen. Dio-

---

[18] Dieses Kapitel ist inspiriert von Ludwig Marcuse: *Der Philosoph und der Diktator. Plato und Dionys. Geschichte einer Demokratie und einer Diktatur.* Diogenes, Zürich 1968/1984. Originalausgabe New York 1942. Angaben über Dionysios I. und II., Dion und Syrakus stammen aus Wikipedia (November 2017). – Ich habe diese Geschichte nacherzählt in einem fiktiven Gespräch mit Platon auf der Insel Capri: https://tinyurl.com/y9dcmybt.

nysios unterwarf die griechischen Städte Siziliens und Süditaliens und führte verheerenden Kriege gegen die Karthager auf der afrikanischen Seite des Mittelmeeres und ihren Stützpunkten in West-Sizilien.

Der Ausgang von Platons Besuch in Syrakus war für den Philosophen ungünstig. Platons brillante Argumentationskunst soll den Herrscher in seiner intellektuell begrenzten Tyrannenehre gekränkt haben. Enge Freundschaft schloss Platon jedoch mit Dionysios' Schwager und Schwiegersohn Dion, der ein eifriger Platoniker wurde. Dionysios spielte Platon übel mit. Er verkaufte ihn in die Sklaverei. Ein gebildeter Kaufmann erkannte den Philosophen auf dem Sklavenmarkt und kaufte ihn frei. Platon konnte nach Athen zurückkehren.

Trotz der schlechten Erfahrungen auf der ersten Sizilienreise ließ sich Platon nach dem Tod von Dionysios I. zu einer weiteren Reise nach Syrakus bewegen. Er folgte einer Einladung, die der Sohn und Nachfolger Dionysios II. auf Veranlassung von Platons Freund Dion an ihn gerichtet hatte. Dion strebte eine maßgebliche Stellung am Hofe an. Er hoffte, mit Platons Hilfe weiterzukommen, und Platon hoffte, im Zusammenwirken mit Dion seine politischen Vorstellungen durch Einflussnahme auf den jungen Herrscher zur Geltung zu bringen und ein Staatswesen nach dem Ideal der Philosophenherrschaft einzurichten.

Es zeigte sich, dass Dionysios II. zu einer umfassenden Staatsreform nicht willens oder nicht in der Lage war. Sein Hauptaugenmerk galt der Sicherung seiner stets bedrohten Herrschaft. Am Hof konnte sich nur durchsetzen, wer in den dortigen Intrigen und Machtkämpfen die Oberhand behielt. In den Auseinandersetzungen griff Dion zu konspirativen Mitteln, was 366 zu seiner Verbannung führte. Er begab sich nach Griechenland. Nach diesem Fehlschlag reiste Platon zurück nach Athen. Der vollkommene Staat wurde nicht ins Werk gesetzt.

Das Unternehmen in Syrakus scheiterte auch an Eifersucht. Dionysios wollte Platons Bewunderung und Freundschaft, aber Platon fühlte sich Dion zugeneigt. Dionysios duldete keinen Konkurrenten. Platon hatte geglaubt, dass Dionysios, vom Feuer der Philosophie geläutet, plötzlich ein anderer sein würde. Er verlangte vom mächtigsten Herrscher des Mittelmeeres, dass er das Trinken aufgebe. Dionysios hatte keine Lust, sich anzustrengen oder einzuschränken.

361 v. Chr. reiste Platon zum dritten Mal – wiederum widerwillig gedrängt – nach Sizilien. Dionysios II., der die Anwesenheit des Philosophen wünschte,

hatte Druck ausgeübt, indem er das Eintreffen Platons zur Bedingung für eine Begnadigung Dions machte.

Das entscheidende Gespräch mit Dionysios verlief für Platon enttäuschend. Nach Platons Darstellung bildete sich Dionysios zu Unrecht ein, die philosophischen Lehren bereits zu verstehen. Er zeigte keine Bereitschaft, sich der Disziplin echter Schülerschaft zu unterwerfen und ein philosophisches Leben zu führen. Außerdem hielt er die Zusage einer Rehabilitierung Dions nicht ein und beschlagnahmte vielmehr dessen gewaltiges Vermögen. Durch die Parteinahme für die Opposition geriet Platon in Verdacht und Bedrängnis. Söldner des Dionysios bedrohten ihn. Aus dieser lebensgefährlichen Lage rettete ihn die Heimkehr 360 v. Chr. nach Athen.

Nach dem Scheitern von Platons Bemühungen beschloss Dion, mit seinen Anhängern zur Gewalt zu greifen. Platon und die Mitglieder seiner Akademie ermutigten ihn. Der alternde Platon selbst hielt sich von den Geschehnissen fern. Dion landete 357 mit einer kleinen Streitmacht auf Sizilien, verbündete sich mit den Karthagern, stürzte Dionysios und übernahm die Macht.

Dions Flottenchef Herakleides, ein Anhänger der demokratischen Vollversammlung, wurde immer unzufriedener mit seinem Herrscher, der die antidemokratische Oligarchie platonischer Prägung bevorzugte. Dion ließ Herakleides ermorden. Man beschuldigte Dion, eine neue Tyrannenherrschaft errichten zu wollen. Er wurde in seinem 55. Lebensjahr von einem Kollegen und Freund aus der Athener Akademie ermordet. Platon erlitt seine schwerste Niederlage. Er hatte seinen liebsten Schüler verloren. Als Platon von Dions Tod erfuhr, dichtete er ein Epigramm, mit dem er dem geliebten Freund ein literarisches Denkmal setzte.

Dions Mörder regierte 13 Monate, wurde dann verjagt und ermordet. Dionysios II., der sich an die Südspitze Italiens zurückgezogen hatte und dort grausam herrschte, kehrte nach Syrakus zurück und tobte dort noch drei Jahre. Seine zurückgebliebene Familie auf dem italienischen Festland wurde unterdessen ermordet. Dionysios ging ins Exil und starb dort vereinsamt und verarmt.

Ob bzw. inwieweit Dion tatsächlich eine Platonische Staatsordnung einführen wollte, wovon Platon selbst bis zuletzt überzeugt war, ist umstritten. Jedenfalls versuchte er, die Verfassung umzugestalten, stieß dabei aber auf heftigen Widerstand. Der innere Streit der unterschiedlichen sozialen Gruppen verhinderte eine Einigung.

Das Höhlengleichnis

Den Höhepunkt der *Politeia* bildet das Höhlengleichnis. Es ist interessant für das Thema der Bildung, der Erkenntnis und der Aufklärung, weniger für die Politik. Im Höhlengleichnis wird die Welt der Erscheinung als Schattenwelt gegenüber der wirklichen Welt der „Ideen" dargestellt. Grundsätzlich wird angenommen, dass Wissen zur Einsicht und Einsicht zur Befreiung führt. Das Höhlengleichnis beschreibt, wie ein Gefangener des Unwissens mehrere Stufen der Befreiung durchschreitet, bis er letztlich außerhalb der Höhle das Licht der Sonne, d.h. die Idee des Guten sieht und erkennt. Der Aufstieg aus der Höhle ans Licht ist der Prozess der Bildung und der Selbstaufklärung.

Das klingt emanzipatorisch, und doch ist es kein Gleichnis für eine universale Emanzipation des Menschen (Ottmann 2001b, S. 54), denn aufsteigen zur Erkenntnis können bei Platon allein die Philosophen. Die Einsicht in die Idee des Guten ist exklusiv.

Die Rückkehr des Gefangenen in die Höhle legt die Deutung nahe, dass selbst der Sehende außerstande sein könnte, über die Realitätsangemessenheit seiner Wahrnehmung zuverlässig zu befinden. Demnach müsste selbst derjenige, der aus seiner Befangenheit erlöst wäre, an seiner hergebrachten Auffassung festhalten und Blendwerk und Schatten für wirklicher halten als die Wahrnehmungen aus der Welt des natürlichen oder göttlichen Lichts. Wer die Wahrheit erkennt, sieht ohnehin mit dem inneren Auge, mit dem „Auge der Seele", und bedarf nicht des realen Lichts.

Die Sonne, das Licht, die Ideen, die Erkennbarkeit von Ideen, das Seiende, die Unverborgenheit, das Sehen und der erkennende Geist gehören zu Platons Metaphysik. Die Höhle ist der Ort der Dunkelheit und daher der Unwahrheit und Unwissenheit. Der Gefangene schreitet von der unphilosophischen zur philosophischen Existenz empor. Vermag er den blendenden Glanz des Guten, des lichten Seins und der Ideen zu ertragen?

Das Höhlengleichnis wirft Rätsel und Probleme auf. Wer befreite den Gefangenen? Warum wird der Befreite gewaltsam ans Licht geschleppt und von wem? Ist er eine Marionette der Götter? Eher schon leuchtet ein, dass der zurückkehrende Befreite von den Gefangenen abgelehnt und mit dem Tode bedroht wird. Aber warum muss er überhaupt zurückkehren? Aus Solidarität mit seinen Brüdern? Die Lenker des Staates, die im Idealfall die Philosophen sind, genießen beim Volk keineswegs Achtung und Ansehen, geschweige denn göttliche Ehren. Politik ist ein mühsames, undankbares Geschäft, das die Philosophen nur aus sozialer Verantwortung übernehmen (HWPh Bd. 8, S. 934).

Aufklärung, Wissen, Einsicht und Bildung verschwistern sich im Gleichnis auf ungute Weise mit Zwang und Gewalt. Und wie sollen die Philosophen die Idee des Guten der Bevölkerung vermitteln, wenn die Einsicht in die Idee nur wenigen vorbehalten ist? Und warum sollte gerade die Einsicht der Philosophen die maßgebliche, die alles entscheidende Einsicht sein? Platons utopisches Modell beruht auf einem starken Paternalismus. Die Philosophen wissen, was für die anderen Stände Glück bedeutet.

Nomoi

Platons Herrschaft der Philosophen kann nicht überzeugen. Er mag das geahnt haben und reagiert darauf mit dem zweitbesten Weg in der Herrschaft, der Herrschaft der Gesetze, nicht der Personen. Die Herrschaft der Gesetze bleibt aus Platons Sicht im Vergleich zur Herrschaft der Philosophen aber immer zweite Wahl, ein Notbehelf.

Sein letztes Werk trägt also den Titel *Nomoi* (Gesetze). Von wem stammen die Gesetze? Platon selbst fragt: Stammen sie von Gott oder von den Menschen? Wer ist der Urheber? Der Leser erhält den Eindruck, dass bei Platon die Gesetze von Platon geschrieben sind; es gibt keinen Hinweis auf einen göttlichen Ursprung. Anders als bei Protagoras ist für Platon dennoch Gott das Maß aller Dinge, nicht der Mensch (Ottmann, 2001b, S. 83). Die Menschen haben unterschiedliche Ansichten und sind unzuverlässig als Maß, vor allem als Maßstab für Gerechtigkeit. Das Gesetz wird zum Herrn über die Obrigkeit. Es zielt auf die Tugend und das Glück sowohl des Individuums als auch des Staates.

In den *Nomoi* lobt Platon die Verfassung Spartas, die Mischung aus Monarchie und Aristokratie, wenngleich er die dortige Vernachlässigung der musischen Bildung kritisiert. Ihn beeindruckt die Stabilität der spartanischen Verfassung. Und er wird sehr pragmatisch. Er denkt über die Gesetze zur Erziehung, zu den Festen, zur Ökonomie, zum Strafrecht für Gewaltdelikte, zum religiösen Strafrecht, zum bürgerlichen Recht und ganz zum Schluss über eine Versammlung nach, die die Einhaltung der Gesetze überwachen soll.

Jetzt ist Platon nur noch ein halber Kommunist, es gibt Privateigentum und Sklaverei. Der Besitz von Gold und Silber ist verboten, die Währung ist nicht konvertierbar, auf Devisenbesitz steht Strafe, die Preise werden staatlich festgesetzt, ein mäßiger Handelsgewinn wird zugestanden, Zins ist unbekannt. Es gibt Schulpflicht für Knaben und Mädchen, Militärdienst auch für Frauen, die Familie als Ort des privaten Lebens wird geschützt. Wer nicht heiratet, muss eine Strafe zahlen.

Man stößt auf seinen Willen zur Überregulierung und Überwachung, die in der Gesetzesstadt vor dem Privatesten nicht haltmacht (Ottmann, 2001b, S. 90). Auf den ausgefeilten Staatsapparat mit seinen vielen verschiedenen Instanzen und gegenseitiger Kontrolle soll hier nicht eingegangen werden. Viele Elemente des attischen Stadtstaates werden übernommen, ohne dass Platon dadurch zu einem Demokraten werden würde.

Mit die wichtigste Aufgabe dieses Staates ist die Erziehung, über die ein Erziehungsminister wacht (keine griechische Stadt kannte eine solche Institution, betont Ottmann). Die Überwachung der Erziehung wird bei Platon zur wichtigsten Aufgabe, was an Nietzsches Diktum erinnert, dass in Zukunft nichts so wichtig sein wird wie die Erziehung. In den *Nomoi* nimmt der Erziehungsminister eine ähnlich zentrale Stelle ein wie die Philosophenherrscher in *Politeia*.

Beim Strafrechtsphilosophen Platon sind Gesetzesübertreter einerseits an der Seele krank, andererseits hält er sie für verantwortlich. Krankheit aber bedarf der Therapie, nicht der Gefängnisstrafe. Seine Begründung der Todesstrafe ist heute zumindest in Europa nicht tragfähig. Gottlosigkeit (*Asebie*) wird streng bestraft. Die Härte der Platonschen Asebiegesetze wurde mit der Inquisition oder der Gehirnwäsche verglichen. Die attische Stadt ist in dieser Hinsicht kein säkularer oder liberaler Staat, sondern eine religiös-politische Einheit.

In der Neuzeit ist Platons Staatsidee vor allem durch die Kritik Poppers präsent geblieben. Ottmann ist der Meinung (2001b, S. 101), dass Poppers Kritik an den wesentlichen Punkten Platons vorbeigeht. Ob Platon, wie Popper meint, ein Wegbereiter des Totalitarismus ist, könne bezweifelt werden. Doch vieles an Platon muss den Leser von heute befremden: die Eugenik, die Auflösung der Familien, die Beseitigung der Privatheit, die Zensur, die Bestrafung der Gottlosigkeit und der Gotteslästerung. Wenn auch Platons Philosophie laut Ottmann nicht zum Vorläufer totalitärer Ideologien taugt, so taugt sie ebenso wenig als Vorbild für moderne, westliche Staaten. In säkularen Staaten ist die Ausrichtung des Menschen am göttlichen Sein nicht mehr möglich. Die Grundlagen der Politik sind heute gänzlich andere.

Aristoteles (384-322 v. Chr.)

Aristoteles wurde in Nordgriechenland geboren, sein Vater Nikomachos war Arzt. Als 18-jähriger kam er nach Athen. Er trat in die Akademie Platons ein, der er 20 Jahre lang, bis zu Platons Tod, angehörte. Danach lehrte er kurze Zeit im kleinasiatischen Assus, wo es eine Filiale der Akademie gab. Aristoteles wurde 343/342 von Philipp II. von Makedonien eingeladen, die Erziehung seines damals 15-jährigen Sohnes Alexander zu übernehmen. Er nahm die Einladung an und unterrichtete den späteren Eroberer Alexander bis zu dessen Thronbesteigung im Jahre 336. Der junge Herrscher begründete und unterwarf das erste Weltreich, das Ost und West umspannte.

Aristoteles aber blieb bei der Polis als der entscheidenden politischen Einheit. Nach Alexanders Regierungsantritt kehrte er nach Athen zurück, wo er an einem Gymnasium namens Lykeion lehrte. Für die Schule wurde später die Bezeichnung Peripatos üblich. Ihre Anhänger wurden Peripatetiker genannt, entweder weil es da Wandelgänge (*peripatoi*) gab oder weil Aristoteles beim Unterricht auf und ab zu gehen liebte. Nach dem Tode Alexanders im Jahre 323 kam es in Athen zu einer antimakedonischen Reaktion, was Aristoteles zur Auswanderung veranlasste. Er ging nach Euböa, wo er 322 starb.

Mit Aristoteles wird die Philosophie wieder weltzugewandter und empirischer, als es bei Platon war. Mitte und Maß sind für Aristoteles' Ethik und Politik bestimmend. Die „Mitte" liegt nach Aristoteles zwischen zwei Extremen, zwischen Mangel und Überschwang. Die Tapferkeit beispielsweise liegt zwischen Draufgängerei und Feigheit, die Großzügigkeit zwischen Verschwendung und Geiz. Die rechte (richtige) Politik sucht die Mitte zu finden. Damit ist auch die soziale Mitte gemeint, nicht die herausgehobene Sonderexistenz der Philosophen. Aristoteles' Ethik scheint eine der Rechtschaffenheit und der bürgerlichen Norm und Vernunft zu sein. Die Mitte ist kein Kompromiss, sondern das Optimum. Die Mitte ist nicht zu verwechseln mit der Mittelmäßigkeit (Ottmann 2001b, S. 145f.).

Zoon politikon

Ottmann sieht in Aristoteles eine entschiedene Rückwendung oder erneute Hinwendung zur Bürgerherrschaft der kleinräumigen Stadt. Die Polisverbundenheit und die Gemeinschaftlichkeit des Lebens rücken ins Zentrum der Politik. Aristoteles' berühmte Bestimmung des Menschen als ein „politisches Lebewesen" (*Zoon politikon*) drückt diese gemeinschaftliche Orientierung aus (Ottmann 2001b, S. 111). Aristoteles' *Zoon politikon* ist ein Stadtmensch, ein Mensch, der in der Gemeinschaft der Polis lebt, ein „in der Polis lebender Mensch".[19]

Sein Satz, der Mensch sei „von Natur aus ein politisches Lebewesen", lässt sich durch seine teleologische Naturauffassung erklären. Der Same findet in der Pflanze sein Telos, sein Ziel (*Entelechie* genannt). Und so ist für den (freien) Menschen das Ziel aller seiner Bestrebungen das Leben in der Polis. Das Leben des Einzelnen ist mit dem der Gemeinschaft untrennbar verwoben, ein nur privates Glück ist diesem Denken fremd. Die Gemeinschaft der Stadt steht über dem Einzelnen. Aristoteles' *Zoon politikon* ist weniger ein „politisches Lebewesen" als vielmehr ein Stadtmensch, ein Mensch, der in der Gemeinschaft der Polis lebt, ein „in der Polis lebender Mensch". Den *Zoon politikon* als *Animal sociale* zu umschreiben, greift nach Ottmann zu kurz (2001b, S. 176). Der Mensch ist für Aristoteles durchaus ein Gemeinschaftswesen, doch ein Wesen, das „von Natur aus" in die Stadt gehört. Die (überschaubare) Stadt ist die dem Menschen gemäße Umgebung, erst ihre Gemeinschaft bildet den Menschen zu dem, was er ist.

Der Mensch ist eingebunden in die Polis, einem Gemeinwesen mit Herrschaftscharakter, einem hierarchisch gestuften Gefüge. Dieses Gefüge ist durch Gesetze bestimmt. Insofern müssen sich Platon und Aristoteles jeder anarchischen Idee von Herrschaftsfreiheit widersetzen. Das höchste Ziel des Staates ist die Versittlichung des Menschen. Der Staat ist keineswegs neutral. Um seine Ziele zu erreichen, muss er nötigenfalls Zwang einsetzen. Der politische Zwang gilt als legitim. Die Herrschaft soll den Wesen des Menschen angemessen sein. Beide gehen von einem natürlichen Interesse des Menschen an einem zwangsfähigen Gemeinwesen aus. Das Menschheitsinteresse ist nicht anarchisch, sondern politisch (Höffe 1987, S. 225).

Für Aristoteles ist der Mensch nicht nur *Zoon politikon*, sondern ebenso *Zoon logon echon*, ein Wesen, welches Sprache hat. Im Englischen ist dieser Zusammenhang mit den Begriffen Communication und Community viel deutlicher als im Deutschen. „Die Politik des Aristoteles besitzt damit eine anthropologische Grundlegung, die der politischen Praxis der attischen Demokratie nahe steht. Die Anthropologie ist eine rhetorische. Sie versteht den Menschen als das Wesen, das sich mit anderen bereden und aus dem Sich-

---

[19] Aristoteles' *Zoon politikon* ist kritisiert worden. Der Mensch könne schon deshalb kein politisches Lebewesen sein, weil die entsprechenden Gemeinschaften menschheitsgeschichtlich spät entstanden seien (Höffe 2016, S. 64).

Bereden und Beraten zum klugen Handeln und zum Glück finden kann." (Ottmann 2001b, S. 178)

Seine Metaphysik soll uns hier nicht weiter interessieren. Sein Substanzbegriff bleibt so dunkel wie Platons „Idee". Aristoteles führt neue Grundbegriffe ein. Einer ist der von dem „unbewegten Beweger". Vorausgesetzt wird, dass alles, was sich bewegt, von etwas bewegt wird. Soll es keinen unendlichen Regress geben, muss am Anfang ein erstes Bewegendes stehen, das selbst nicht bewegt wird. Diesen unbewegten Beweger setzt Aristoteles mit Gott gleich. Der unbewegte Beweger mag ein Gott sein, aber an der Welt und den Menschen ist er nicht interessiert.[20]

Aristoteles bearbeitete Wissensgebiete in einer beinahe unvorstellbaren Fülle. Er äußerte sich zu Logik und Beweistheorie, zu Naturphilosophie, Kosmologie, Psychologie, Zoologie, Ontologie, philosophische Theologie, Ethik, Politik, Poetik und Rhetorik. In ihrer nüchternen wissenschaftlichen Prosa sind diese Abhandlung bis heute für die Philosophie und viele Wissenschaftsbereiche vorbildhaft und grundlegend.

Das Wissen wird von Aristoteles dreigeteilt in theoretisches, praktisches und poietisches. Das theoretische Wissen ist das Wissen der *sophia*, der Weisheit, sie ist Erkenntnis um der Erkenntnis willen. Praktisch nennt Aristoteles das Wissen, das uns im Handeln orientiert. Praktisches Wissen gründet nicht auf Sophia, der Weisheit, sondern auf die Klugheit. Unter Klugheit (*phronesis*) versteht Aristoteles das Wissen, das den Einzelnen und die Stadt zu klugen Entscheidungen und damit zum Glück führt. Klugheit erwirbt man nicht nur durch Bücher, durch bloße Lektüre, sondern hauptsächlich durch Lebenspraxis. Das poietische (handwerkliche) Wissen wiederum ist das Wissen um das Produzieren, Herstellen und Machen. Ziel des Produzierens ist das Produkt. Die aristotelische Unterscheidung von Theorie, Praxis und Poiesis (Weisheit, Klugheit, Handwerk) verweist auf die tatsächliche soziale Schichtung der Polis. Praxis und Poiesis verhalten sich wie die freie Tätigkeit des Herrn zur Arbeit des Sklaven. Die Theorie ist den Philosophen vorbehalten.

Die „Dialektik" bei Aristoteles bedenkt den Dialog, das Miteinander-Sprechen. Die Hauptsache bei einem Redner ist für Aristoteles Glaubwürdigkeit. Ein

[20] Zum Kraftstoß des allmächtigen Gottes notierte der Spötter Schopenhauer: „als er nämlich (wie Göthe sich einmal ausdrückte) der Welt einen Tritt in den Arsch gab". – Den unendlichen Regress vermag Aristoteles nicht auszuschalten. Um etwas in Bewegung zu setzen, muss sich der erste Beweger irgendwo abstützen. Es gibt keinen Geist ohne Materie. Geist kann nur aus Materie hervorgehen, niemals umgekehrt.

Redner muss glaubwürdig und vertrauenswürdig sein, das ist auch für die praktische Politik fundamental. „Vertrauen ist das Öl der sittlichen Welt, die Grundlage aller gelingenden Kooperation", schreibt Ottmann (2001b, S. 128). Wer ist vertrauenswürdig, wer glaubwürdig, wem kann man ein Amt anvertrauen? Ämter sind anvertraute Güter, sie sind Vertrauenssache. Glaubwürdigkeit wird nach Aristoteles durch drei Mittel erreicht: Ethos, Pathos und Logos. Ein Redner muss ehrlich sein, er muss seine Hörer begeistern und er muss sachlich argumentieren. Hier schließt sich wieder der Kreis zu Klugheit, zur Rechtschaffenheit und zum Wohlwollen. Ein Redner wie Hitler, der nur Pathos einsetzt, macht bloß Stimmung.

Aristoteles unterscheidet drei verschiedene Arten der Reden, die auf den jeweiligen Ort und den Anlass zugeschnitten sind: die Volksversammlung, die Gerichtsversammlung und das Fest. Die Reden in der politischen Versammlung und vor Gericht sind eher kämpferisch, d.h. agonal, aber bei Aristoteles noch an das Ethos gebunden. Doch Ottmann dämpft die Erwartungen: „Die Praxis der Rede entsprach diesem Ideal zur Zeit des Aristoteles schon nicht mehr. Das Reden war bereits zur parteilichen Polemik, zur Verdächtigung und Verächtlichmachung des Gegners verkommen." (2001b, S. 131)

Glück

Die praktische Philosophie bei Aristoteles ist unterteilt in Ethik und Politik, die gleichwohl miteinander verschwistert bleiben. Beide beziehen sich auf das oberste Ziel menschlichen Handelns: das Glück. Aristoteles misst die Sitten am Maßstab eines guten und gelingenden Lebens, für das ihm wiederum der tüchtige und kluge Mann Modell steht (Ottmann 2001b, S. 138). Die Sitten, weil sie existieren, haben eine gewisse Normalität und Normativität für sich, insofern sind sie auch in einem gewissen Grade vernünftig. Aristoteles fand die Norm in der Normalität. Die Normalität ist gut und richtig, weil sie Norm ist. Ein redundantes Qualitätskriterium. Die Zufälligkeit und Veränderbarkeit der Norm zog Aristoteles nicht wirklich ins Kalkül.

Andererseits, so schreibt er dann doch, soll der Mensch den Sitten keineswegs sklavisch folgen. Der Mensch ist ein Wesen, das sein Leben wählt und das Entscheidungen trifft. Ethische Normen entstehen durch Dialog und Übereinkunft. Niemand kann sich dabei auf Gott berufen. Es gibt keinen obersten Schiedsrichter. „Aristoteles' Ethik ist ein schönes Dokument seines Realitätssinns und seiner praktischen Vernünftigkeit." (Ottmann 2001b, S. 139) Die Glückslehre des Aristoteles ist für Ottmann ein gutes Beispiel für die

Vermeidung von Extremen und Einseitigkeiten. Aristoteles' Ethik scheint eine der Rechtschaffenheit und der bürgerlichen Norm und Vernunft zu sein. Das Glück, das einem manchmal in den Schoß fällt, und die kluge Tüchtigkeit des Menschen gehören im Lebensvollzug zusammen. Zu sagen, „jeder ist seines Glückes Schmied", wäre zu einfach.

Für Aristoteles sind die Grundelemente eines glücklichen Lebens Besonnenheit, Tapferkeit, Freigebigkeit und Gerechtigkeit. Sie werden ergänzt durch intellektuelle Tugenden, d. h. sittliche Urteilskraft und Klugheit. Sie werden durch Erziehung und Gewöhnung erworben. Um Erfolg zu zeitigen, bedarf dieser Lernprozess einer politisch-sozialen Gemeinschaft mit guten Gesetzen und Sitten.

Aristoteles unterscheidet drei Lebensformen, in denen der Mensch nach Glück strebt: Das Leben der Lust (*apolaustisches* Leben genannt), das Leben der Ehre und Anerkennung im politischen Leben und das Leben der Erkenntnis und des Wissens, das theoretische Leben der Philosophen. Wie bei Platon ist auch bei Aristoteles eine klare Rangfolge der Lebensweisen erkennbar, die sich zu Ständen ausformen. Die Lust ist der Menge zugestanden, die politische Ehre den Bürgern und das theoretische Leben den Philosophen. Diese Dreiteilung wurde schon in der Antike zu einer Zweiteilung im Dualismus von *Vita activa* und *Vita contemplativa*, von Handeln und Erkennen, von Praxis und Theorie.

Das „gelungene Leben" bleibt nicht nur bei Aristoteles unklar. Die *Eudaimonie* ist eine Lebensführung nach den Anforderungen und Grundsätzen einer philosophischen Ethik ebenso wie nach den Anforderungen und Grundsätzen des antiken Bürgerstaats einschließlich seiner religiösen Anschauungen. Der damit verbundene ausgeglichene Gemütszustand wird mit „Glück" oder „Glückseligkeit" übersetzt. Diese Definitionen werden in der Forschung als ungenau kritisiert (siehe Wikipedia: *Eudämonie*). Das ist unbefriedigend, immerhin ist hier von einem idealen Ziel aller Menschen die Rede. So wich man auf Strukturelemente der Eudaimonie aus, beispielsweise der Selbstgenügsamkeit (*Autarkie*). Unterschiedliche Auffassungen bestehen darüber, ob man das Glück in sich selbst findet oder von äußeren Faktoren erhoffen darf. Die Definition des „Glücks" als „richtiges Leben" oder „angemessenes Verhalten" führt zu weiteren definitorischen Schwierigkeiten. „Richtiges Leben" und „angemessenes Verhalten" bezog sich wieder ganz auf die Polis: „Glück" entsteht durch strenge Beachtung der gesellschaftlichen Regeln und der religiösen Riten. Wer nichts falsch macht und nicht aus der Rolle fällt, führt das „richtige Leben" und ist demzufolge „glücklich".

In dem Bestreben, ein glückliches und gelingendes Leben zu führen, haben Geld und Gewinn keinen oder nur einen untergeordneten Platz. Aristoteles' Vorstellung nach sollte nur insoweit produziert und gehandelt werden, als dies dem übergeordneten Streben dient. Mit der Ausrichtung am Geld, an Handel und Gewinn werde dieses Ziel aus den Augen verloren. Das Hauptproblem sei, dass diese Geld- und Handelswirtschaft im Drang nach immer mehr keine Begrenzung kennt, also das so wichtige Maß verliert. Doch die Polis ist auch für ihn jene eine Heimat, die ein Leben der Lust oder ein Kaufmannsleben favorisieren. Dagegen kann Aristoteles nichts machen.

Ursache der Grenzenlosigkeit des Strebens nach Geld und Reichtum ist nicht eine asketische Lebensform, wie sie Max Weber für den Zusammenhang von Protestantismus und Kapitalismus aufgedeckt hat. Die Unersättlichkeit im Handeln und Gelderwerb wird bei Aristoteles durch Begierden und Bedürfnisse erklärt, die in sich keine Grenze und kein Maß besitzen. Hinter dieser verderblichen Dynamik stehen das Mehr-haben-Wollen, das apolaustische Leben und der Hedonismus. Aristoteles muss den Zins ablehnen, den Gelderwerb durch Geldverleih.

Mit der Kritik des Zinses fällt allerdings das Instrument der Investition weg; Aristoteles' Ökonomie geht nicht über den statischen Erhalt des Gegebenen hinaus. Karl Marx griff die kapitalistische Wirtschaftsweise mit ihren Investitionen und der Marktkonkurrenz an. Mehr denn je darf man fragen, inwiefern eine von Schranken befreite Geld- und Handelswirtschaft den Maßstäben der Gerechtigkeit und des rechten Maßes genügen. Geld und Zins schaffen nur Tauschwerte, keine Gebrauchswerte. Wie alles menschliche Handeln bedarf auch das Wirtschaften der ethischen Zielsetzung, und wie überall kann auch hier diese aus den Augen verloren werden. Die unbegrenzte Anhäufung von Geld kann kein Lebenszweck sein. Das ist der philosophische Standpunkt. Der Blick auf die Wirklichkeit zeigt, dass dieser nur allzu oft ignoriert wird. Auch unterschätzen die Kritiker die Freiheitsgewinne, die Geldakkumulation bereitstellt.

Ethik und Tugenden

Der höchsten ethischen Tugenden, dargelegt in der *Nikomachischen Ethik*[21], waren für Aristoteles die „Mitte“, die Gerechtigkeit, die Freundschaft und die Klugheit; oberstes Ziel allen menschlichen Handelns ist wie gesagt das Glück. Die Stadt, die Gemeinschaft soll den Einzelnen glücklich leben lassen.

Es gibt bei Aristoteles mehrere Elemente und Voraussetzungen des ethischen Handelns. Der politische Bürger muss zum Beispiel entscheiden. Dies geschieht auf der Basis der Erfahrungen seines gelebten Lebens und vor dem Hintergrund seiner erworbenen Grundhaltung, die ihm eine gewisse Verhaltenssicherheit mitgibt. Entscheidungen gehen aus einer Wahl zwischen Optionen hervor: vernünftige Überlegung, Planung, das Durchdenken der Lage. Eine Entscheidung verändert die Welt; nur eine Meinung zu haben ist zu wenig.

Aristoteles' praktische Philosophie, die nicht von einer Theorie, sondern vom gelebten Leben ausgeht, zeigt sich beispielsweise in der Anschauung der Gesetze. Gesetze sollen allgemein sein, können aber nie absolut allgemein sein. Bei der Anwendung bedürfen sie der Würdigung des Einzelfalls. Die Auslegung der Gesetze geschieht nach dem Grundsatz der Billigkeit. Nicht nur der Buchstabe, auch der Geist der Gesetze gilt. Die Forderung nach absolut eindeutigen Gesetzen, die keinen Spielraum zulassen, widerspricht der Lebenspraxis. Die Billigkeit ist selbst Teil eines gerechten Gesetzes und seiner Anwendung.

In der *Nikomachischen Ethik* stellt Aristoteles die dianoetischen Tugenden vor, die des „Verstandes“. Diese sind: technisches Wissen, Klugheit, Erkenntnis, intuitiver Verstand und Weisheit. Ihre Definitionen und gegenseitigen Abgrenzungen sind höchst subtil und aufschlussreich. Klugheit beispielsweise ist ein durch Erfahrung belehrtes Wissen, das sittliche Regeln und konkrete Lagen miteinander vermittelt (Ottmann 2001b, S. 155). Der hermeneutische Zirkel ist notwendig, geradezu unvermeidlich. In Abgrenzung zum bloß theoretischen Wissen ist es ein Sich-auf-etwas-Verstehen, und zwar wieder auf ein gutes und glückliches Leben hin gedacht, sei es für den Einzelnen oder für die Stadt. Diese Kombination von Ethik und Sachverstand in der konkreten Situation kann zu befriedigenden Ergebnissen führen. Weisheit hingegen

---

21 Weshalb die Schrift diesen Titel trägt, ist unklar. Vielleicht war er als Lehrschrift für Aristoteles' Sohn Nikomachos gedacht oder bezieht sich auf Aristoteles' Vater, der ebenfalls Nikomachos hieß.

sucht das Ewige und Unveränderliche. Ottmann meint, letztendlich sei die Spannung zwischen Klugheit und Weisheit nicht aufzulösen (S. 158). Nicht Wissen allein lässt uns richtig handeln. Erst müssen wir lernen, „richtig" zu erkennen. Die Bildung des richtigen Wissens ist selbst abhängig vom vorher erworbenen Ethos. Nach Aristoteles kann man auch ohne philosophische Bildung sein Leben klug führen.

Die bürgerlichen Tugenden sind untrennbar eingebunden in das gemeinschaftliche Leben der Polis. Diese Art des Gemeinschaftslebens ist uns heute fremd geworden, aber man kann Aristoteles' Ausführungen nur verstehen, wenn man diese Art der Gemeinschaftlichkeit berücksichtigt. Sie erinnert an Alfred Adlers „Gemeinschaftsgefühl"[22], obwohl Adler an keiner Stelle auf die Staatsverfassung Athens und die aristotelische Tugendlehre eingeht. Jedenfalls war damals das Private im Wesentlichen zugleich politisch. Das betrifft beispielsweise die Freundschaft, die bei Aristoteles wesentlich mehr umfasst als das, was wir heute darunter verstehen. Sie reicht von der Liebe der Familienmitglieder untereinander über die Liebe junger Menschen zueinander und endet in dem Wunsch, dem Freund möglichst viel Gutes zu tun.

Gerechtigkeit

Die Gerechtigkeit ist wie gesagt bei Aristoteles mit die höchste Tugend, allenfalls noch begleitet von der Freundschaft, aber der Gerechte sollte allen Tugenden gleichermaßen nacheifern und sich keineswegs auf nur eine kaprizieren. Aristoteles kennt ein halbes Dutzend Gerechtigkeiten, die unterschiedliche Zwecke in unterschiedlichen Situationen verfolgen. Ihre Spuren führen bis in die heutige Zeit, beispielsweise zu John Rawls' *Theorie der Gerechtigkeit* (1971). Auch hier gilt, dass eine Gerechtigkeitstheorie nicht einseitig eine wie auch immer definierte Gerechtigkeit verabsolutieren darf. Es ist immer vom faktischen Leben auszugehen, nicht von einer Theorie allein.

Aristoteles unterscheidet eine allgemeine Gerechtigkeit von der besonderen Gerechtigkeit. Die allgemeine Gerechtigkeit meint Rechtschaffenheit. Rechtschaffenheit wird beschrieben als die Neigung und das Bestreben, den Pflichten seines Standes gegenüber Gott und den Menschen genüge zu tun. Genauere inhaltliche Angaben fehlen in aller Regel, doch ist im Allgemeinen

[22] Mackenthun, Gerald (2012) *Gemeinschaftsgefühl. Wertpsychologie und Lebensphilosophie seit Alfred Adler* (Bibliothek der Psychoanalyse). Gießen: Psychosozial-Verlag

ein sittliches Verhalten gemeint. Dies können nur die herrschenden und allgemein anerkennten Sitten sein.

Die besondere Gerechtigkeit betrifft die Verteilung von äußeren Gütern wie Ämtern und Würden, Einkommen, Gesundheit und Sicherheit. Für diese sozialen Grundgüter sieht Aristoteles – im Unterschied zum modernen Sozialstaat – keine Umverteilung vor (Höffe 2016, S. 56).

In einer weiteren Untergliederung zerfällt die besondere Gerechtigkeit (*iustitia particularis*) in die Verteilungsgerechtigkeit (*iustitia distributiva*) und die den Geschäftsverkehr ordnende Gerechtigkeit.

Verteilungsgerechtigkeit steht seit der Antike unter der Maxime *suum cuique tribuere*, jedem das Seine zuzugestehen. Der Satz ist vieldeutig. Er ist Teil der auf Domitius Ulpianus (170-223 n. Chr.) zurückgehende, dreiteilige Naturrechtslehre: *neminem laedere, suum cuique tribuere, honeste vivere*, niemandem schaden, jedem das Seine zugestehen, ehrhaft (untadelig) leben (Naturrecht, HWPh Bd. 6, S. 584). Für das römische Recht galt, jedem das ihm zustehende Recht zuteil werden zu lassen. Unter der Bedingung des Ständestaats bedeutet „jedem das Seine“, dass man materiell nur das zugestanden bekommt, was dem Stand, dem man angehört, zukommt – und nicht mehr. Und was die Anwendung des Rechts angeht, so galten Jahrhundertelang unterschiedliche Rechtsnormen und Privilegien für die jeweiligen Stände und Klassen. Eine Gleichheit in der Gerechtigkeit gab es lange nicht. Jedenfalls bedeutet *suum cuique tribuere* nicht *Jedem nach seinen Bedürfnissen*. Als Sozialstaatsprinzip wäre die Interpretation als „Bedürfnis“ fatal, denn Bedürfnisse und Wünsche sind prinzipiell unendlich, die Ressourcen aber sind es nicht.

Unter „Verteilungsgerechtigkeit“ ist bei Aristoteles „Tauschgerechtigkeit“ zu verstehen; niemand darf beim Warentausch und beim wirtschaftlichen Handeln den anderen übervorteilen. Aristoteles war auch der erste, der eine Theorie des Geldes vorlegte. Geld mache höchst unterschiedliche Waren und Dienstleistungen miteinander vergleichbar und ermögliche eine arbeitsteilige Gesellschaft. Dies führe zu Unterschieden, was zu Unterschieden in den Beteiligungsrechten führt: „Politische Rechte können die Mitglieder einer politischen Gemeinschaft in genau dem Maße beanspruchen, in dem sie einen Beitrag zu den Zielen dieser politischen Gemeinschaft leisten.“ (Höffe 2016, S. 63)

Es ist weder machbar noch wünschenswert, nach absoluter Gerechtigkeit zu streben. Das angestrebte Glück kann immer nur das Glück der größtmöglichen Zahl sein, niemals buchstäblich aller. Es wird immer jemanden geben, der mit einem Gesetz oder einer Handlung nicht einverstanden ist. Man kann nicht alle glücklich machen. Aristoteles plädiert für das rechte Maß und für Großherzigkeit, beides Eigenschaften, die gewisse Unzulänglichkeiten von Gesetzen verschmerzen lassen. Der Kompromiss gehört mit zum Wesen der Tugenden wie der Gesetze. Die Kritik an „faulen Kompromissen“ geht an dem grundsätzlichen Problem vorbei. Wer Kompromisse grundsätzlich ablehnt, ist weder gemeinschafts- noch politikfähig.

Man hüte sich vor einer kleinlichen, gnadenlosen Genauigkeit bei der Anwendung der Rechtstexte, warnt Aristoteles. Dort, wo die wörtliche Anwendung eines Gesetzes einem speziellen Einzelfall nicht gerecht wird, soll *Billigkeit* walten. Der billig Handelnde ist zum Nachgeben bereit, selbst dort, wo er das Gesetz auf seiner Seite hat. Ein derartiger Verzicht ist nicht erzwingbar. Andererseits verpflichtet Aristoteles die Richter ausdrücklich auf das Gesetz. Heute sind wir gewohnt, das Recht als generelle Norm für Gleichbehandlung anzusehen und zugleich den Einzelfall in seiner unverwechselbaren Besonderheit zu würdigen.

Vita contemplativa

Bei allem Streben nach Glück, welches ja nur durch aktives Handeln erworben werden kann, erstaunt, dass bei Aristoteles die *Vita contemplativa*, das in Betrachtung versunkene, beschauliche Leben als höchstes Glück angesehen wird. Das ethisch-politische Leben, die *Vita activa*, wird eindeutig auf den zweiten Rang verwiesen (Ottmann 2001b, S. 168). Die *Vita activa* der Politik verbleibt in der Sphäre des Menschlichen, während die Theorie der Philosophen diese an dem Göttlichen teilhaben lassen.

Dieser Ausklang der aristotelischen Ethik hat viele in Verwirrung gestürzt. Die Philosophen geben sich Betrachtungen hin und verehren Gott und den Geist. Aristoteles hatte aber wohl nicht gemeint, dass alle Bürger Philosophen werden sollen. Alle Menschen streben danach, Wissen zu erwerben, das bedeutet aber nicht, dass alle Menschen Philosophen werden müssen. Den Streit zwischen *Vita activa* und *Vita contemplativa* als ein Entweder-Oder zu begreifen, führt laut Ottmann nicht weiter; beide Lebensformen existieren nebeneinander in einem Sowohl-als-Auch. Die meisten Menschen werden den aktiven Weg wählen, den theoretischen Weg eher wenige. Nicht allen Bürgern ist ein theoretisches Leben möglich, nur wenige wollen Philosophen werden. Aber kann ein theoretisches Leben überhaupt ein Dauerzustand sein?

Die *Vita activa* muss als Lebensform immer ausdrücklich verteidigt werden, weil der Mensch natürlicherweise das private Leben vor dem politischen bevorzugt. Es bedurfte immer eines Aufraffens, einer besonderen Anstrengung und Willensentscheidung, sich in öffentliche Angelegenheiten einzumischen. Ihr gegenüber muss sich die *Vita contemplativa* rechtfertigen. Sie steht der Pflicht zur Gemeinschaftlichkeit und dem handelnden Streben nach Glück für die größtmögliche Zahl entgegen. Aristoteles hat Mühe, das theoretische Leben als eine auch für die Stadt bedeutsame Lebensweise zu rechtfertigen. Seine überschwängliche und apologetische Rechtfertigung des theoretischen Lebens „könnte ein Zeichen dafür sein, dass zum menschlichen Leben mehr als nur Politik gehört: die Dimension auch des Ewigen und Göttlichen. Sich ihnen frei nähern zu können, müsste auch für die Stadt ein über alles zu schätzender Wert sein, auch wenn das politische Leben die bürgerliche Normalform des Glückes ist.“ (Ottmann 2001b, S. 171)

Politica

Aristoteles' acht Bücher über Politik tragen im Griechischen den Titel *ta politika*, wörtlich übersetzt „was die Stadt angeht". Die lateinische Übersetzung (um 1260 n. Chr.) trug den Titel „Politica“. Aus dieser Latinisierung entstand der Begriff Politik. Wieder ist der Leser von der Gedankenfülle Aristoteles' überwältigt. Wir müssen uns hier auf einige wenige Einblicke beschränken.

Aristoteles wandte sich ab von Platons Einheitsstaat und unterschied deutlich den privaten Bereich (das Haus und die Familie) vom politischen Bereich der Stadt. Es gibt ein Privatleben in der Polis als religiös-politische Einheit. Es werden einige Argumente angeführt, dass ein Haus und eine Familie anders geführt werden müssen als eine Stadt. Im Haus kommen Erwachsene und Kinder, Mündige und Unmündige, Herren und Sklaven, Freie und Unfreie, Männer und Frauen zusammen. Die Stadt jedoch ist ein Gebilde, geprägt von Freien und Gleichen, von mündigen Bürgern allein. Im Haus herrscht der Mann paternalistisch, das könne nicht auf die Stadt übertragen werden. Aus der Einheitsstadt Platons wird bei Aristoteles die Vielzahl unterschiedlicher Gemeinschaften und unterschiedlicher Ziele. Die Stadt wird pluralistisch. Was aber ist dann ihr oberstes Ziel (*agathon*), auf das sich alle hin orientieren können? Es ist zunächst die Selbsterhaltung, aber kein karges Fristen, sondern das Glück, das gute Leben, die gelungen-glückliche Existenz. Die Stadt ist jene Gemeinschaft, die jedem Menschen bietet, was er für ein gutes Leben braucht (Ottmann 2001b, S. 175). „Natürlich" ist dem Menschen nur, dass er einen Körper hat und überhaupt mit seinesgleichen zusammenlebt.

Aber was braucht es dazu? Wenn man mit Menschen spricht, ist man immer wieder erstaunt, wie unterschiedlich sie ihr Leben gestalten. Der eine sucht Geld, der andere Freizeit, der eine soziale Bedeutung, der andere friedvollen Rückzug. Letztlich weiß niemand, was in einem absoluten Sinne gut, richtig und wahr ist. Das gute Leben – gibt es das als allgemeine Norm? Und kann das ein anderer für mich wissen? Heute würden wir zweifach mit Nein antworten. Da die Bedürfnisse so unterschiedlich sind, muss die Gemeinschaft allen etwas bereitstellen, noch bevor man weiß, wer was wieviel wünscht und verlangt. Das überfordert die Gemeinschaft tendenziell. Irgendjemand wird sich immer benachteiligt fühlen. Aristoteles' Gemeinschaft ist ein überschaubares Gemeinwesen mit strikter und unhinterfragter Hierarchie, in welchem jeder seinen zugewiesenen Platz hat. So etwas gibt es heute nicht mehr.

Der Zweck der Stadt ist zweierlei: Zum einen soll sie das Überleben sichern, zum anderen helfen, eine „gutes Leben" zu führen. Die Polis kommt allen Beteiligten zugute, ist also in einem elementaren Sinne gerecht. In der Polis, und nur in ihr, könne der Mensch, so Aristoteles, sein eigentliches Selbst, die Logosnatur, zur vollen Wirklichkeit bringen. Die Polis stellt den Rahmen dar für Selbstverwirklichung und Sinnerfüllung. Hier kann der Mensch seine Humanität zur vollen Wirklichkeit entfalten.

Die Polis entstehe auch nicht durch sich heraus, sondern durch Entschluss. Aristoteles lehnt (wie Hobbes) die Ansicht ab, der Staat sei ein Ort, der den Menschen seinem Wesen entfremdet. Vielmehr ist der Staat, die Polis, eine Gesellschaftsform, die den Anlagen und Chancen des Menschen am besten entgegenkommt. In der Neuzeit wird die Überforderung und die Vereinsamung durch die Großstadt Thema werden.

Umstritten ist die Frage, ob Tugenden wie Verständigkeit, Gerechtigkeit, Frömmigkeit und Tapferkeit eine unerschütterliche Gemütsruhe bewahrt, oder ob dazu auch körperliche und äußere Güter benötigt werden. Gehören Geld, Handel und Reichtum dazu? Die unbegrenzte Anhäufung von Geld könne kein Lebenszweck sein. Das ist der philosophische Standpunkt. Der Blick auf die Wirklichkeit zeigt, dass dieser nur allzu oft ignoriert wird. Auch unterschätzen die Kritiker die Freiheitsgewinne, die Geldakkumulation bereitstellt.

Immanuel Kant hielt das Konzept der Eudaimonie für grundsätzlich verfehlt. Er prägte den Begriff Eudämonismus für alle ethischen Lehren, in denen das Streben nach Glückseligkeit und nicht die *Pflicht* als maßgeblicher Grund des sittlichen Handelns gilt. Allerdings blieb das „Streben nach Glück" ein Kernelement sowohl der klassischen westlichen als auch der östlichen Philosophie. Allein Friedrich Nietzsche hielt „Glück" als gesellschaftlichen Leitstern des Handelns und Strebens für geeignet, den Menschen von sich selbst zu entfremden. Der wahrhaftige Mensch setze sich seine Ziele selbst und schiele nicht nach einem mittelmäßigen Glück.

Aristoteles kritisiert den Kommunismus Platons mit einleuchtenden Argumenten. Die Schwachstelle eines egalitären Kommunismus sind die Unterschiede zwischen den Menschen, ihre unterschiedlichen Bedürfnisse und Fähigkeiten in Leistung und Können. Wenn die unvermeidlich unterschiedlichen Menschen alle das Gleiche erhalten, müsse Unzufriedenheit entstehen. Die Hoffnungen, die sich mit der Abschaffung des Privateigentums verbinden, werden sich nicht erfüllen. Soziale Übel entspringen nicht aus den Besitzverhältnissen, sondern aus der „Schlechtigkeit" des Menschen selbst (Ottmann 2001b, S. 188). Zu enge Gemeinschaftlichkeit führe doch nur zum Streit. Das könne man schon an den Gruppen sehen, die sich wegen Kleinigkeiten in die Haare geraten. Eigenen Besitz zu genießen ist Teil eines realistischen Glücks. Mit Sorgfalt arbeitet man nur, wenn es um das Eigene geht; das gemeinschaftliche Eigentum wird bei Aristoteles vernachlässigt.

„Für die Ohren politischer Philosophen der Neuzeit wird dies alles unerträglich klingen", schreibt Ottmann. „Der Staat konnte doch nicht ‚von Natur', sondern nur durch Abmachung, durch Vertrag entstanden und nur durch die Zustimmung der einzelnen verpflichtend geworden sein." (Ottmann 2001b, S. 177) Die Philosophen der Neuzeit werden beim vorpolitischen Einzelnen beginnen, nicht bei einem Menschen, der immer schon ein Gemeinschaftswesen ist. Letztere Auffassung wird Alfred Adler vertreten, aber als Psychologe und Arzt, nicht als politischer Philosoph. Aristoteles und Adler haben die Gemeinsamkeit, dass sie der Stadt (der Gemeinschaft) den Vorrang vor dem Einzelnen geben. Aristoteles kennt über Politik hinausreichende Ziele wie das theoretische Leben, die Theorie und die *Vita contemplativa*. Bei Adler ist die Gemeinschaft das Höchste, sie rechtfertigt sich aus sich selbst heraus. Der Mensch ohne Polis ist für Aristoteles ein Barbar, fast schon ein Tier. Der Mensch ohne Gemeinschaftsgefühl ist für Adler seelisch krank, ein Neurotiker, einer, der sich nicht in die Polis einfügen kann.

Unannehmbar ist heute die Rechtfertigung der Sklaverei. Auch diese ist nach Aristoteles „von Natur" gegeben. Der Sklave ist lebendiges Inventar des Hauses. Aristoteles argumentiert hier gegen andere griechische Philosophen, die von der natürlichen Gleichheit der Menschen ausgehen. Wie Aristoteles die Sklaverei rechtfertigt (siehe Ottmann 2001b, S. 180ff.) soll uns nicht beschäftigen; es sind Argumente, die bis in die Neuzeit hinein zur Entschuldigung herangezogen wurden. Die Argumente dafür waren damals wie heute widersprüchlich und brüchig. Doch für viele Philosophen der Antike gehörte die Sklaverei zu den Selbstverständlichkeiten des Lebens.

Aristoteles' politisches Werk ist damit kaum ansatzweise ausgeschöpft. Er behandelt eine enorme Fülle noch heute interessierender Fragen der Politik und der Ökonomie. Festgehalten werden soll hier nur noch, dass der Bürger definiert wird als jener, der nicht von seiner eigenen Hände Arbeit leben muss und damit stimmberechtigten Zugang zu den Versammlungen und den Gerichtsprozessen erhält. Aristoteles ist nicht ganz abgeneigt, auch weiteren Gruppen Bürgerrechte zuzugestehen, unter anderem mit dem Argument, dass die Menge oftmals bessere Entscheidungen trifft als ein Einzelner. An anderer Stelle heißt es, dass die Bürger nur unsubstantiierte Meinungen von sich geben und eine defiziente Art der Einsicht haben. Auch heute fragt man sich, ob die Schwarmintelligenz bessere politische Ergebnisse zeitigt als die Entscheidungen von Experten.

Gesetz und Zwang

Otfried Höffe wundert sich darüber, dass sich Aristoteles nicht mit dem Herrschafts- und Zwangscharakter der Polis auseinandersetzt (1987, S. 276ff.). Um gut miteinander leben zu können bedarf es eines relativ differenzierten Systems öffentlicher Gewalten. Zwangsfähige Regelungen verleihen einem sozialen Gefüge und ihren Institutionen Stabilität. Schon Platon beachtete diesen Aspekt nur beiläufig. Menschliche Zivilisation lässt sich aus Kooperation erklären. Aber wie entsteht ein Staat und wie lässt sich die darin enthaltene Herrschaft legitimieren? Der Gedanke des guten Lebens und der in engen Grenzen gerechten Verteilung reichen dazu nicht aus. Eine politische Anthropologie kommt ohne die Rechts- und Staatsnatur des Menschen nicht aus.

Aristoteles hielt die kooperative Sozialbeziehung der Menschen für natürlich. Er vertraute nicht auf eine zwanglose Spontanität. Einsicht und Vernunft kann nicht bei jedem Menschen vorausgesetzt werden. Ein Mensch ohne Gesetz sei „das schlechteste aller Lebewesen" und tendiere zum Streit. Der

Mensch kann sich gegen seinesgleichen wenden. Neben den menschlichen Sozialimpulsen existieren Konfliktgefahren. Der Mensch neigt von Natur aus zu Konflikten. Diese müssen durch Herrschaft gebannt werden.

Legitimation von Herrschaft und damit von Zwangsbefugnissen leiten sich nicht aus der Kooperationsfähigkeit, sondern aus den Konfliktgefahren ab. Die menschliche Konfliktbereitschaft verlangt nach einem rechtsförmigen Zusammenleben, soll nicht das Gesetz des Stärkeren gelten. Unter diesem Aspekt lässt sich jegliche Herrschaftsform legitimieren. Um nicht einer Tyrannis den Vorzug zu geben, muss Herrschaft rechtsförmig begrenzt werden.

Die erste Begrenzung besteht in der Herrschaft leidenschaftsloser Gesetze. Gleiche Gesetze für alle und ihre unparteiische Anwendung versetzen die Bürger in Rechtsgleichheit. Die Polis ist, wie schon an anderer Stelle betont, eine Gemeinschaft von Freien. Die Möglichkeit des Lebens ist an den Stand der Freiheit gebunden. Sklaven haben keine Bürgerrechte und keine Möglichkeit zur humanen Selbstverwirklichung.

Aristoteles war kein Gesetzesformulierer und noch weniger ein Gesetzgeber. Er benannte aber differenziert alle Bestandteile und Voraussetzungen einer Polis, die ein „gutes Leben" ermöglichen. Dazu gehören die Gesetze, die das Zusammenwirken der politischen Institutionen regeln, die Macht der Herrschenden begrenzen, die Mitwirkung der Vielen (auch Armen) garantieren und im Konfliktfall Lösungsmöglichkeiten einschließlich Strafen und Sanktionen vorschreiben.

Daneben wird vom den freien Bürgern viel verlangt, erheblich mehr als in heutigen Demokratien. Ihre sittliche Tugend ist sowohl Voraussetzung als auch Konsequenz der Polis. Sittliche Tugend zu haben heißt für Aristoteles, sich nicht von seinen natürlichen Leidenschaften beherrschen zu lassen. Das Rechthandeln des Einzelnen bildet mit dem Wohlergehen aller eine selbstverständliche Einheit.

Das sittliche Handeln liegt nach Aristoteles nicht nur im persönlichen Interesse eines jeden. Ohne sittliche Haltung ist der Bestand der Polis gefährdet. Die Bürger können den Zwangsanteil der Gesetze verkleinern durch freie Zustimmung zu den Gesetzen und durch ihre einsichtsvolle Befolgung. Gutes sittliches Handeln zeigt sich in Freigebigkeit, Großgesinntheit, Gerechtigkeit und Freundschaft. Aristoteles kennt zugleich die Grenzen der Tugend. Kein Mensch sei vollkommen tugendhaft. Kein Staat kann aus lauter vollkommenen Menschen bestehen. Die viel zitierte These der *Nikomachischen Ethik*, das Glück des Einzelnen und das des Staates sein dasselbe, ist eine überspitzte Formulierung (Höffe 1987, S. 284). Die Polis stellt nur die Voraussetzungen bereit. Humanität und Tugend müssen vom Bürger selbst geleistet werden. Aristoteles sieht nur dort die volle Selbstverwirklichung, die vollendete Humanität, wo der Mensch seine Sprach- und Vernunftbegabung (*Logos*) fast bis zum Äußersten ausfüllt. Dieser Zustand könne nur durch Theorie, d. h. *Vita contemplativa* erreicht werden. Sie ist die schlechthin freie Tätigkeit, die einem immer nur in kurzen Glücksmomenten geschenkt wird.

Mischverfassung

In der Aristotelischen Tugendlehre wird das Glück der größtmöglichen Zahl angestrebt. Die Platonische Bevorzugung der Philosophen übernimmt Aristoteles nicht. Das Hauptkriterium einer guten Regierung soll „das allgemeine Wohl" sein. Welche Staatsverfassung wäre dafür die geeignetste? Wer soll regieren? Wer auch immer reagiert, er darf nicht alleine regieren, weil sonst das Ziel des allgemeinen Wohls nicht erreicht werden kann.

Die Pluralität der Stadt setzt sich in ihrer politischen Verfassung fort. Aristoteles stieg tief in das Verfassungsthema ein. Er unterschied drei gute und drei entartete Verfassungen, die er in sich mehrfach unterteilte. Aristoteles hat eine klare Rangordnung aufgestellt: Monarchie, Aristokratie und Timokratie (Herrschaft der Besitzenden) sind gute Verfassungen, Tyrannis, Oligarchie und Demokratie schlechte Verfassungen.

In der Monarchie sieht Aristoteles den Monarchen als völlig uneigennützigen, allein auf das Wohl der Untertanen bedachten Spender von Wohltätigkeit. Er ist der fürsorgliche Vater, der selbstlos für seine Kinder sorgt. In der Aristokratie herrschen die „Besten" und „Tüchtigen". Sie sind gut und tüchtig, weil sie über Generationen angehäufte Erfahrungen und Vermögen besitzen. Platon hielt die Timokratie noch für eine verfehlte Staatsform. Die Herrscher seien (wie in Sparta) kriegerische, habsüchtige und wenig gebildete Männer. Aristoteles gab der Timokratie einen anderen Inhalt: die nach der Größe des Vermögens geschichtete Staatsform.[23]

In der Tyrannis gibt es wenig oder gar keine Freundschaft, alle belauern sich misstrauisch. In der Oligarchie gibt es mehr Freundschaft, aber der Gegen-

[23] John Case wird 2000 Jahre später in seiner *Sphaera civitatis* (1593) dem entgegenstehend den drei „richtigen" und „guten" Regierungsformen Monarchie, Aristokratie und Demokratie drei Entartungsformen entgegenstellen: Tyrannis, Oligarchie Anarchie. Timokratie und Anarchie seien sogar der politischen Herrschaft überhaupt entgegengesetzt (HWPh Bd. 1, S. 270).

satz von Arm und Reich bremst das mögliche Maß an Freundschaft aus. Gegen die Demokratie wird ins Feld geführt, dass sie die Zahl und nicht die Tüchtigkeit bevorzugt.

Der Grund für Differenzierung ist für Aristoteles die Vielfalt der Bevölkerungsgruppen und Klassen, aus denen eine Stadt besteht: die Armen, die Reichen, der Mittelstand, die Waffentragenden und die Waffenlosen, das Volk, die Bauern, die Kaufleute, die Handwerker, die Vornehmen und die Tüchtigen. Zwischen ihnen sind zahllose Kombinationen möglich, die sich in der Vielfalt möglicher Verfassungen spiegeln.

Die schlechten Verfassungen zeichnen sich dadurch aus, dass sie nur partikulare Interessen bedienen, die guten Verfassungen haben das allgemeine Wohl (*bonum commune*) im Blick. Aristoteles' Differenzierung der möglichen Verfassungen lässt keine eindeutige Bevorzugung mehr erkennen; fest steht einzig, dass die Tyrannis, die Regentschaft eines Einzelnen, die schlechteste aller möglichen Lösungen ist.

Wer soll regieren? In der *Nikomachischen Ethik* plädiert er für die Monarchie als beste Staatsform. In der *Politika* bevorzugt er die Mischverfassung. Aristoteles ist in seinen Schriften nicht konsistent. Die Mischverfassung vermittelt zwischen dem Recht auf politische Partizipation (Demokratie), der Koppelung von Befähigung und Adel (Oligarchie) unter der Herrschaft der Besten (Monarchie).

Mit der Mischverfassung erklärt Polybios im 6. Buch seines Geschichtswerks den außenpolitischen Erfolg Roms, das selbst nach einer solchen Katastrophe wie der Niederlage gegen Hannibal 216 v. Chr. in kaum 50 Jahren zur Weltherrschaft aufgestiegen war. Von Polybios stammt der grundlegende Gedanke, dass mit dem Gleichgewichtssystems zwischen Institutionen durch gegenseitige Kontrolle die Machtverteilung stabilisiert wird. Die Mischverfassung sei gegenüber Verfallserscheinungen resistenter als die anderen Verfassungstypen. Die ständig wechselseitige Kontrolle erzeuge einen Zwang zur beständigen Kooperation und beständigem Kompromiss. Der Erfolg Roms liegt für Polybios in eben dieser Elastizität seines politischen Systems begründet. Er beachtete aber nicht, dass sich in den verschiedenen Institutionen immer wieder die Mitglieder ein und derselben politischen Elite begegneten, nur in verschiedenen Rollen (Nippel in Lieber 1993, S. 40). Dennoch blieb Polybios' Analyse der Verfassungswirklichkeit in seiner Qualität einzigartig. In der amerikanischen Verfassungsdebatte standen Polybios und die Mischverfassung für die Konzeption der *Checks and Balances* Pate.

Politie

Während uns heute Begriffe wie Monarchie, Aristokratie, Tyrannis, Oligarchie und Demokratie geläufig sind, kennt Aristoteles noch eine sechste Form, *Politie* genannt, im heutigen Sprachgebrauch „Verfassungsstaat" oder auch „Republik". In ihr vermischen sich Oligarchie und Demokratie, die Herrschaft einiger Herausragender, begrenzt durch die Herrschaft der Vielen. Diese Mischverfassung besitzt einige Vorteile: die Berücksichtigung verschiedener Interessen und die Teilung der Macht und dadurch der Zwang zur Mäßigung und zum Kompromiss. Weiterer Vorteil ist eine sich daraus ergebende Stabilität. Wenn sich viele mit unterschiedlichen Tätigkeiten und Qualitäten zusammenfinden, dann könnte durch diese Komposition etwas Gutes entstehen. Aristoteles zeigt sich hier seltsam optimistisch. Könnte es nicht sein, dass sich im ungünstigen Fall Menschen mit schlechten Eigenschaften zusammenfinden? Aristoteles' Mischverfassung lebt von der Annahme, dass die guten Fähigkeiten und Tugenden Einzelner in der Summe ebenfalls zu etwas Gutem führen.

Die Ämter sollten von den Besten (den Reichen und/oder den Fähigsten) besetzt werden, dem Volke sollte die Kontrolle der Amtsträger verbleiben. Ist dies nicht die Konstellation, wie wir sie heute in den Demokratien kennen? Sie ist zeitstabil und weitgehend frei von Aufruhr, sie vermeidet Extreme und kennt die abwechselnde Regierung. Die meisten der von Aristoteles untersuchten Regierungsformen sind instabil, aber die Mischverfassung verpflichtet die Klassen zu gegenseitiger Schonung und zum Ausgleich ihrer Interessen, die jeweiligen Regierungen zur Gesetzestreue und zum Kompromiss. Stabil ist offenbar eine Verfassung, welche die unterschiedlichen Ansprüche auf proportionale Gleichheit in eine Balance bringt. Aber droht nicht wieder die Summe aller schlechten Eigenschaften? Die Reichen lassen sich nicht regieren und die Armen verstehen nicht zu regieren. Die Armen werden neidisch auf die Reichen und die Reichen verachten die Armen.

Aristoteles empfiehlt als soziale Basis der Politie den Mittelstand, eine ethisch qualifizierte Mitte, wohl eher eine ethische Haltung als ein wirtschaftlicher Mittelstand. Mit Mitte und Maß entspricht die Politie durchaus der Ausgestaltung der Polis seit Solon, zugleich drückt sich darin ein Wunschbild des Aristoteles aus.

Auch Aristoteles entwirft eine Utopie der „besten Stadt" (Buch VII-VIII) (Ottmann 2001b, S. 209ff.). Was die beste Stadt im Einzelnen benötigt, wird im Detail erörtert: die Zahl der Einwohner und ihre Größe, ihre Anbindung ans Meer, die Tüchtigkeit ihrer Bürger, die Stände sowie die örtliche Anlage der Stadt. Den Abschluss bildet eine Diskussion der Erziehung. Ausführlich widmete er sich der Erziehung bzw. dem Schulwesen, die breit angelegt sein sollen, um Extreme zu vermeiden. Alles Unanständige und Schlechte müsse von der Jugend ferngehalten werden.

Ausführlich widmete er sich der Erziehung bzw. dem Schulwesen, die breit angelegt sein sollen, um Extreme zu vermeiden. Alles Unanständige und Schlechte müsse von der Jugend ferngehalten werden. Aristoteles' Erziehung unterscheidet die notwendigen Kulturtechniken wie Lesen, Schreiben und Rechnen vom eigentlichen Ziel der Bildung, einen in sich sinnvollen Vollzug eines kultivierten Lebens zu eröffnen. So dient die Arbeit dazu, sich der Muße hinzugeben, der Krieg dient dem späteren Frieden und die praktischen Tätigkeiten sollen die Grundlage für Kunst, Philosophie, Theater und Musik legen. Die Verfassung für diese beste Stadt scheint am ehesten eine aristokratisch gefärbte *Politie* zu sein, aber das wird nicht recht deutlich.

Unter anderem ist die beste Stadt auch eine kleine Stadt. Die Stimme des Herolds muss von einer Ecke zur anderen zu hören sein. Staatsämter werden nach Würdigkeit vergeben; dafür ist Voraussetzung, dass die Bürger einander kennen. Die Stadt ist wirtschaftlich autark; sie verfügt zwar über einen Seezugang und eine Flotte, aber ihr Handel mit den Nachbarn ist begrenzt. Wird das theoretische Leben in der Nikomachischen Ethik noch gefeiert, so stellt Aristoteles jetzt die aktive und die kontemplative Lebensform in der besten Stadt als gleichberechtigt dar.

Die politische Partizipation bleibt gleichwohl stark eingeschränkt. Nicht nur Frauen und Sklaven, auch Handwerkern, Händlern und Bauern wird der Bürgerstatus verweigert. Wieder sollen nur jene reichen Bürger mitbestimmen, die nicht von ihrer Hände Arbeit leben und genügend Mußezeit besitzen. Die Rechtfertigung der Sklaverei ist uns Heutigen unannehmbar.

Wirkung

„Versuchte man, vorsichtig bilanzierend, Aristoteles politisch zu bewerten, so kann man in ihm wegen der Kritik an einschlägigen platonischen Elementen, wegen der Betonung von Freiheit, Gleichheit und Gerechtigkeit und wegen des Plädoyers für Gesetzesbindung und Gewaltenteilung einen Vordenker des demokratischen Rechtsstaats und des entsprechenden politischen Liberalismus sehen." (Höffe 2016, S. 71f.; Ottmann 2001b, S. 214)

Die Aristotelische *Politik* hatte großen Einfluss auf das politische Denken des Mittelalters, doch seine freie religiöse Einstellung war kaum kompatibel mit den religiösen Interessen des Mittelalters. Es war nicht denkbar, dass Bürger und Menschen ein irdisches Glück genießen. Die bürgerliche Selbstregierung verschwand zu Gunsten des König- und Kaisertums. Bei Thomas von Aquin, Dante und Hobbes lösen sich die aristotelischen Grundvoraussetzungen der politischen Philosophie auf.

In der Neuzeit tritt das Individuum an die Stelle des Gemeinschaftswesens, und die naturgegebene Stadt wird abgelöst von der Vertragstheorie. Die aristotelische Verbindung von Politik und Ethik wird getrennt, so dass die Politik sich bei Machiavelli von der Moral verabschiedet und Machtpolitik werden kann. Autoren wie John Locke und Immanuel Kant kommen nicht umhin, sich ausführlich mit Aristoteles zu beschäftigen. Aber es passiert etwas Erstaunliches, so Ottmann (2001b, S. 214): Locke und Kant greifen den unterschiedlichen Stellenwert von häuslicher Herrschaft und Stadt auf, um die absolutistische landesväterliche Herrschaft anzugreifen. Aus dem „Haus" wird die Familie und die bürgerliche Gesellschaft. Die Gemeinschaft entwickelt eine Differenz zur öffentlich-politischen Gesellschaft.

In den Kontroversen um Liberalismus und Kommunitarismus scheint Aristoteles immer wieder auf. Ottmann meint, Aristoteles könnte man teilweise als Korrektiv des herrschenden (Wirtschafts-) Liberalismus sehen (ebd.). Der politische Aristotelismus betont die Gemeinschaftlichkeit, das historisch Gewachsene und die Ausrichtung des Lebens an Ethik und Sittlichkeit. Das sind starke Argumente gegen den aktuellen Individualismus sein. Nach dem Zweiten Weltkrieg feierte Hannah Arendt die *Vita activa* (1946).

Die Lehre von der guten Staatsverfassung und vom guten Bürger hat bei Aristoteles – anders als bei Platon – ein modernitätsverträgliches Potenzial (Ottmann 2001b, S. 215). Der in den 1970er Jahren in Amerika entstandene Kommunitarismus greift auf viele Gedanken Aristoteles' zurück und wendet sie gegen einen Liberalismus, der keine Verwurzelung in der Gemeinschaft hat. In eine heute bestehende politische Richtung lässt sich Aristoteles nicht mehr einordnen, und angesichts der Globalisierung erinnert seine kleine Stadt an vergangene Zeiten, die längst untergegangen sind.

Platon und Aristoteles formen das philosophische und politische Gespräch bis in heutige Tage. Platon gilt als Idealist und Metaphysiker, Aristoteles als Realist und Rationalist. Deutsche Philosophen schätzten eher Platon, der nüchterne Aristoteles war eher ein Fall für angelsächsische Philosophen.

Idealisten schätzen Platons Tiefe, Pathos, Phantasie und dessen Ideenlehre, die Rationalisten orientieren sich an aristotelischer Beobachtungsgabe, Logik, Systematik, Nüchternheit, Skepsis und Scharfsinn. Seitdem die beiden lebten, prallen in der Geschichte des Denkens die beiden rivalisierenden Strömungen aufeinander.

Philosophie im Hellenismus

Die Vorsokratiker entdecken die Theorie, die der Beginn der Philosophie, der Wissenschaft und der westlichen Rationalität ist. Theorie heißt wörtlich „Schau", das bedeutet Erkenntnis um der Erkenntnis willen. Insofern wird die Theorie, welche die Griechen entdecken, die reine Theorie genannt, in Abgrenzung zur instrumentalen Theorie, die an der wissenschaftlich-technischen Beherrschung und Unterwerfung der Natur ausgerichtet ist, und der kritischen Theorie, die dem Hegelianismus entspringt und die praktisch und weltverändernd wirken möchte. Ist die reine Theorie praktisch nutzlos? Die berühmte Anekdote von Thales und der Magd legt dies nahe. Thales soll bei der Betrachtung des Himmels in einen Brunnen gefallen sein. Eine Magd soll ihn darauf verspottet haben: Er schaue in den Himmel und sehe nicht, was vor seinen Füßen liegt. Es gibt aber auch eine andere Geschichte von Thales. Dank astronomischer Kenntnisse sah er eine gute Olivenernte voraus. Vor der Olivenernte mietete er alle Olivenpressen im größeren Umkreis und lieh diese für die Ernte für viel Geld aus. Thales verband wissenschaftliche Klugheit mit lebenspraktischer Weitsicht.

Unter den Philosophen ist Thales nicht der einzige weitsichtige Unternehmer. Nachdem der bedeutende Philosoph Baruch de Spinoza wegen seiner aufklärerischen Gedanken von seiner jüdischen Gemeinde ausgestoßen wurde, wendet er sich in einer anderen Stadt einem einträglichen Beruf zu, dem der Linsenschleiferei. Sie werden für Mikroskope und Teleskope gebraucht. Binnen kurzem wurde Spinoza unter den Naturwissenschaftler seiner Zeit berühmt.

Philosophen können schlau sein und ein Geschäft machen, aber das ist nicht ihre eigentliche Aufgabe. Erkenntnis hat ihren Sinn in sich selbst. Die Vorsokratiker gelten als die ersten Naturwissenschaftler, die durch ihr Erkennen an der göttlichen Natur Anteil nahmen, ohne sie verändern zu wollen oder zu können.

Sokrates hatte versucht, Philosoph und Bürger zugleich zu sein. Die Philosophen des sogenannten Hellenismus sind nur noch Philosophen und geben sich dem privaten Leben hin. Unter Hellenismus wird ein griechisches Denken verstanden, für die das Großreich Alexanders die äußeren Bedingungen schuf. Damit war der griechischen Kultur ein weiter Wirkungsbereich erschlossen worden. Die griechische Sprache verbreitete die hellenistische Philosophie und wirkte auch im römischen Imperium noch weiter. Insbesondere die Geschichte des Stoizismus lässt sich ohne diesen politischen Hintergrund nicht darstellen. Zugleich machten sich Einflüsse außergriechischer Kulturen bemerkbar, sodass ein Prozess gegenseitiger Anregung einsetzte, der auch nach dem Zusammenbruch des Alexander-Reiches anhielt. „Das östliche Mittelmeergebiet wurde zu einem Schmelztiegel." (Röd 1994, S. 189) Das Ende des Hellenismus wird auf das Wirken des Gaius Octavius Augustus (63 v. Chr. – 14 n. Chr.) datiert.

Alle wichtigen philosophischen Strömungen verabschieden sich von der Politik (mit einzelnen Ausnahmen). Es sind vor allem die Kyniker, frühe Aussteiger und Querulanten, die sich nicht nur der Politik, sondern auch dem Bürgertum und überhaupt dem gesellschaftlichen Leben entziehen durch Provokation, aggressive Umwertung und obszöne Aktionen. Von Mitte und Maß kann bei den Kynikern keine Rede sein. Diogenes war der berühmteste Kyniker.

Die Anekdote über die Begegnung von Alexander und Diogenes ist die berühmteste der Antike überhaupt. In ihrer dokumentiert sich das Verhältnis von Philosophie und Weltmacht. Hier die Macht, dort der Geist, hier der Reichste, dort der Ärmste, hier der mächtigste Mann der Welt, dort ein Mensch, der nichts hat, außer sich selbst. In der Anekdote ist der Weltherrscher für den Philosophen nichts als ein lästiger Schatten. Die Anekdote lebt vom Gegensatz und davon, dass David gegen Goliat gewinnt. Der Weltherrscher hat nichts, was der Philosoph gebrauchen könnte. Die Anekdote ist mehrfach überliefert, obwohl sich beide in Wirklichkeit nie begegnet sind. Sie spiegelt die Sehnsucht der Philosophen nach Macht und Einfluss.

Die Epikureer blieben im bürgerlichen Rahmen, lebten aber im Hintergrund als stille Genießer. Der auf der griechischen Insel Samos geborene philosophische Autodidakt Epikur lebte mit seinen Anhängern in Athen in einer Gartengemeinschaft. Zu deren Grundsätzen gehörte, dass die Lust „der Anfang und das Ende des glücklichen Lebens" sei. Was immer wir wünschen und tun, wir folgen dem Maßstab der Sinnenfreude, verlangen nach Lust und suchen Unlust zu vermeiden, wobei Lust körperlich wie spirituell verstanden wurde. Alles menschliche Wollen, das eigentliche Ziel seines Handelns und Strebens sei die subjektive Befriedigung. Doch über die Lust stellte Epikur die Vernunft als „höchsten Gut", in der alle übrigen Tugenden wurzeln. Der kluge, vernunftgeleitete Mensch sucht zwar Lust, aber nicht ihre Maximierung, im Gegenteil: Er mäßigt seine Glücksansprüche, gibt sich, schon um nicht frustriert zu werden, auch mit minimalen Genüssen zufrieden.

Epikurs Anleitung zur glücklichen Askese führte zum Rückzug aus der Politik. Wie immer bei den alten Texten, ist auch Epikurs „Apolitie" schwer zu deuten. Sie könnte als *Vita contemplativa* durchgehen, als zentrale Eigentümlichkeit der Philosophie. Die Freiheit besteht darin, weder Knecht noch König zu sein. Das Problematische am Epikuräertum besteht darin, dass die Politik als etwas angesehen wird, was nur den epikuräischen Interessen dienen soll. Sie soll die Bedingungen schaffen, die diese laxe Privatheit schützt und sie ansonsten in Ruhe lässt. Politik zählt nur noch, insofern sie den unpolitischen Zielen des Individuums dienlich ist. Das ist etwas gänzlich anderes, als daran mitzuwirken, das Glück der größtmöglichen Zahl zu schaffen. Praxis im aristotelischen Sinne ist das nicht mehr.

Epikur scheint der erste Vertreter der Forderung zu sein, der Staat möge ein Nachtwächterstaat sein. Er bekundet ein gewisses Interesse an Herrschaft und Ordnung, weil anders ein ungestörtes Leben nicht denkbar ist. Politik wird minimalisiert auf die Abwehr von Schaden (Ottmann, 2001b, S. 294). Die Vorstellung von Glück ist eher negativ definiert, als Abwesenheit von Mühe und Belästigung. Der Epikureer, der sein Leben nach den Kriterien von Lust und Unlust führt, kann mit Politik insgesamt wenig anfangen. Er schätzt die Monarchie und den Monarchen als Garant der Sicherheit, aber ein Leben am Hofe, selbst als Philosoph, erscheint ihm nicht erstrebenswert. Ein anderer Epikureer, Lukrez, empfindet das Recht nur noch als notwendiges Übel. Gesetze seien einschränkend und würden einem die Daseinsfreude vergällen. Epikur verwirft die Tyrannis, aber aus einem privaten Grund: Ihr Totalitarismus lasse einen nicht in Ruhe, sie gefährde Unbeschwertheit und Ungestörtheit. Für Ottmann ist der Epikureismus nahe daran, eine Philosophie der Anpassung und der Leisetreterei zu sein (2001b, S. 296).

Auch mit seinem Hedonismus ist es laut Ottmann nicht so weit her. Ein bescheidenes Glück könne man erreichen, wenn man seine Wünsche nicht zu hoch hängt. Beim Streben nach Ruhm, Macht und Reichtum jedenfalls könne man keine Seelenruhe finden. Der Epikureer tritt nicht mehr in einen

Kampf um Exzellenz ein. Die Vorstellung von Glück ist eher negativ definiert, als Abwesenheit von Mühe und Belästigung. Die Meeresstille der Seele stellt sich nicht durch persönlichen Einsatz und Anstrengung her, eher durch „matte Bescheidenheit". Ottmann erinnert noch einmal an Aristoteles, der das Glück in der rechten und gerechten Handlung im Kreise gleichberechtigter Bürger fand. Einsicht und Tüchtigkeit waren bei Aristoteles Werte an sich; bei Epikur sind sie Mittel zum Zweck der Lustbeschaffung und Leidensvermeidung (Ottmann, 2001b, S. 298).

Epikurs Philosophie hat viel von der Nüchternheit und Entzauberung der Aufklärung: Gott ist harmlos, der Tod ist unvermeidlich, das Gute im Leben lässt sich bei einiger Bescheidenheit leicht beschaffen und das Bedrohliche ist bei genauerer Betrachtung gar nicht so schrecklich. Der Kosmos hat keinen Zweck (keine Teleologie), die Götter kümmern sich allenfalls nur um sich. Der Garten des Epikur ist eine in sich weitgehend geschlossene Mini-Polis, eine Ersatz-Stadt, eine demokratische Besonderheit, weil er prinzipiell allen offen stand, auch den Frauen, den Fremden und den Sklaven.

Bestimmender als Kynismus und Epikureismus war die Schule der Stoa in Griechenland und bei den Römern in den Jahren 300 vor bis 200 n. Chr. (2001b, S. 299ff.). Sie vertrat grundstürzend neue Ansichten. Die eine ist die von der Gleichheit der Menschen. In Rom gehörten zu den Stoikern der Sklave Epiktet ebenso wie Kaiser Marc Aurel. „Der stoische Universalismus weist auf die eine Menschheit des Christentums und auf die Rechte des Menschen voraus" (Ottmann 2001b, S. 300). Dieser Universalismus steht aber im klaren Gegensatz zur politischen Wirklichkeit der hierarchischen Gesellschaft. Zugleich interessieren sich die Stoiker nicht wirklich für Gesellschaft und Politik. Sie sind Individualisten, die Welt bleibt draußen. Der Stoiker sucht Unerschütterlichkeit (*Ataraxia*) und Unabhängigkeit von den Affekten (*Apatheia*). Nur auf diesen Gebieten ist der Mensch Herr seiner selbst, die eigene Person ist der letzte Hort der freien Entscheidung. Der große Rest ist Schicksal (*Fatum*).

Der Gründer der Stoa, Xenon (auch Zeno geschrieben, 333–262 v. Chr.), schrieb eine Utopie namens *Politeia*, in Anlehnung an Platon. Diese Utopie ist ein Philosophentraum von der vollkommenen friedfertigen Stadt. Die Weisen regieren, es gibt keine Richter und Soldaten, es gibt keine Gerichte und keine schulische Ausbildung, keine Münzen und keine Tempel. All das wird nicht benötigt, weil Weise sich nicht streiten; sie erziehen sich selbst. Der höchste Gott dieser Polis ist Eros, aber man wisse nicht, so Ottmann, wie weit

Xenon gedachte, in der Promiskuität, Homosexualität und Verwerfung des Inzestverbots zu gehen (2001b, S. 302).

Der Wunsch der Stoa nach Ungestörtheit geht bis zur Apathie. Ihr Glück entsteht durch tugendhaftes Leben und Tugend beruht auf Einsicht und Vernunft. Aber die Tugenden bleiben „Leerformeln" (Ottmann). Man soll gemäß der „Natur" leben, aber was könnte das bedeuten? Was ist „angemessen", „richtig", „das vollendet Angemessene", die richtige Handlung, die richtige Einsicht? Kant würdigte die Ethik der Stoiker wegen der Würde der menschlichen Natur und der Freiheit als Unabhängigkeit von der Macht der Leidenschaften und Neigungen.

Die stoischen Philosophen schlagen sich mit Problemen herum, die noch heute ungelöst sind: mit Beweisen für die Existenz der Götter, dem Konflikt zwischen dem Ethos der Nähe und dem moralischen Universalismus, dem Widerspruch zwischen Schicksal und willentlicher Entscheidung. Es bleiben unaufgelöste Widersprüche. Herrschen solle das Gesetz (*Nomos*), aber Gesetze sind menschengemacht und können verfehlt sein. Das könne vermieden werden, wenn man sich an das göttliche Gesetz hält, was an sich gerecht und vernünftig ist, ein ewiges Recht. Aber über das göttliche Gesetz gibt es keine Gewissheit; es ist nur ein Philosophentraum.

Stärker als sonst werden Gründung und Betrieb einer Polis auf konkretes menschliches Handeln zurückgeführt. Wenn der Mensch nicht von Natur aus auf das Leben in der Gemeinschaft angelegt ist, sondern dazu nur durch Nützlichkeitserwägungen veranlasst wird, dann gibt es auch keine der menschlichen Natur angemessene Staatsverfassung. Recht und Unrecht müssen relativiert werden. Sie definieren sich durch Konventionen. Folglich kann es auch keine absolute Gerechtigkeit und kein überpositives Recht geben. Was Rechtens ist, hängt von der Rechtsordnung und den Gesetzen des jeweiligen Staates ab. Insofern kann es auch keine Gerechtigkeit „an sich" geben, sondern nur in Bezug auf die vertraglich festgelegte Rechtsordnung, basierend auf einem Sozialkontrakt. Die Gerechtigkeit besteht darin, dass diese Rechtsordnung für alle gilt. In der nächsten Stadt kann schon etwas anderes gelten. Der Gegensatz zu Platon könnte nicht schärfer sein. Epikur schränkte ein, Rechtskonventionen seien nur gültig, wenn sie „zuträglich" seinen, wenn sie der Gemeinschaft nützen.

Der Anspruch an ein endgültiges Wissens und unbedingte Richtigkeit wurde zugunsten einer skeptischen Einstellung fallen gelassen. Die Ablehnung eines sicheren Wahrheitsfundaments bildet den Kern des Skeptizismus. Für die Erkenntnis komme es nicht auf Wahrheit an, sondern auf Wahrscheinlichkeit. wurde fallen gelassen. Auch hier ein diametraler Gegensatz zu Platon und seinem Ideal absoluten Wissens. „Angesichts dieser Entwicklung hat man den Eindruck einer tiefgreifenden Änderung des geistigen Klimas: Der Glaube an die Möglichkeit absoluter Wahrheit aus rein geistigen Quellen scheint ... geschwunden, der Anspruch des vollkommenen Wissens (im Sinne der platonischen *episteme*) wird zugunsten des mehr oder weniger wahrscheinlichen Fürwahrhaltens (*doxa*) preisgegeben." (Röd 1994, S. 217) Der Skeptizismus wurde zu einer politischen Gefahr. Wie konnte Chrysipp in Rom an einem Tag für und am nächsten Tag gegen die Gerechtigkeit argumentieren? Der traditionsbewusste Römer Cato sorgte dafür, dass Chrysipp und seine Delegation, darunter Diogenes, rasch wieder abreisten (Röd 1994, S. 218).

Später wurde die Idee der absoluten Wahrheit im Neuplatonismus erneut aktuell. Mit der Abkehr der platonischen Akademie vom Skeptizismus wandte man sich wieder eine Art Mystizismus zu. Dieser wertete die Welt der Erscheinungen zugunsten einer transzendenten Wirklichkeit ab. Diese höherwertige Wirklichkeit sei nicht mehr rational erkennbar, sondern nur in überrationaler Weise schaubar. Philosophie und religiöse Weltanschauung vermischten sich. Ein zurückhaltender Skeptizismus, der sich auf die diesseitigen Dinge konzentrierte und auf Wahrscheinlichkeitsaussagen stützte, ging unter (Röd 1994, S. 223). Der Platonismus trug damit seinen Teil zum Übergang von der Philosophie zur Theosophie in der ausgehenden Antike bei.

Das Ende der Demokratie

Die Städte Hellas' lagen miteinander im Streit und die Bürger Athens selbst waren zur Zeit des Demosthenes (384–322 v. Chr.) in Anhänger und Gegner Makedoniens und in Arm und Reich gespalten und beunruhigt durch heimatlose Söldner als auch hungernde Migranten, beide Gruppen jeweils Zehntausende von Personen stark. Das Klima zwischen den Parteien war vergiftet, so wie heute zwischen Demokraten und Republikanern in den USA. Man überzog sich gegenseitig mit Verdächtigungen wegen Korruption oder Verrat.

Zwei Generationen nach Sokrates' Tod wurde Athen durch Philipp II., König von Makedonien, einem skrupellosen Machtpolitiker, militärisch besiegt. Der

Redner und Politiker Demosthenes hatte in öffentlichen Reden eindringlich vor der Bedrohung Philipps gewarnt (darauf geht der Ausdruck *Philippika* zurück). Mit Phillip und seinem Sohn Alexander endet die attische Demokratie.

Was veranlasste Philipps Sohn Alexander zu seinen ungeheuren Eroberungsfeldzügen Richtung Osten bis an den Indus? Letztlich, meint Dahlheim (S. 291), ging es wieder einmal um Ruhm und um Beute, die man in die Heimat zurück zu schleppen hoffte. Alexander selbst fand im Krieg den Sinn seines Daseins.

Die Eroberungen Philipps und seines Sohnes Alexanders sind zwiespältig. Sie brachten viel Elend über die Besiegten (Philipp hatte das mit Athen verbundene Olynth eingenommen und dem Erdboden gleich gemacht), anderseits bewirkten sie eine Ausweitung der griechischen Kultur. Durch starke Präsenz von Helenen in seinem Heer wurden der gesamte Vordere Orient und Ägypten hellenisiert. Damit erhielt die griechische Kultur Weltgeltung (Dahlheim S. 293). Kultur, Politik und Recht universalisierten sich, was Hand in Hand ging mit einem Individualismus und Privatismus. Städte und Völker wurden zusammengewürfelt, ein Weltreich entstand. Mit seinem frühen Tod zerfiel die gewonnene Ländermasse politisch wieder in ihre Einzelteile. Eine Neuordnung und einheitliche Verwaltung waren vielleicht geplant, doch dazu kam es nicht. Eine einfache Bilanz ist nicht zu ziehen.

Der Aufstieg der Könige, die teilweise wie Götter verehrt wurden, bedeutet das Ende der Demokratie und der *Politie* und veränderte die Philosophie und das politische Denken grundlegend und nachhaltig. Nicht zufällig entwickelt sich die Schule der Stoiker, die Unerschütterlichkeit suchen angesichts einer als chaotisch empfundenen Welt.

Aristoteles' liberaler Polytheismus kam mit der Vergöttlichung der Könige und Tyrannen an ein Ende. Der erste Gottkönig wurde Alexander. Die Gottessohnschaft des Monarchen wurde nun für Jahrhunderte bestimmend. Mit der Vergöttlichung des Herrschers kam das Ende aller bürgerlichen Politik und das Ende der bürgerlichen Gleichheit (ab etwa 330 v. Chr.).

Alexander ist der erste Tyrann im kontinentalen Maßstab. Er lässt ganze Völker und Städte über die Klinge springen. Er tötet seinen besten Freund im Jähzorn und seinen besten Feldherren lässt er ermorden. Es gibt niemanden mehr, der mit ihm von gleich zu gleich spricht. Der gleichberechtigte Dialog als konstitutives Element der Polis verschwindet völlig. Der Herrscher lebt allein. Dessen Vernunft ist einsam.

Alexander der Große übte als welthistorische Gestalt eine ungeheure Faszination aus; alle späteren Könige eiferten ihm nach. Alexander wurde zum Symbol unbegrenzter Macht. Er verkörperte die Möglichkeit, durch die individuelle Tat alles auf Erden erreichen und damit Unsterblichkeit erlangen zu können. Er wird von einigen Autoren zum geistigen Vater des Kosmopolitismus erklärt. In diesem Wort steckt die Kosmopolis, die weltumspannende Stadt. Mit der gewalthaften Verschmelzung von Griechen und Persern entstand eine Idee, die weit in die Zukunft reicht. Der bewohnte Teil der Erde wird als eine Art Einheit aufgefasst, ausgedrückt im Begriff *oikoumeni* (griechisch „das Bewohnte"), weiterentwickelt von den Römern in der Vorstellung vom bewohnten „Erdkreis" (*orbis terrarum*). Ein zweiter damit verbundener Begriff ist der der Eintracht, die der Griechen und der Perser. Die Verschmelzungspolitik dokumentiert sich in der Massenhochzeit von Susa. Alexander selbst nahm zwei persische Prinzessinnen zur Frau. Die Einheit sollte die Eintracht hervorbringen, aber ihr Boden war der Imperialismus. Und schon gab es Zwietracht: die Makedonier fühlten sich durch Alexander gegenüber den Persern zurückgesetzt.

Das Junktim zwischen Gott und Monarch ließ sich dann für zweitausend Jahre nicht mehr aufbrechen. Natürlich muss der König fromm sein. In seinem Gottvertrauen ist der König unbesiegbar. Nicht die Waffen und die Taktik, sondern Gott allein entscheidet über Sieg und Niederlage. Der König ist Brücke zu Gott. Die Theoretiker der Monarchie rechtfertigen die Alleinherrschaft und verpflichten den Monarchen auf die gerechte Ordnung. Dessen größte Leistung besteht in der Schaffung von Frieden und in der Gerechtigkeit. In dieser Auffassung ist er Philanthrop. Seine Wohltaten sichern ihm die Liebe seiner Untertanen. Sein Wille ist Gesetz. Rechenschaftspflichtig ist er nicht. Die Philosophen „zeigen, dass Politik nicht mehr die Sache gleichberechtigter und selbstbewusster Bürger, sondern die Angelegenheit von Monarchen und Untertanen, gnädigen Herren und bittstellenden Untertanen geworden ist." (Ottmann 2001b, S. 270) Die Vergöttlichung der Monarchen und ihre Apologie ist allerdings, so Ottmann (S. 272) „nichts als politisches Kalkül und in der Form ungehemmter Schmeichelei ein erstaunliches Zeugnis der Servilität".

Die Geschichte wiederholt sich, aber nicht als Farce. Nach Alexanders Tod im Juni 323 v. Chr. verließ Aristoteles erneut Athen, weil er fürchtete, zum Opfer antimakedonischer Umtriebe zu werden. Er wurde unter die Anklage der Gottlosigkeit gestellt, der einst Sokrates zum Opfer fiel. Auf das Schicksal dieses weisen Mannes anspielend, soll er das Verlassen der Stadt mit den

Worten begründet haben, er werde nicht gestatten, dass sich die Athener ein zweites Mal gegen die Philosophie versündigten. Aristoteles zog sich nach Euboia zurück, wo er bald darauf im Alter von 62 Jahren starb. Die Jahre, in denen Athen seine politische Vorherrschaft mit einer kulturellen Hochblüte verband, waren vorbei. Zwei Jahrzehnte nach Aristoteles' Tod ist Athen zu einem Landstädtchen abgesunken.

ROM

Die Idee der Demokratie entstand im antiken Griechenland, doch die Griechen waren von Zeit zu Zeit ebenso fasziniert von Alleinherrschern und Tyrannen. Die autonomen Stadtstaaten schafften es nie zu einem das Mittelmeer umspannenden Zusammenschluss, vielmehr bekämpften sie sich ständig. Die Freien Griechenlands waren ein Mittelding aus Bürger und Aristokraten, ernährt von einem Heer von Sklaven, die sich die Stadtstaaten in ihren regelmäßigen Kriegszügen stets neu besorgten.

Rom setzte nicht die Demokratie der Griechen fort, sondern legte die staatliche und gesellschaftliche Macht in die Hände ihrer aristokratischen Eliten. „Mit der Festigung der römischen Herrschaft über die griechische Welt starben dort die Demokratien. Nur aus der literarischen Überlieferung konnte man noch etwas über sie erfahren; politische oder gesellschaftliche Institutionen, aus deren Anschauung hätte gelernt werden können, überlebten nicht. Der Begriff Demokratie verschwand aus dem öffentlichen Bewusstsein und führte für lange Zeit ein Schattendasein in der Gelehrtensprache; tatsächlich vorhandene Verfassung- und Regierungsformen, auf die der Begriff anwendbar gewesen wäre, gab es bis zur Amerikanischen und Französischen Revolution kaum." (Dahlheim S. 189)

Das zentral regierte römische Reich war von Anbeginn an eine aristokratisch geprägte Gesellschaft, wo die Patrizier den Ton angaben und sich nie so etwas wie eine demokratische Gleichheit etablieren konnte. Griechenland entwickelte für eine begrenzte Zeit die Demokratie, Rom den Humanismus und ein hoch entwickeltes Recht. Das römische Recht ist das Urbild allen rationalen, bis heute wirksamen Rechts. Die griechische Demokratie wurde zum Vorbild aller Demokratien, das Römische Reich wurde das Vorbild aller Reiche, wobei die Dauer des Imperiums das eigentliche Geheimnis der römischen Geschichte ist. Nackte Gewalt wurde ausgeübt, war aber kein zentraler Bestandteil der Machtausübung. Viel mehr wirkte anziehend, dass dem Besiegten die Aufnahme in den römischen Bürgerverband winkte.

Etrusker setzen sich um das achte Jahrhundert vor Christus in der Toskana fest und brachten viele Errungenschaften der östlichen Hochkulturen, darunter ein hochentwickeltes Kunsthandwerk, mit. Von etwa 600 bis 500 v. Chr. herrschten sie als Oberschicht über Rom. Die latinischen, sabinischen und etruskischen Adelsgeschlechter verbündeten sich um 510 zu einer politischen Interessensgemeinschaft, stürzten das etruskische Königtum und machten Rom zur Adelsrepublik. Diese musste im fünften und vierten Jahrhundert ihre Selbstständigkeit gegen die einfallenden Etrusker- und Italika-Stämme und schließlich auch nach Norden gegen die Kelten (Gallier genannt) verteidigen.

Diese schweren Abwehrkämpfe prägten das Wesen der römischen Republik. Es bildete sich eine straffe Amtsgewalt der leitenden Beamten, immer mehr Volksschichten wurden zum Wehrdienst herangezogen, so dass die Plebejer, wiederum in blutiger Auseinandersetzung, Anteile an der Staatsmacht forderten und schließlich erhielten. Die relative Stabilität des Staatswesens, die Unerschütterlichkeit gegenüber schweren Rückschlägen, der Opferwille für das Gemeinwohl sowie bedingungslose Pflichterfüllung bilden in der Folgezeit das Fundament für den Aufstieg des römischen Stadtstaates zur imperialen Großmacht. Sizilien stand ab 241 v. Chr. unter römische Verwaltung, Kleinasien ab etwa 190, Makedonien ab 168, Athen ab 146 v. Chr. Mit der vorbeugenden Vernichtung Karthagos 146 v. Chr., der Niederwerfung einer Erhebung in Spanien und mit der Errichtung der Provinz Asia 133 v. Chr. ist der Imperialismus Roms zunächst abgeschlossen. Die Ausdehnung der römischen Herrschaft war ein Erfolg der römischen Tugenden und der straffen Organisation, aber auch das Ergebnis einer oft skrupellosen Politik und erkauft mit gewaltigen Opfern der einfachen Bevölkerung.

Die kommenden Jahrhunderte sind gekennzeichnet durch innere Kämpfe, deren bekanntester der Sklavenaufstand des Spartakus (73-71 v. Chr.) war. Die Sklavenaufstände wurden mit äußerster Brutalität niedergeschlagen; in Sizilien ließ der römische Konsul mehr als 20.000 Aufständische ans Kreuz schlagen. Mit Caesar begann um 50 v. Chr. die Zeit der absolutistischen Herrscher, teils grausame Gestalten, teils, wie Augustus, kluge und ausgleichende Regenten. Unter der Regentschaft des Augustus (31 v. Chr. bis 14 n. Chr.) hatte das Römische Reich vermutlich seine friedvollste und angenehmste Zeit. Er betrieb die Umwandlung der Staatsführung zu einer Monarchie in Form des Prinzipats.

Unter Diokletian (um 236/245-312 n. Chr.) wurde der Kaiserkult zur Gottesherrschaft und Reichsreligion. Dagegen opponierte die wachsende Christengemeinde, und so kam es unter Diokletian zu einer großen Christenverfolgung. Er ordnete 303 n. Chr. die Zerstörung der christlichen Kultstätten, die Verbrennung ihrer Schriften und die Aberkennung aller bürgerlichen Rechte an. Unter Trajan reichte allein das Bekenntnis zum Christentum als ausreichenden Straftatbestand. Antichristliche Affekte und Ressentiments waren weit verbreitet. Hysterisch riefen die Massen danach, die Christen den Löwen vorzuwerfen. Galerius, unter Diokletian ein eifriger Christenhasser, beendete – offenbar unter dem Einfluss einer heftigen Krankheit – diese blutige Praxis in seinem Toleranzedikt bereits 311. Konstantin räumte 313 die Glaubensfreiheit ein. 391 n. Chr. erhob dann Theodosius das Christentum in den Rang einer Reichsreligion.

Unter Diokletian wurde aus militärischen Erwägungen ein Schritt vollzogen, der die abendländische Geschichte bis tief ins Mittelalter hinein entscheidend mitbestimmte: Er teilte das Reich in eine östliche und eine westliche Hälfte, unter Wahrung der ideellen Reichseinheit. Diese wurden von zwei Kaisern regiert; ihre Hauptstädte waren Byzanz, das den Namen Konstantinopel erhielt, und Mailand im Westen. Erst von 395 an bestand eine tatsächliche und endgültige Teilung, so dass es immer mindestens zwei Kaiser im römischen Großreich gab. Die Blütezeit Ost- und West-Roms dauerte immerhin gut 500 Jahre, eine Lebensdauer, die kaum ein Staatswesen sonst je erreichte. Auch ging zunächst nur das Weströmische Reich unter, welches mit der Absetzung des Kaisers Romulus Augustulus im Jahr 476 endete. Das oströmische bzw. byzantinische Reich überdauerte den Zusammenbruch des weströmischen Kaisertums. Es ging 1453 mit der Eroberung Konstantinopels durch die Osmanen zu Ende.

Gemeinwesen

Rom war wie Athen eine Männergesellschaft. Schon im Begriff *virtus* (Tüchtigkeit) steckt *vir*, der Mann, und unser heutiges Wort Virilität. Die erste Tüchtigkeit war die militärische. Frauen kam in Rom die Rolle der *matrona* zu, der Mutter und ehrwürdigen Ehefrau, der Bewahrerin der Tradition und Hüterin der Sitte. Wie in Athen war sie aus der politischen Öffentlichkeit ausgeschlossen. Die Frau unterstand entweder der Gewalt des Vaters oder des Ehemannes. Im Laufe einer langen Zeit wurde immerhin die privatrechtliche Gleichstellung der Frauen erreicht. Seit dem zweiten Jahrhundert vor Christus waren Frauen der Aristokratie in Einzelfällen auch politisch einflussreich. Die erste Frau vom politisch bedeutendem Gewicht war Cornelia, die Tochter des Hannibal-Bezwingers Scipio. Der erste bekannte Protest einer Frau gegen den Ausschluss der Frauen aus der Politik war die Rede der Hortensia gegen die Zahlung einer Kriegssteuer auch durch Frauen im Jahr 43 v. Chr.: Warum sollen wir Steuern zahlen, fragte sie, wenn wir weder ein Amt noch eine Feldherrenwürde noch Anteil an der Staatsverwaltung haben?

Die Römische Republik, die *res publica*, ist das vom Adel und mit Einschränkung vom Volk gemeinsam regierte Gemeinwesen. Auch Rom war nicht davor gefeit, sich in die Hand von Kaisern und Despoten zu begeben. Man sollte sich nichts vormachen, diese fanden immer ihre mehr oder weniger freiwilligen Anhänger, bis hin zu Napoleon, der ein moderner Cäsar sein wollte, oder Hitler, der wie Caesar die Alleinherrschaft an sich riss. Eine gedankliche Linie bis in die Neuzeit hinein ist die Gleichsetzung des römischen Reiches mit dem Weltreich bzw. Erdkreis. Die Herrschaft Roms war gleichbedeutend mit Weltherrschaft. Rückblickend ist die einzigartige Konstanz dieses weltumspannenden Reiches zu bewundern.

Die soziale Ordnung Roms wurde durch den unruhigen Gegensatz von Patriziern und Plebejer bestimmt. Patrizier ist der Name für den Adel, der Name Plebejer leitet sich ab von *plebes*, Menge. Diese Gruppe umfasst alle Nichtadeligen, das Volk, die Bauern, die Handwerker und die Soldaten, die alle in den ersten Jahrhunderten der römischen Geschichte politisch rechtlos waren. In den Ständekämpfen des fünften und vierten Jahrhunderts vor Christus gelang es den Plebejern, immer mehr Einfluss zu erringen. Aus der Adelsherrschaft wurde eine Republik. Die Republik ging aus einem Kampf um Recht und Anerkennung der Plebejer hervor. Einige Plebejer-Familien konnten zu den *Nobiles*, zu den Vornehmen aufsteigen, aber es bleibt eine Grenze zwischen dem Geburtsadel und dem Amtsadel.

Ein altes römisches Problem, vermutlich ein menschliches Problem überhaupt, konnte nicht gelöst werden: die Ballung von Landbesitz in wenigen Händen und ein Erstarken des Eigennutzes zuungunsten der Gerechtigkeitsbemühungen der Kaiser. Die Macht verschob sich hin zu den Landbesitzern, in deren Schutz sich Bauern, Lohnarbeiter, Handwerker und ganze Dörfer begaben.

Die Vermögensspreizung zwischen Arm und Reich war enorm. Der Ackerbau erfreute sich hoher Wertschätzung, die vielen Kleinbauern arbeiteten weitgehend für den eigenen Bedarf. Missernten, Schuldzinsen und der Expansionsdrang von Großgrundbesitzern beschworen immer wieder drückende Sorgen herauf. Dieser soziale Druck wurde über Jahrhunderte durch die Eroberung neuer fruchtbarer Landstriche entschärft. Die Expansion ins westliche Mittelmeer gab die Möglichkeit, als Händler, Unternehmer und Bankier unermesslich reich zu werden. Grundlage der Adelsmacht blieb aber der Großgrundbesitz (*latifundia*). Es bildete sich eine zweite Aristokratie der Neureichen, die „Ritter“ genannt wurden. Den Senatoren waren ab 218 v. Chr. Handels- und Geldgeschäfte verboten. In diese Lücke stießen die Ritter bzw. Reiter der frühen Heeresordnung Roms. Die Beschaffung und Produktion von Waffen und Proviant für die Heere konnten jeden findigen Geschäftsmann über Nacht zum Millionär machen.

Die unterste Schicht der Sozialordnung stellten, wie in Griechenland, die Sklaven dar. Sie waren Kriegsgefangene oder Schuldner. Die Masse der Sklaven wuchs sprunghaft an durch die siegreichen Kriege und durch kommerzialisierte Sklavenjagten, die ganze Landstriche entvölkerte. Nach dem Aufstieg Roms zur Weltmacht war ein Drittel der in Italien lebenden Menschen Sklaven gewesen (von siebeneinhalb Millionen Einwohnern ca. zwei bis drei Millionen; Ottmann 2002a, S. 7). Die Massenversklavung besiegter Heere und Städte war üblich. Seeräuber machten Jagd auf Landbewohner und erzielten riesige Gewinne. Die Sklavenzahl eines Haushalts wurde zu einem Statussymbol. Sklaven kamen aus den gebildeten Schichten der Griechen, Syrer und Kleinasiaten, aber ebenso aus den zivilisatorisch unterentwickelten Spanien, Gallien, Germanien und Nordafrika. Auf die Willkür, mit der sie behandelt und ausgebeutet wurden, reagierten die Sklaven der Zeit von 136-70 v. Chr. mit erbitterten Aufständen. Die Aufstände blieben politisch und sozial folgenlos.

Die reichen Leute, einschließlich der römischen Kaiser, waren Sklavenhalter großen Stils. Erstaunlich ist, welcher Aufstieg so mancher Sklave und Freigelassene in Rom möglich war. Geistig infrage gestellt wurde die Sklaverei durch die Stoa und das Christentum. Dem Stoiker war es gleichgültig, ob einer ein Sklave oder ein Kaiser war; das Christentum lehrte die Gleichheit aller Seelen vor Gott. Allerdings forderten weder Stoa noch das frühe Christentum einer Abschaffung der Sklaverei selbst.

Die zentrale Institution der römischen Gesellschaft war die Familie. Sie bestand aus dem Familienoberhaupt, seiner Frau, den Kindern, den Freigelassenen und den Sklaven. Die Hausgewalt hatte das männliche Familienoberhaupt, ausgedrückt in *manus*, der herrschenden als auch schützenden Hand. Die Ehe war keine rechtliche, sondern eine soziale Institution. „Insgesamt war die Stellung der Frau in Rom ungleich freier als zum Beispiel in den meisten griechischen Städten.“ (Dahlheim, S. 358) Trotzdem waren sie den Männern weder rechtlich noch faktisch gleichgestellt.

Stärker als die staatlich-politische Ordnung wurde das soziale Leben bestimmt von Patronat und Klientel. Bürger und Adelige mit Macht und Ansehen (*patronus*) nahmen sozial und politisch Schwächere (*klientes*) unter ihren Schutz. Dieses Abhängigkeitsverhältnis bestand oftmals über Generationen hinweg. Der Patron hatte Sorge zu tragen, dass seine Klienten ihr Auskommen hatten und gegen alle Bedrohungen ihrer Existenz geschützt wurden. Der Klient seinerseits musste für seinen Patron einstehen, wann immer dieser nach ihm rief. In den Schutz waren Kinder, Frauen und Sklaven ausdrücklich einbezogen.

Die wünschbaren Güter waren knapp und der Zugang zu ihnen privilegiert. Die meisten verzichteten, ohne sich dessen bewusst zu sein, auf die ohnehin unerreichbaren Güter. Der Zugang zu den knappen Gütern war soziales Statussymbol. Ideale waren das Einfache und Schlichte, die Sparsamkeit und vor allem das Festhalten an den Traditionen. Höchstes Ideal waren Ruhm und Ehre (*gloria et dignitas*), doch waren nur Feldherren, Staatsmänner, Diplomaten oder Priester in der Lage, damit eine herausragende gesellschaftliche Stellung zu erringen. Für alle war der Rückgriff auf die ruhmreiche Geschichte der Vorfahren selbstverständlich. Die Bilder der verklärten Vergangenheit bestimmen das tägliche Verhalten und die politischen Entscheidungen.

Im Rom der Frühzeit dominierte eine kleine Zahl von Adelsfamilien, der große Rest waren Bauern. Diese waren wirtschaftlich und privatrechtlich abhängig (Klienten der Patrizier), dazu kamen einige wenige Händler und Gewerbetreibende. Zwischen den Kleinbauern und den Patriziern standen die wohlhabenden Bauern. Die Folge waren schwere innere Konflikte, die die innere Geschichte Roms der folgenden Jahrhunderte durchzog. Sie erhielten den Namen „Ständekämpfe“. Immer wieder forderten die Plebejer Teilhabe an der staatlichen Macht. Die Auseinandersetzungen zwischen Patriziern und Plebejern wurde auf Biegen und Brechen geführt. Die plebejische Organisation entwickelte eine besondere Kampfform, die des Streiks. Das bedeutete, den Wehrdienst zu verweigern oder überhaupt jede Tätigkeit einzustellen. Alle Konflikte endeten in einem Kompromiss über die Verteilung der politischen Rechte. Die Berechtigung zu Streiks ergab sich aus den wachsenden militärischen Lasten für die Plebejer, die im Gegenzug mehr Mitsprache forderten.

Die erste Phase des Ausgleich der Interessen begann 450 v. Chr. mit der Aufzeichnung des Gewohnheitsrechts auf zwölf Tafeln, die auf dem Forum aufgestellt wurden. Entscheidend war nicht nur der Inhalt, sondern die Kodifizierung an sich. Nunmehr hatte auch der kleine Mann im Umgang mit Herrschaft, Verwaltung und Justiz die Möglichkeit, die Normen zu benennen. Schon wenige Jahre später wurde die Aufhebung des Heiratsverbots zwischen Patriziern und Plebejern erreicht. Am Ende des 4. Jahrhunderts waren den Plebejern alle wichtigen Ämter zugänglich. Die Funktion des Gerichtshofes übernahm die Volksversammlung. Die Existenz eines römischen Bürgers wurde von da an identisch mit dem Schutz vor dem schrankenlosen Zugriff der staatlichen Autorität. Die Entscheidung der Volksversammlung, das Plebiszit, erhielt bindende Wirkung. Damit wurden die Plebejer in die Verantwortung für das Schicksal des römischen Gesamtvolkes eingebunden. Was Athen und den griechischen Stadtstaaten nicht gelang, die Versöhnung von Demokraten und Oligarchen, gelang den Römern durch einen allmählichen Interessensausgleich zwischen Plebejern und Patriziern.

Ein Problem Roms blieb die Verschuldung und die dauernde Schuldknechtschaft der kleinen Bauern, so dass der Ruf nach Schuldenerlass und nach mehr Land für Bauern immer wieder ertönte. Auch war das frühe Rom nicht frei von Kriegen, beispielsweise der gegen die Kelten, die 387 v. Chr. Rom eroberten und plünderten, und gegen aufmüpfige etruskische Städte im Norden Roms. Die Eroberung neuer Ländereien, die bebaut werden konnten, verringerte den inneren Druck des römischen Staatswesens. In diesem Klima wirtschaftlicher Prosperität konnte die Abschaffung der Schuldknechtschaft erfolgen (326 v. Chr.). Niemand war mehr bereit, die Prosperität durch eine Fortführung der sozialen Kämpfe aufs Spiel zu setzen (Dahlheim S. 318).

Rom war im wesentlichen ein Militärstaat, was sich daran zeigte, dass die Laufbahn der Ehrenämter erst nach zehn Jahren Militärdienst beginnen konnte. Da die Ämter nicht besoldet waren, musste der Kandidat finanziell unabhängig sein, auch um die aufwendigen Wahlkämpfe zu bezahlen. Es gab keine Parteien im modernen Sinne; der Wahlkampf war personalisiert und bestand, so Ottmann, zum größten Teil aus materieller Bestechung und vagen Versprechungen. Die Kandidaten verteilten nicht nur Geldgeschenke, sondern auch Lebensmittel, stellten ihrer Klientel Bürgschaften und sorgten für Spiele und Gelage. Korruption ist keine Erfindung der Neuzeit. Die soziale Schichtung des römischen Reiches war bemerkenswert durchlässig. Wer in der Provinz über genug Geld, Ansehen und das Bürgerrecht verfügte, konnte Ritter werden und vielleicht in den Senat aufsteigen.

Innenpolitik: Staatliche Gewalten

Rom kannte keine schriftliche Verfassung. Gestalt und Funktion der staatlichen Macht bildeten sich erst allmählich heraus. Organe waren die Volksversammlung, der Magistrat und der Senat. Das Volk sollte die geeignetsten Männer durch Abstimmung auswählen und bestätigen, der Senat war das Zentrum der politischen Macht. Die Magistrate waren dazu bestimmt, den Willen der Senate umzusetzen. Die tatsächliche politische Macht innerhalb der Organe richtete sich freilich nach den tatsächlichen sozialen Machtverhältnissen. Kein Magistrat konnte es wagen, den Willen des Senats nicht Folge zu leisten. „Denn hier hatte sich die politische Erfahrung von Generationen angesammelt, hier waren die Aristokratie und ihre ungeheure soziale Macht gegenwärtig. Widerspruch gegen den Senat hieß Widerstand gegen die führende Klasse." (Dahlmann, S. 346)

In Rom war die aristokratische Überlegenheit in allen Gesellschaftsbereichen eindeutig festgeschrieben. Politik wurde nur den Reichen und Mächtigen gestattet und von allen übrigen Schichten Gehorsam verlangt. Es zeigte sich, dass der kleine Mann in Rom nicht dauerhaft politisiert werden konnte. Die Sklavenaufstände scheiterten auch deswegen, weil die freien römischen Proletarier mit ihnen nichts zu schaffen haben wollten. Das Problem der Landverteilung wurde nicht gelöst.

De jure hatten die Volksversammlungen weitreichende Kompetenzen, so die Entscheidung über Krieg und Frieden, über Gesetze und Verträge. Sie wählten die Magistrate und die wichtigsten Priesterkollegien und führten anfallende Strafprozesse durch. Trotzdem habe dies nichts mit demokratischen Entscheidungsprozessprozessen zu tun, betont Dahlmann (S. 346). Die Volksversammlung habe an der Abhängigkeit des Volkes von den führenden Adelsfamilien nie etwas geändert. Und nicht minder unverrückbar blieb die grundsätzliche Passivität der Massen. Anstehende Fragen, Wahlvorschläge und Anklagen wurden von den aristokratischen Amtsträgern vorbereitet. Bei Wahlen wählte die Volksversammlung aus den Kandidaten aus, die der Magistrat zuvor für grundsätzlich akzeptabel befand. In keinem Fall war es möglich, aus der Mitte des Volkes heraus einen Antrag zu verändern. Gegen die passive Rolle des Volkes wurde niemals opponiert.

Die Stimmabgabe musste in Persona erfolgen. Das war in den vier römischen Wahlbezirken kein Problem, doch die Wahlberechtigten aus den 31 ländlichen Bezirken mussten anreisen. Andererseits hatten die ländlichen Bezirke eine erstaunlich große Mehrheit für sich. Um 88 v. Chr. war die Zahl der

Stimmbürger in ganz Italien auf eine Million angewachsen. An eine Volksversammlung wie in der griechischen Demokratie war nicht mehr zu denken. Die Volksversammlung hatte nicht viel zu sagen, wohl aber die Volkstribune; zunächst waren es zwei, später zehn. Das Tribunat wurde um 494 v. Chr. erkämpft. Ihm stand ein Vetorecht gegen Gesetze und Anträgen zu.

Der Senat, d. h. die Aristokratie, hatte die wirkliche Leitung des Staates fest in der Hand. Sein Name stammt von *senex*, der Versammlung der Alten. Der Senat tagte in der Kurie. Er war die Institution der Nobilität. „Ihre jeder Kritik enthobene Autorität, ihre Erfahrung und Lernfähigkeit, ihre Moral und ihre Beharrlichkeit führten den römischen Stadtstaat in den kommenden zwei Jahrhunderten zur Herrschaft über das Mittelmeer." (Dahlheim, S. 318) Senator zu werden war das Lebensziel eines jeden ehrgeizigen Aristokraten. Der Senat war zuständig für die Außenpolitik, die Finanzen und die Ernennung von Feldherren. Ottmann schreibt: „Die mächtigste Versammlung, die Europa je gesehen hat, zeichnete sich aus durch politische Klugheit und machtpolitisches Geschick" (2002a, S. 13). Er habe Großartiges beim Krieg gegen Karthago geleistet – und in sozialen Krisen versagt.

Außenpolitik und damit die Kriegsführung war die ureigene Domäne des Senats. Diese wurde erschüttert durch eine enge Bindung der Soldaten an ihre Oberbefehlshaber. Sie waren ihnen in der Regel bedingungslos ergeben, während umgekehrt der Feldherr ihnen sowohl Kriegsbeute versprach als auch sie nach Ende des Feldzuges mit Geld, Beute und einem Stück Land beschenkte. Diese Kriegsherren, oft schon selbst unermesslich reich, tendierten zunehmend dahin, auf eigene Faust Kriege anzuzetteln und die Grenzen des römischen Reiches nach außen zu verschieben. Als der Diktator Sulla schließlich die Führung eines Krieges ohne die Zustimmung des Senats unter Strafe stellte, war es bereits zu spät. Allein durch Krieg und Sieg, so lautete die jahrhundertealte Lehre, nähere sich der Mensch der Herrlichkeit der Götter und dem Glanz des Jupiter. Dies fand ihren Ausdruck in den pompösen Triumphmärschen durch Rom, die vor dem Kapitol endeten. Der Krieg diente zunehmend weniger der Verteidigung des bedrohten Vaterlandes, sondern der Eroberung und Vernichtung um der Ehre und der Beute wegen. Der Krieg, der immer wieder in Bürgerkriege umschlug, wurde zum Dauerzustand. Die imperialistische Expansion Roms erforderte immer mehr Soldaten, was bedeutete, dass letztlich auch die Besitzlosen, die Habenichtse, zu den Waffen gerufen wurden. Das Soldatentum wurde ein neuer Berufsstand.

Die Verwaltung, die Magistrate, waren hochkomplex. Die Finanzverwaltung stand den Plebejern zu (*questur*). Die Prätoren übernahmen die Rechtsprechung, Statthalterschaften in den Provinzen und Kommandos im Heer. Das höchste Amt war das des Konsuls. Die beiden Konsulen, die auf ein Jahr gewählt wurden, stellten die oberste Exekutive dar. Jeder der beiden besaß die gleiche Amtsgewalt, sowohl zivil als auch militärisch. In Notzeiten wurde ein Diktator gewählt, der nach Beendigung seines Auftrages, spätestens aber nach sechs Monaten sein Amt niederzulegen hatte. Die Diktatur war ein Auftrag. Der Name stammt von *dictare*, sagen bzw. befehlen. Die Ernennung des Diktators durch einen Konsul auf Vorschlag des Senats diente der Abwehr einer Bedrohung von außen und der Ausrufung des Kriegsrechts. Nach 202 v. Chr., nach dem Sieg über Hannibal, wurde kein Diktator mehr ernannt. Diese republikanische Diktatur hat wenig zu tun mit der späteren caesarischen, die eher an eine Tyrannei erinnert, Ausdruck der unbeschränkten Souveränität eines absolutistischen Fürsten.

Die Posten in den Magistraturen waren unbesoldet und ehrenamtlich. Die Amtsträger gelangten nach ihrer Amtszeit in den Senat. Ihre Amtszeit betrug ein Jahr, sie durften keine Ämter daneben haben und auch nicht später wiedergewählt werden. Die Mitgliedschaft im Senat hingegen war lebenslänglich. Der Senat umfasste 300, später 600 Personen.

Die Magistrate waren unterteilt in verschiedene Ämter, beispielsweise die der Konsuln, die vier Prätoren für die Verwaltung der Provinzen Sizilien, Sardinien und der beiden spanischen Provinzen, der Quaestores zur Verwaltung der Staats- und Kriegskasse, die Zensoren zur Vermögenseinschätzung und der allgemeinen Sittenaufsicht, und auch die Volksversammlungen kannten viele Unterabteilungen mit verschiedenen Aufgaben (Übersicht bei Dahlmann, S. 348f.).

„Neben der kritischen *theoria*, d. h. der mit rationalen Gründen arbeitenden Erkenntnis, und dem Christentum bildet das römische Recht das wichtigste Stück antiker Tradition, soweit sie bis in die heutige Zeit wirksam geblieben ist.“ (Dahlheim 1994, S. 511) Der für die Rechtsprechung zuständige Prätor stellte die zu behandelnden Tatbestände fest und überließ die Tatsachenermittlung und das Urteil anschließend Richtern, die er ernannte; die streitenden Parteien kannten die Rechtsregeln, informierten sich anhand einer sich immer weiter ausdehnenden Fachliteratur und wurden vor Gericht durch sachkundige Anwälte vertreten. Im Gegensatz zum jüdischen und islamischen Recht war das römische Recht nicht an religiöse Texte gebunden und räumte damit dem Recht eine eigenständige Stellung ein.

Das allerhöchste Amt war das des Zensors, eingerichtet schon 443 v. Chr., und nur ehemaligen Konsuln zugänglich. Zensoren setzten die Steuerschätzung fest, sie führten die Liste der Bürger und der Senatoren und sie überwachten die Sitten. Sie konnten Senatoren einfach ihres Amtes entheben. Die Zensur wurde 351 v. Chr. auch Plebejer zugänglich; 339 v. Chr. wurde sogar festgelegt, dass einer der beiden Zensoren stets ein Plebejer zu sein habe.

Die zentralen Plätze in Rom und den Städten des Reiches fühlten sich mit politischen Monumenten, welche die Taten der Monarchen verherrlichten. Das Ansehen der Monarchen und Feldherren verband sich mit der Würde des Reiches. Das Augustus-Mausoleum wurde gebaut und das *Forum Romanum* durch öffentliche Bauten ergänzt. Seit Nero setzte jeder Kaiser seinen Ehrgeiz daran, seine Macht in der Pracht seiner Paläste und Thermen gespiegelt zu sehen. Die kathedralenhaften Thermen drückten zweierlei aus: den Anspruch auf universale Macht und den Willen zur Fürsorge für die Untertanen. Dafür, dass der Monarch und teilweise auch der Senat den Menschen Gerechtigkeit und Sicherheit boten, wurde im Gegenzug Liebe und Verehrung verlangt.

Alle hatten das Recht, vom Kaiser angehört zu werden. Daraus resultierte eine institutionalisierte Parteinahme für die Untertanen. Mit dem Anhörungsrecht wurde der Kaiser zu eine Berufungsinstanz mit letztem Entscheidungsrecht (Dahlheim 1994, S. 541). Die Appellation wurde zum wichtigsten Zeichen kaiserlicher Fürsorge.

Außenpolitik: Bundesgenossenschaft

Der zivilisatorische Abstand zwischen dem römischen Reich und den umliegenden Barbaren war enorm. „Ihr habt die Erde vermessen, die Ströme überbrückt, Straßen durch die Berge geschlagen, die Wüsten bewohnbar gemacht und alles durch Ordnung und Zucht veredelt. Ihr habt durch die gegenseitige Verbindung der Völker die Welt gleichsam zu einer Familie gemacht." So pries unter Marc Aurel der Grieche Aristides die Römer (zit. in Dahlheim 1994, S. 643). Während die Römer in steinernen Städten mit Stadien, Thermen und Wasserleitungen lebten, hausten die Germanen, Hunnen und Vandalen in notdürftig zusammengezimmerten Wehrdörfern.

Teils wurden die Bewohner der eroberten Gebiete getötet, vertrieben oder versklavt, doch eher wurde ihnen die privatrechtliche Gleichstellung und die Pflichten eines römischen Bürgers oktroyiert, während ihnen politische Rechte zunächst verwehrt blieben. Die im Krieg treu gebliebene Städte behielten ihre Souveränität und schlossen mit Rom einen Bundesgenossenschaftsvertrag. Das Gros der eroberten Städte wurde unter Bewahrung ihrer Selbstverwaltung dem römischen Staat als Munizipien angegliedert. *Municipium* bezeichnende eine von Rom abhängige Stadt. Die fruchtbaren Gebiete wurden mit römischen Bauern besiedelt.

In wohlberechneter Großzügigkeit verliehen die Römer ihr Bürgerrecht den Eliten der von ihnen unterworfenen Landstriche. Sie schufen sich so loyaler Sachwalter, erst in den Kommunen Italiens, später in den Provinzen rund ums Mittelmeer. Die unterworfenen Völker wurden zu Bürgern des römischen Empires, hatten aber wegen der enormen Entfernungen kein Mitspracherecht in Rom.

Die drei Grundpfeiler der römischen Macht waren die Römer selbst, ihre Bundesgenossen und die Latiner der Kolonien. Dass in jedem Fall wirksame Prinzip waren abgestufte Bindungen der Besiegten an den Sieger, sodass es keine gemeinsame Frontstellung gegen Rom mehr geben konnte. *Divide et impera* nannten rückblickend die Gelehrten der Renaissance diese Politik. Das Hauptinstrument der römischen Politik war die unauflösliche Militärallianz. Die Bundesgenossen verloren mit dieser Verpflichtung ihre außenpolitische Unabhängigkeit, blieben im Übrigen aber völkerrechtlich souveräne Stadtstaaten mit eigenem Bürgerrecht und eigener Verwaltung. Ihre Sozialordnung wurde nicht angetastet. „Das System der römischen Hegemonie beruhte also zum größeren Teil auf friedlichem Anschluss und nur zum kleineren auf Unterwerfung und Annexion." (Dahlheim S. 329)

Die Nichtrömer hatten selbst ein Interesse daran, das römische Bürgerrecht und damit Stimmrecht verliehen zu bekommen. Weit entfernt von Rom sicherten befestigte Bürgerkolonien den Herrschaftsanspruch Roms und bauten diesen aus. Dieses Rechtssystem übte erstaunlicherweise auf die barbarischen Stämme eine Anziehungskraft aus, sodass sie eher den friedlichen Anschluss suchten als den Kampf. Die Behandlung der eroberten Gebiete erfolgte nicht in einem einheitlichen System. Teilweise wurden sie Präfekten unterstellt, die nur Rom gegenüber verantwortlich waren, woraus Willkürherrschaft ebenso erwuchs wie milde und gerechte Behandlung. Oberste Ziele für Rom waren bedingungslose Unterstützung im Kriegsfall oder aber zumindest wohlwollende Neutralität. Ansonsten wurden freundschaftliche Beziehungen gepflegt. Dieser Prozess zog sich über gut zwei Jahrhunderte hin.

Unter Tiberius, der 14 n. Chr. als bereits alternder Mann von 56 Jahren Monarch wurde, wurde die Praxis der Ausbeutung der Provinzen begrenzt. Es sei die Gewohnheit eines guten Hirten, seine Schafe zu scheren, nicht zu schinden, argumentierte er. Die Dauer der römischen Herrschaft und die damit verbundene Annäherung von Sieger und Besiegten ebneten die Unterschiede zwischen dem italischen Kernland und den Provinzen zunehmend eine. Die politischen Eliten der Provinzialen stiegen immer häufiger in die höchsten Führungsspitzen des Staates auf.

Die durch den Bürgerstatus verbrieften Partizipationsrechte konnten wegen der schieren Größe des Reiches kaum ausgeübt werden. Es gab keine beglaubigte Repräsentation der an der Peripherie lebenden Bürger. Die römische Verfassung taugte nicht zur demokratischen politischen Meinungsbildung. Immerhin garantierte der Status als römische Bürger viele Rechte und Vorzugsbehandlungen, Respekt und Rechtssicherheit. Als die römische Wache den Apostel Paulus in Jerusalem in Haft nahm, sagt der dem verblüfften Tribun ins Gesicht, er sei römischer Bürger. Als Römer war Paulus vor Willkür sicher und ihm stand der Appellationsweg bis zum Kaiser offen, den er prompt beschritt. Römer zu sein brachte in der weiten Welt des Imperiums handfeste Vorteile mit sich. Von großem Vorteil war es, Latein zu sprechen und ein Netzwerk von einflussreichen Freunden zu haben. Loyalität zu Rom und dem jeweiligen Kaiser war Grundvoraussetzung. Wenn die Römer ein Reich, das von England bis nach Nordafrika, von Spanien bis nach Kleinasien reichte, nicht nur erobern, sondern auch Jahrhunderte halten konnten, so verdanken sie das nicht nur ihren disziplinierten Legionen, sondern auch ihrem Bürgerrecht, dass die unterworfenen Völker loyal an die Zentralmacht banden. Ausnahmen, wie die Juden, bestätigen die Regel.

Im Jahr 212 n. Chr. gewährte Kaiser Caracalla per Dekret allen freien Reichsbewohnern das römische Bürgerrecht. Verlor das allseits gewährte Bürgerrecht die Rolle als Ansporn für Integration?[24] Die *Civitas Romana* verlor dramatisch an Wert, wie jede Ressource, die plötzlich im Übermaß verfügbar ist. Oder war Caracalas' Dekret ein geschickter Schachzug, um durch Bevölkerungswachstum die Steuereinnahmen zu erhöhen? Das Imperium hielt sich

---

[24] Michel Sommer: „Die Zauberformel für Rechtssicherheit", FAZ, 31. August 2016

noch einige Jahrhunderte, doch die Loyalität ihrer Bewohner musste mit immer mehr Gewalt erzwungen werden.[25]

Es bestand kein Zweifel, dass Rom eine Besatzungsmacht war. Nur ständige militärische Kontrolle konnte die römische Ordnung schaffen und aufrechterhalten. Die Unterdrückung war zugleich eine Befriedung. Viele der eroberten Stämme und Völker konnten sich an die Annehmlichkeiten von Ruhe und friedlichen Verhältnissen gewöhnen. Die urbanisierte Lebenskultur war ein Bestandteil der Knechtschaft. Durch Zuteilung von genau vermessenem Land wurden viele gesellschaftliche Schichten in die Ordnung auf- und in die politische Pflicht genommen. Der Gehorsam gegenüber den Pflichten eines wohlgeordneten Staates musste bedingungslos sein. Das Interesse der römischen Herren richtete sich auf die Wahrung von Ruhe, Ordnung und Rechtssicherheit. Darauf konzentrierten sich auch die Statthalter in den Provinzen. Davon hing die Regierbarkeit ab. Die gesellschaftliche Selbstverwaltung war weitreichend. Rom griff nur dort ein, wo die kommunale Selbstverwaltung gefährdet schien. Den Städten, die sich finanziell übernahmen, wurde ein von Rom entsandter Kurator vorgesetzt. Im Idealfall hatten sie das Vertrauen der römischen Herrscher ebenso wie das der örtlichen Notablen. Ziel war der Erhalt der Leistungsfähigkeit der städtischen Selbstverwaltung.

Die Bewertung der Kolonialisierungsleistung schwankte in der Geschichtsschreibung immer zwischen zwei Polen: „Die heidnische wie die christliche Überlieferung sprachen entweder von den Segnungen des ewigen Friedens, oder sie klagten das Reich der Zerstörung der Tradition und der eigenen Geschichte der Völker an." (Dahlheim 1994, S. 544) Johann Gottfried Herder vertrat die zweite Position, welche in Rom den Henker großer Völker sah. Spätere Kolonialmächte, vor allem England, hofften wie Rom, die von ihnen beherrschte Welt auch zu einer besseren zu machen. Die Verbreitung von Zivilisation und Recht war und blieb ein entscheidender Legitimationsgrund. Das war den Vorstellungen Herders genau entgegengesetzt. Der Historiker Chr. M. Theodor Mommsen (in seiner *Römischen Geschichte*, Bd. 5[26]) wiederum formulierte, dass das Imperium vielen der ihm zugehörigen Länder eine seither nie wieder erreichte Höhe der Kultur, des Friedens und des Wohlstandes gebracht haben.

---

[25] Mary Beard: *SPQR. Die tausendjährige Geschichte Roms*. Frankfurt/Main 2016

[26] Mommsen erhielt 1902 für sein Hauptwerk, die *Römische Geschichte*, den Nobelpreis für Literatur.

Lebensart

Die altrömische Lebensart war getragen von Traditionalismus, von einer hohen Achtung für Herkunft und Brauch. Maßstab des Lebens war die Sitte der Vorfahren, ausgedrückt in dem Wort Autorität. Man folgte der Autorität der Vorfahren und der Nobilität. Ein Mann, der das macht, hat *gravitas*, Gravität, eine Leibesfülle, aber vor allem eine Eigenschaft der Persönlichkeit, ein Lebensstil, der von einem würdevollen Ernst und *constantia* (Beharrlichkeit, Zähigkeit, Ausdauer, Standhaftigkeit und Beständigkeit) geprägt ist.

Seit Platon und Aristoteles wird das Verhältnis von philosophischem und politischem Leben diskutiert. So auch in Rom. Das Leben der Römer sei von Nüchternheit geprägt, schreibt Ottmann (2002a, S. 19). Die Ehre liegt darin, für die Gemeinschaft tätig zu sein. Das Amt oder ein militärischer Sieg bringen Ehre und Ruhm. Die *dignitas*, die Würde, ist eines der zentralen Begriffe des politischen und sozialen Roms. Sie ist nicht identisch mit der heute gebräuchlichen Rede von der unveräußerlichen Würde des Menschen, sondern war damals ein Wert, der einen aus der Masse heraushob. Die individuelle Auszeichnung wurde durch die Bindung an die gemeinsamen Ziele und Werte der Republik gezähmt. Damals wie heute bestand die Gefahr des egoistischen Ehrgeizes.

Im römischen Begriff *humanitas* sind zwei griechische Erbstücke verborgen: die *philanthropia*, die Menschenfreundlichkeit, und die *paideia*, die Menschenbildung. Diese *paideia* war der Grundbegriff der Platonischen Philosophie, die Bildung des Menschen zu der ihm möglichen sittlichen Bestleistung. Die Erwartung war, dass der gebildete Mensch zugleich der menschenfreundliche sein werde, umgänglich, gütig, angenehm, kultiviert, urban. Beide Begriffe werden von einigen Autoren mit den Begriffen der *clementia* (Milde), des Mitleids (*misericordia*) und einer menschlichen Behandlung von Besiegten verbunden.

Die Römer waren dennoch nicht für die Schonung ihrer Gegner berühmt. Sie setzten die Praxis der Griechen fort, alle Bewohner einer besiegten Stadt als Sklaven zu verkaufen. Wer sich nicht von vornherein ergab, musste mit einem Massaker rechnen. Karthago und Korinth wurden völlig zerstört. Germanicus hinterließ in Westfalen 14 n. Chr. eine 100 Kilometer lange Spur der Verwüstung. Der Name des dort lebenden Volkes, die Maser, wurde aus der Geschichte getilgt. Über die Grausamkeit der damaligen Kriegsführung sollte man sich keine Illusionen machen. Anführer besiegter Feinde wurden in jenem Moment im Gefängnis erwürgt, in dem der Triumphzug des Triumphators das Kapitol erreichte. Die Grausamkeit der römischen Gladiatorenspiele spricht nicht für eine selbstverständliche Verbreitung der Ideale der Humanität. Humanitas blieb aber ein Stachel im Fleisch der Realpolitik, schreibt Ottmann (2002a, S. 23).

Philosophie

Das römische Weltreich war groß, aber zeigt sich dessen Größe auch an der Höhe seiner Kultur? Die bis heute andauernde Faszination Griechenlands besteht in den Leistungen auf künstlerischem und politischem Gebiet, doch im Vergleich dazu scheint Rom selbst als Zentrum eines Weltreiches nicht mithalten zu können.

Immerhin profitierte Rom als Machtzentrum von den griechischen Vasallen. Eine jener Griechen, welche den Einfluss der griechischen Kultur auf die römische eindrucksvoll demonstrieren, ist Panaitios. Er kam vermutlich 144 v. Chr. nach Rom. Panaitios von Rhodos (um 180 v. Chr.–um 110 v. Chr.) war ein Stoiker, der versuchte (soweit man das aus den wenigen Quellen eruieren kann), den Stoizismus lebenstauglicher zu machen. Die ältere Stoa hatte die Ethik zu einem Perfektionsideal für einige wenige Weise ausgebaut. Die Bevölkerung war streng geteilt in Weise und in „Toren"; man hatte die Tugend oder man hatte sie nicht.

So tugendhaft ist der Mensch nicht geschaffen, meinte Panaitios. Nicht alles im Leben steht in der eigenen Macht. Die ältere Stoa hatte die Apathie und die Ataxie gepriesen, die emotionale Unempfindlichkeit und die Unerschütterlichkeit. Man hielt sich die Welt vom Leibe. Panaitios mischt der engeren Stoa etwas bei, was er Euthymia nennt, das Streben nach einem lebensfreudigen, daseinsfreudigen Gemüt. Er anerkannte die Existenz von Motiven, Bestrebungen und Trieben. Der Mensch bleibe ein Vernunftwesen. Dieses müsse in der Lage sein, die Triebe zu beherrschen. Die Ethik des Panaitios unterschied vier Hauptstrebungen, diese sind die zur Selbst- und Arterhaltung, zur Erkenntnis, nach Auszeichnung und Vorrang sowie nach Maß und Ordnung. Letztere leiten von der Freude am Schönen zum sittlich passenden Handeln und zur Harmonie der Seele. Das passte nach Ottmann sehr gut auf die römische Nobilität und ihrem Streben nach Amt und Ehre. In Rom diente das Streben nach Größe von vornherein der Abgrenzung und Auszeichnung. Die aristokratische Exzellenz Roms vertrug sich nicht mit dem bürgerlichen Gemeinschaftsbewusstseins Athens.

Wir verdanken den Griechen eine Idee von Individualität, wie sie sich vielleicht zuerst im Odysseus zeigt. Die Bürger der Polis und ihre Philosophen waren ausgeprägte Individuen, manchmal weise, oftmals skurril. Individualität führt zu etwas, was man nicht zwingend erwartet, nämlich zur Maske und zum Rollenspiel. Das thematisierte Panaitios. Er teilt jedem Menschen vier Rollen zu: die erste ist die spezifisch menschliche Fähigkeit zur Vernunft, mit deren Hilfe die Triebe gelenkt werden sollen. Das ist die große Rolle der Gattung Mensch. Die zweite Rolle ist die der Individualität, das Ausspielen dessen, was in einem ist, die spezielle Begabung, das wahre Selbst. Dieser „Natur“ sollte man keine Gewalt antun. Die dritte Rolle oder Maske ist die des angemessenen Verhaltens, je nach Lebensalter, sozialer Stellung oder Beruf. Die vierte Maske ist die des Schicklichen und Maßvollen, die konkrete Lebensführung, die sich ans Überlieferte hält.

Polybios (200-120 v. Chr.)

Wie Panaitios ist auch Polybios ein Grieche in Rom. Polybios kam nach Rom unter Zwang. Er gehört zu jenen 1000 Geiseln, welche die Römer nach ihrem Sieg über Makedonien unter dem Vorwurf der Makedonen-Freundschaft nach Rom verschleppten und dort von 167 bis 150 v. Chr. festhielten. Polybios war ein Reiterführer des Achaischen Bundes und sein Vater war ein maßgeblicher Politiker Griechenlands. Die Geiseln wurden außerhalb Roms interniert, aber Polybios durfte in Rom leben, wo er die Bekanntschaft des jungen Skipio macht. Skipio vermochte es, Cato und den Senat zu überzeugen, die Internierten endlich zu entlassen. Sie kehrten 150 v. Chr. nach Griechenland zurück. Doch schon ein Jahr später rief Scipio Polybios wieder nach Rom und integrierte ihn in den Kommandostab für den bevorstehenden Krieg gegen Karthago. Polybios wird Augenzeuge des Dritten Punischen Krieges und er sieht die Zerstörung Karthagos im Jahre 146 v. Chr. Kurz darauf begünstigte der Achaische Bund, dem es selbst einmal gedient hat, einen Aufstand der Makedonier gegen die Römer. Die Römer besiegten die Griechen und sie zerstörten Korinth.

Polybios schrieb die *historiai*, eine Universalgeschichte Roms über den Zeitraum vom Beginn des Ersten Punischen Krieges bis zur Zerstörung Karthagos und Korinths (264-146 v. Chr.). Seine Hauptfrage lautete, wie konnte Rom innerhalb von 53 Jahren zur Weltmacht aufsteigen und diese Macht so lange halten?

Obwohl er Grieche ist, besteht Polybios darauf, eine wahrheitsgetreue, auf Tatsachen gegründete Geschichtsschreibung Roms verfasst zu haben. Durch den unvoreingenommenen Bericht sollen die Leser für die Zukunft belehrt werden. Die Geschichte ist die Lehrmeisterin des Lebens (*historia magistra vitae*). An erster Stelle steht bei Polybios der Nutzen, den man aus vergangenen Erfahrungen ziehen kann. Die Geschichtsschreibung sollte nüchtern sein, nicht zu emotional oder effekthascherisch. Aber wenn sie Leser finden will, muss sie unterhaltsam und fesselnd sein. Nüchtern ist seine Universalgeschichte nicht, denn sie soll auch moralisch belehren durch die Darstellung leuchtender Vorbilder. Polybios, so Ottmann (2002a, S. 56) schreibt aus dem Ethos der agonalen Adelskultur Griechenlands. Die Völker wetteifern im Wettstreit, wer das beste ist. Es geht um Ruhm und Ehre. Sieg oder Niederlage müssen ernsthaft errungen oder geduldet werden. Wahren Ruhm und wahre Ehre verschaffen Tapferkeit und Klugheit, Verlässlichkeit und Treue, Großgesinntheit und Unbestechlichkeit, und nicht zuletzt die Milde, die walten soll gegenüber den Unterlegenen.

Polybios kennt noch teilweise die Macht der Götter und die Macht des Geschicks, der *tyche*. Geschichte wird von Menschen gemacht, aber der Mensch unterliegt auch dem Schicksal. Tyche kann soviel bedeuten wie bloßer Zufall. Sie steht den vernünftigen Plänen der Menschen entgegen, manchmal ist sie ihnen aber auch wohlgesonnen. Auf jeden Fall ist Tyche unberechenbar, folglich auch nicht beherrschbar. Es ist vernünftig, die Unberechenbarkeit des Geschicks mit einzubeziehen. Dahinter steht keine übernatürliche Macht und stehen nicht die Götter. In der Renaissance kehrt der Glaube an die launische *Fortuna* zurück.

Polybios stellt wie gesagt die Frage, wie es Rom schaffte, zur Weltmacht zu werden. Er erklärt dies mit der römischen Mischverfassung. Ottmann meint allerdings, dass Polybios dabei wesentliche Eigenschaften des römischen Staatslebens übersah. Polybios knüpfte an die Staatstheorie Griechenlands an, wenn er die drei „guten" Verfassungen Monarchie, Aristokratie und Demokratie den „schlechten" Verfassungen Tyrannis, Oligarchie und Ochlokratie (Pöbelherrschaft) entgegenstellt. Keine Verfassung allein könne die beste sein, jede gute könne entarten. Nur die gemischte Verfassung sei vor Entartung gefeit. Die Mischverfassung mische gute Elemente der guten Verfassungen: das Konsulat ist monarchisch, der Senat aristokratisch und das Volk demokratisch. Die Plebejer hatten sich einen Anteil an der Herrschaft erkämpft. Allerdings waren die Konsuln nicht Könige und also nicht monarchisch. Ottmann (2002a, S. 61) zieht eine Parallele zur modernen demokratischen Verfassung. Sie habe eine sozusagen monarchische Spitze in Form des Präsidenten oder Kanzlers, eine aristokratische Versammlung (das Parlament) und die Rechte des Volkes werden durch Wahlen befriedigt. Jedenfalls begrenzen Mischverfassungen die Macht und kontrollieren sie. Konzentration der Macht wird verhindert durch Aufteilung von Kompetenzen. Die römische Verfassung war insofern modern, als sie *checks and balances* kannte.

Zweiter Vorteil einer Mischverfassung ist der ihr innewohnende Zwang zur Kooperation. Die Blockade durch einen Teil führt allerdings zum Stillstand des Ganzen. Die heutige amerikanische Verfassung ist einer solchen Blockade der Kräfte sehr nahe, wie die vergangenen Jahrzehnte gezeigt haben. Und doch findet sie immer wieder Mittel und Wege, um sie in Kooperation und Kompromiss zu überwinden. In Rom müssen Konsulat und Senat auf die Stimme des Volkes hören, so wie heute demokratisch gewählte Regierungen auf die Stimmung im Volke achten, ohne diesen wankelmütigen Stimmungen zu schnell nachzugeben. Der dritte Vorzug der Mischverfassung ist deren Stabilität über die Zeit. Sie folgt aus der Begrenzung der Macht und dem Zwang zur Kooperation.

Polybios verglich die damals bekannten Verfassungen von Sparta, Athen, Kreta und Karthago miteinander. Für Athen hat er einen schönen Vergleich parat: Athen habe immer einem Schiff ohne Kapitän geglichen; die Mannschaft habe dort nur im Sturm zusammen gestanden, in ruhigen Zeiten sich aber sofort wieder zerstritten (Ottmann 2002a, S. 62). Athen zeige die Gefahr der Demokratien, innerlich zerrissen und instabil zu sein. Auch an den anderen Verfassungen hat er einiges auszusetzen. Ziel dieser vergleichenden Verfassungslehre war es nach Ottmann offenbar, die Überlegenheit der römischen Verfassung hervorzuheben. Aber war Roms Verfassung perfekt?

Das Jahrhundert der Bürgerkriege

Offenbar nicht. Sie vermochte es nicht, das Jahrhundert des Bürgerkriegs ab 133 v. Chr. zu verhindern. Er findet sein Ende erst mit Augustus 31 v. Chr. Sklavenaufstände erschüttern das Imperium ebenso wie innenpolitische Machtkämpfe. Ein Ausgangspunkt war die missglückte und hintertriebene Landreform. Von eroberten Gebieten ließ sich Rom ein Teil abtreten und besetzte es mit eigenen Leuten. Das große Kapital, die Reichen, hatte natürlich größere Möglichkeiten, sich Land anzueignen, als die kleinen Bauern. Tiberius und Gaius, zwei Brüder aus der Gracchus-Dynastie, versuchten eine Agrarreform zugunsten der Kleinbauern gegen die Großgrundbesitzer. Tiberius umging den Senat, setzte einen opponierenden Volkstribun ab und beschlagnahmte das Erbe des Königs Attalos von Pergamon – drei unerhörte Verfassungsbrüche. Als Tiberius für eine zweite Volkstribun-Wahlperiode von einem Jahr kandidieren will, auch das ein Sakrileg, kommt es zum Tumult. Er und 300 seiner Anhänger werden erschlagen.

Zehn Jahre später versuchte Gaius Gracchus in die Fußstapfen seines Bruders zu treten. Er stellte die Nahrungsmittelversorgung des *plebs* in Rom mit einem Getreidegesetz sicher. Damit wurde die Abhängigkeit der kleinen Leute von staatlicher Versorgung zementiert, die Landflucht gefördert und das Volk in die Rolle von Almosenempfängern gedrängt. Der Ritterstand torpedierte die Reformen. Der Notstand wurde ausgerufen, die Armee gegen die Bevölkerung eingesetzt. Gaius floh und ließ sich verzweifelt von einem Sklaven töten.

Das Festhalten an alten Privilegien, der Egoismus der eigenen Position, die Missachtung der Nöte der kleinen Leute, das Versagen von Kontrolle und Gegengewicht in der Politik – alles das entfesselte eine rücksichtslose Gewalt, die alle guten Vorsätze der Mäßigung unter sich begrub. Ist erst einmal der Kettenhund der Destruktion losgelassen, dreht sich die Spirale der Grausamkeit: Bandenbildung, politischer Mord, Privatarmeen. Den Staatsstreich als politisches Mittel führte Cornelius Sulla ein. Er zog 88 v. Chr. mit einem römischen Heer gegen die eigene Hauptstadt und eroberte diese blutig. Er führte die öffentliche Bekanntmachung der Namen von Personen ein, die für vogelfrei erklärt werden, auf die ein Kopfgeld ausgesetzt und deren Vermögen an die Sulla-Anhänger verteilt wird. Die Proskription ist eine grausam verschärfte Form des athenischen Scherbengerichts. Sullas Diktatur beruhte auf einer scheindemokratischen Ermächtigung, aber 79 v. Chr. trat er überraschend zurück. Eine eigenartig souveräne Entscheidung. Caesar wird ihm später vorwerfen, er habe das ABC der Macht nicht begriffen. Wer Macht hat, muss diese auch einsetzen wollen. Caesar und andere waren nicht bereit, ihren persönlichen Ehrgeiz den Bedürfnissen der Gemeinschaft unterzuordnen. Sie schreckten vor keinem Bruch der Verfassung zurück.

Cicero (106-43 v. Chr.)

Marcus Tullio Cicero ist der bedeutendste Philosoph, Redner und Politiker der Römer. Er war der über lange Zeit meistgelesene politische Denker bis in die europäische Aufklärung hinein. Sein Werk ist bewundernswürdig konzipiert, geschrieben mit weltläufiger Lebenserfahrung und mit der begrüßenswerten Fairness, auch entgegenstehende Auffassungen möglichst unvoreingenommen zu erörtern.

In seinem Werk finden sich kaum grundlegend neue Gedanken. Cicero eiferte Platon im politischen Denken nach: einerseits in der Theorie des bestmöglichen Staates, bei Platon in der *politeia* (Der Staat), bei Cicero *De re publica* (Vom Gemeinwesen/Staat), und andererseits in einer Theorie des zweitbesten Staates, der immer noch relativ ideal ist, bei Platon in Form der *nomoi* (Gesetze), bei Cicero *De legibus* (Von den Gesetzen). Wie Platon und Aristoteles verband Cicero Politik mit Ethik in *De finibus bonorum et malorum* (Von den Grenzen des Guten und des Bösen) und in *De officiis* (Von den Pflichten). Sein Buch *De re publica* von 51 v. Chr. ist das bedeutendste Werk Roms in der politischen Philosophie. Seine Wirkung war außerordentlich, wenngleich Cicero im Kampf um die republikanischen Werte letztlich politisch unterlag. Seine Gegner waren skrupelloser.

Cicero gilt als der Vater des römischen Humanismus. Sein Humanismus verschränkt die Ebenen Bildung, Rhetorik und „richtiges Leben". Vom idealen Redner wird verlangt, im Grunde alles zu wissen. Die Universalität der Bildung weist voraus auf den *uomo universale* der Renaissance. Der freie Mann beschäftigt sich mit den freien Künsten, nicht mit gewöhnlichen Tätigkeiten, beispielsweise dem Handwerk. Frei heißt, frei von vordergründiger Nützlichkeit. Diese hohe Tätigkeit ist wiederum verschränkt mit dem politischen Leben, um deren Vereinbarkeit Cicero selber rang. Bildung war damals und bis ins 19. Jahrhundert hinein eine Standesangelegenheit. Im Humanismus wird nicht an Bildung für alle Menschen, sondern an Bildung als Auszeichnung für eine Elite gedacht. Wie bei einem Diamanten wird alles Raue und Grobe abgeschliffen und poliert. Zum Humanismus gehört das Geziemende und Schickliche, die humane Gesittung in Verbindung mit Geschmack, Geselligkeit, Freundlichkeit und Heiterkeit. Diese Humanitas ist wie gesagt kein privates Lebensideal, sondern soll politisch eingesetzt werden. Zwar gehören Muße und das Studium zum humanen Leben, aber ehrenvoll ist der Wettbewerb um Einfluss und Ruhm in Rom.

Cicero wuchs im Großbürgertum auf, hatte schon als junger Mensch Kontakt zu einigen großen Männern seiner Zeit und erwies sich gesegnet mit dem Talent zur Bildung. Er studierte Recht, Philosophie und die Redekunst. Zunächst reüssierte er als glänzender junger Anwalt. Er gewann Prozesse, die die damalige Öffentlichkeit in Wallung brachten. Unter anderem brachte er den Statthalter von Sizilien, Verres, zu Fall. Verres hatte sich durch Korruption, Raub und Erpressung ein gigantisches Vermögen zusammengerafft und sein System mit Todesurteilen untermauert.

Als Konsul schlug Cicero 63 v. Chr. die Verschwörung des politischen Verbrechers und Bandenführers Catilina nieder. Catilina hatte nach zwei gescheiterten Anläufen, sich zum Konsul wählen zu lassen, vor den Trümmern seiner Karriere gestanden und gemeinsam mit Gleichgesinnten Zuflucht zur Gewalt gesucht. Cicero hatte die Verschwörung aufgedeckt und die Putschisten ihrer Strafe zugeführt. Damit aber, dass er einen römischen Bürger ohne ordentliches Verfahren dem Henker überantwortet hatte, hatte sich Cicero mächtige Feinde geschaffen. Einer von ihnen hatte dafür gesorgt, dass ein Mob sein Haus niederbrannte, sein Besitz konfisziert wurde und Cicero für mehrere Monate nach Griechenland ins Exil gehen musste. Ciceros Gegenspieler war der skrupellose Machtmensch Clodius, ein ehrgeiziger Nachwuchspolitiker, der paramilitärische Schlägertrupps bildete, mit denen er das gegnerische Lager tyrannisierte. Clodius hatte einen mächtigen Bundesgenossen, Caesar, der in Gallien einen Unterwerfung- und Vernichtungsfeldzug führte.

Ciceros Rhetorik war legendär. Er diskreditierte seine Gegner, wo es nur ging. Er entwarf in seiner Rede gegen Catalina eine Anatomie des *popularis*, des demagogischen Politikers, des Populisten, des „krankhaft Ehrgeizigen". Diese seien ihrem Charakter nach aufrührerisch, unruhig und selbstsüchtig und handelten stets völlig skrupellos. Kein Mittel sei ihnen zu schmutzig, wenn es gilt, die Herzen der Volksmenge zu erobern. Wahlen gewönnen sie vorzugsweise durch Bestechung und Hetzreden. Sie sind sich der Leichtgläubigkeit und der Dummheit der breiten Massen bewusst. Der Demagoge spalte und sähe Hass. Er sinne auf die Demolierung von Recht und Gesetzlichkeit. Die Anständigen hingegen müssten mit ihrer Tüchtigkeit und Umsicht dafür Sorge tragen, dass die Ordnung erhalten bleibe.

Die Parallelen zwischen dem antiken Popularis und dem modernen Populisten sind frappierend. Beide gehören selbst der Elite an, gegen deren angebliche „Kartellherrschaft" sie rebellieren. Für beide ist die Welle der Wut, auf der sie reiten und die sie zugleich anheizen, in erster Linie Mittel zum Zweck. Sie verletzen kalkulierend die Regeln des politischen Wettbewerbs und inszenieren sich als Außenseiter dieses Betriebs. Wichtig ist auch dies: Populisten werden gewählt. In einem System, welches angeblich ihre Belange nicht wahrnimmt, ist die Protestwahl ein Weg, um auf sich und seine Nöte aufmerksam zu machen. Populisten und Wutbürger verbindet das gemeinsame Interesse an der Sprengung des vermeintlichen Kartells.

Pompeius, Caesar und Crassus hatten inzwischen das erste Triumvirat gebildet. Pompeius holte Cicero aus der Verbannung zurück. Der versuchte wieder mitzumischen und diente sich dem Triumvirat an. In diesen Jahren zwischen 55 und 51 v. Chr. entstehen seine Hauptwerke *De oratore* (Über Rhetorik), *De re publica* und *De legibus*, jeweils eine Mischung aus prinzipiellen Überlegungen und tagespolitischen Kommentaren. Als Caesar 49 v. Chr. den Fluss Rubicon an der Ostküste Italiens überschritt und den Krieg gegen Pompeius begann, stellte sich Cicero halbherzig auf die Seite Pompeius'. Die bewaffnete Überquerung des Flusses in Richtung Süden – und damit in Richtung Rom – war gleichbedeutend mit einer Kriegserklärung Caesars an den Römischen Senat. Caesar war sich bewusst, dass es ab diesem Punkt kein Zurück mehr gab, was er in dem berühmten Zitat *alea iacta est* („Der Würfel ist geworfen worden") zum Ausdruck brachte.

Caesars Sieg schloss Cicero aus der aktuellen Politik aus und trieb ihn noch einmal in die Arme der Philosophie. Es entstehen die *Academia*, ein erkenntnistheoretisches Werk, *De finibus* über die Ziele menschlichen Handelns und weitere Werke über Affekte, Tod, Glück und Schicksal. Bekannt werden sein Büchlein über die Freundschaft (*Laelius*) und eine Pflichtenlehre (*De officiis*). 44 v. Chr. wird Caesar ermordet, was Cicero bejubelte. Im darauffolgenden Bürgerkrieg zwischen Marcus Antonius und Octavian stand Cicero auf der Seite der Republik und des Senats. Er stand ganz oben auf der Todesliste (Proskription) des Antonius. Er wurde auf der Flucht ermordet, sein Leichnam durch die Straßen Roms geschleift.

De oratore

Ciceros Werke dieser Zeit „entwerfen Wunschbilder des idealen Redners, des idealen Gemeinwesens und der idealen Gesetze, und sie bieten eine eigenartige Mischung aus rückwärtsgewandter Utopie und Tagespolitik" (Ottmann, 2002a, S. 91). Schon der Redner in *De oratore* ist laut Cicero nicht nur ein begnadeter Sprachkünstler, sondern vorzugsweise auch noch ein Führender Staatsmann. Cicero will Zunge und Verstand, Rhetorik und Philosophie in einer universalen Bildungslehre zusammenführen. Das Buch verbreitet heitere Leichtigkeit. Behandelt werden Witz und Komik im Vortrag, es wird eine ganze Stillehre des Komischen gegeben. Die Macht der Rede wird in ihrer anthropologischen und kulturellen Bedeutung ausgebreitet. Er spricht von der Wichtigkeit der Rede für die Gesittung (*humanitas*) allgemein. Es sei ein wesentlicher Vorzug des Menschen gegenüber den Tieren, miteinander zu reden und Gedanken austauschen zu können. Dem nüchternen Betrachter der Politik stellt er den begeisternden Alleskönner gegenüber. Die manipulierende Macht des Wortes müsse durch Rechtschaffenheit begrenzt werden. Die Waffe in der falschen Hand richtet nur Unheil an. Schließlich stellt er die großen Vorbilder ausführlich vor: Lykurg, Solon, Perikles, Gorgias, Crassus und andere. Aber nach Cicero erfüllt eigentlich nur Cicero selbst die hochgesteckten Anforderungen an Können und Bildung des Redners und Politikers.

De re publica

In *De re publica*[27] trat Cicero laut Ottmann (S. 95ff.) in Konkurrenz zu Platons Entwurf der besten Stadt, der *Politeia*. Ursprünglich sollte das Werk „Über die beste Verfassung des Gemeinwesens und den besten Bürger“ heißen. Obwohl Cicero in dem Werk Scipio zugunsten des Königtums und des Prinzipats sprechen lässt, tritt Cicero für die Mischverfassung ein. Wieder unterhalten sich Männer und tauschen ihre Meinungen aus, nur sind es diesmal Staatsmänner und junge Politiker. Hauptthema ist die Gerechtigkeit. Aber es komme auf viererlei mehr an: auf die Verfassung, auf die Institutionen, auf die Sitten und auf die Staatsmänner.

Cicero lässt Einwände gegen ein politisches Engagement nicht zu. Mühen, Gefahren und Undankbarkeit der Regierten seien keine Argumente. Es sei unwahr, dass Politik nur von solchen Menschen betrieben werde, „die keiner

---

[27] Ciceros *De re publica* aus seiner ersten philosophischen Phase galt lange Zeit als verloren. Man kannte die Inhalte lediglich aus Fragmenten und Zitaten bei anderen Autoren, während eine Originalüberlieferung unauffindbar war. Erst Anfang des 19. Jahrhunderts wurde in der vatikanischen Bibliothek ein Pergament-Palimpsest entdeckt. Dieser enthielt weite Teile des ersten und zweiten Buches, ferner Ausschnitte des dritten, vierten und fünften Buches, durch Abwaschung verschwommen und überschrieben mit Psalmkommentaren von Augustinus. Palimpseste (altgriechisch „wieder abschaben“) waren vor allem im 7. Jahrhundert üblich, da Schreibmaterial selten und teuer war.

guten Sache wert wären". Die stoische Zurückhaltung sei philosophisch unannehmbar. Der Weise tue gut daran, sich für den politischen Ernstfall zu rüsten und sich Kenntnisse des Gemeinwesens zu verschaffen. Die *vita activa* hat hier und auch später Vorrang vor der *vita contemplativa*. Wenn man wählen könne, dann das politisch aktive Leben.

Ciceros Fixpunkt ist die kosmische Ordnung. Er deutet damit schon zu Anfang an, „daß der Mensch nicht allein unter den Gesetzen seines konkreten Gemeinwesens, sondern auch unter dem der Natur steht" (Ottmann, 2002a, S. 98). Den Menschen gehen nicht nur seine vier Wände an, sondern das ganze All als Wohnsitz und Heimat. Die kosmische Dimension relativiert den kleinen Horizont der Politik. Das bloß Menschliche sei „des großen Ernstes nicht wert" (Platon). Dennoch und andererseits: Das Streben nach irdischem Ruhm verblasst vor dem Streben nach Weisheit. Der Aufruf zur politischen Tätigkeit kontrastiert bei Cicero mit der Relativierung des irdischen Ruhms. Denn man solle nicht nach dem Himmel fragen, vielmehr die vor den Augen liegenden Probleme angehen und dem Staate von Nutzen sein. Das wiederum relativiert den kosmischen Horizont. Der *homo politicus* soll sich wohl irgendwie dazwischen seinen Weg bahnen.

Auch das Volk kann sich nicht heraushalten. Volk ist nicht irgendeine Menge, sondern ein Ansammlung von Menschen unter den Auspizien des Rechts und der Gemeinsamkeit des Nutzens. Herrschaft kann nicht Sache eines Einzelnen sein. Über die Staatsform ist damit noch nichts ausgesagt. Aber es müsse ein Einverständnis herrschen, welches die Ordnung trägt. Die römische Ordnung ist die der Stände und deren unterschiedlichen Interessen. Das Volk wird von ihm nicht ethnisch, sondern als politische Körperschaft definiert.

Mischverfassung

Cicero deklinierte Vor- und Nachteile aller bekannten Staatsverfassungen anhand von Kriterien durch: Anzahl der Regierenden, die Güte der jeweiligen Verfassungsorgane (Klugheit und Urteilskraft), Stabilität und allgemeine Gerechtigkeit. Optimal sei eine Mitte zwischen der Willkür eines Einzelnen und der Unbedachtheit der Menge. Zwar legte Cicero dem Scipio in den Mund, dass die Königsherrschaft die beste sei, aber das Buch läuft auf die Vorteile der Mischverfassung mit einer starken Autorität des Senats hinaus. Das königliche Element wird von den Konsuln, das aristokratische von der Nobilität und das demokratische von den dem Volk vorbehaltenen Staatsposten (Volkstribun) repräsentiert. Das, was bei den Griechen nur Ideal war, sei in Rom schon Wirklichkeit. Die römische Verfassung übertreffe die griechische. Bei dem in Rom also schon weithin realisierten Ideal der Mischverfassung, finden sich laut Cicero Recht, Pflicht und Leistung in jener ausgeglichenen Verteilung, die den Beamten genügend Macht, dem Rat der führenden Männer genügend Autorität und dem Volk genügend Freiheit bietet. Aber auch er hatte seine Präferenzen, und zwar für seinen eigenen Stand. Durch das Volk solle nur wenig, das meiste aber durch die Autorität des Senats entschieden werden. Um die römische Verfassung als die bestmögliche hinstellen, musste Cicero einiges ausblenden, angefangen beim Brudermord von Romulus an Remus. Auch waren Senat und Nobilität immer stärker als die Volksvertreter.

Wie schon Platon und Aristoteles sah Cicero in der Gerechtigkeit die entscheidende Grundlage des Gemeinwesens. Gut 100 Jahre zuvor hatte der Grieche Karneades den Römern ins Gewissen geredet, wenn sie gerecht wären, dann müssten sie den geraubten Besitz zurückerstatten und wieder in Hütten (statt Palästen) wohnen. Grundsätzlich ist Cicero der Ansicht, dass das Römische Reich fast schon ein Idealstaat sei. Wie bewertete er den Stand der Gerechtigkeit im Rom des nun schon so lange anhaltenden Bürgerkriegs?

Naturrecht und positives Recht

Gerechtigkeit leitete Cicero aus einem Naturrecht ab, wobei er Natur und Vernunft in eins setzt. Der Mensch werde nackt und schwach geboren und strebe natürlicherweise nach Gerechtigkeit. Der Mensch sei von Natur aus sittlich. Gerechtigkeit wird bestimmt durch Platons Gleichheitsformel „jedem das Seine" und sie sei „immer der Vorteil des anderen". Letzteres liege aber immer im Konflikt mit der politischen Klugheit und dem eigenen Vorteil.

Schon Karneades (ca. 214-129 v. Chr.) hatte die Naturtheorie demontiert; dagegen sprächen die Vielzahl der Religionen, die Mannigfaltigkeit der Sitten und die sich ständig ändernden Gesetze. Hätte die Natur dem Menschen sein Wesen gegeben, wäre er zu allen Zeiten und überall gleich. Das ist bekanntlich nicht der Fall. Ergo stammt das Recht nicht aus der Natur, sondern aus der menschlichen Rechtsetzung. Recht ist nicht natürlich, sondern ein Produkt der Gemeinschaft. Mit anderen Worten, so Karneades, Gerechtigkeit und Klugheit lassen sich nicht vereinen. Die jeweils Herrschenden hätten einfach einen Vorteil. Eigentlich seien alle Menschen verkappte Tyrannen, egal ob Könige, die Führungsschicht oder das Volk. Alles Recht sei nur eine

Sache des Nutzens. „Gerechtigkeit ist ein psychologischer und sozialer Kompromiss, d.h. sie ist kein Selbstzweck, den man um seiner selbst willen erstrebt“ (Ottmann, 2002a, S. 107). Die Gerechtigkeit fordere, für alle zu sorgen, jedem das Seine zu geben und die Sitten zu achten; die Klugheit fordere, das Erreichte zu sichern, Expansionsmöglichkeiten zu nutzen (die Macht und das Gebiet zu vergrößern) und den Reichtum zu mehren. Die Natur achtet auf den eigenen Vorteil.

Die These von der Relativität des Rechts ist die Gegenthese von Gesetz und Sitte, die als unveränderlich und als von den Göttern vorgegeben angesehen wurden. In Athen reflektierte man die Spannungen, die zwischen dem positiven Recht und den durch Tradition und Religion auferlegten sittlichen Verpflichtungen entstehen konnten. In der *Antigone* des Sophokles (442 v. Chr.) gerät die religiöse Verpflichtung, das Familienmitglied zu bestatten, mit dem Recht der Regierung, ein Bestattungsverbot zu verhängen, in Konflikt.

Protagoras soll gesagt haben, gerecht sei jeweils das, was in einer Polis dafür gehalten werde. Angesichts dessen stellt sich die Frage nach dem Geltungsgrund der Gesetze. Eine Möglichkeit ist, sie auf eine Übereinkunft unter den Bürgern zurückzuführen. Um zu erklären, dass es überhaupt eine Übereinkunft gibt, kann man auf die Erklärung des Aristoteles zurückgreifen, wodurch erst mit der Polisgründung der tierhafte Zustand des Menschen überwunden wird. Die Geltung der Gesetze liegt im Verfahren ihrer Setzung durch die Bürgerschaft beschlossen. Die Weigerung des Sokrates, sich der Hinrichtung nicht durch die Flucht zu entziehen, steigert die Gehorsamspflicht gegenüber den Gesetzen und deren Vollzug in einer einzigartig dastehenden Variante ins Absolute. Dieser radikale Gesetzespositivismus kennt keine Relativierung und keine Abwägung.

Natur und damit das auf einer als unveränderlich angenommenen Natur aufbauende Recht gibt dem Einzelnen das Recht zur naturgemäßen Verfolgung des Eigeninteresses. Kern des Naturrechts ist der individuelle Egoismus. Das Eigeninteresse wird mit den staatlichen Gesetzen mehr oder weniger drastisch beschnitten. Ein zweiter Ursprung des positiven (tatsächlichen) Rechts ist das Interesse der Schwächeren, sich durch vertragliche Übereinkunft vor Überwältigung zu schützen. Wie weit sich die Starken dieser Fessel entwinden können, ist eine Frage der Machtverhältnisse in einem Gemeinwesen. Die Stärkeren haben größere Chancen, die Gesetze nach Maßgabe ihres Interesses zu gestalten. Die sozialintegrative Wirkung der Gesetze wird gewahrt, wenn die Stärkeren (die Herrschenden) das Interesse der Schwächeren (der Beherrschten) mit berücksichtigen. Positives Recht kann dennoch leicht als Ergebnis von Herrschaft erscheinen. Eine dritte Fundierung des positiven Rechts liegt in einer Gemeinwohldoktrin (*utilitas publica*). Mit dem Hinweis auf ein Gemeinwohl lassen sich Eingriffe in individuelle Rechte legitimieren.

Die Argumente für den Vorrang der individuellen Klugheit und gegen die Annahme eines konstanten Naturrechts sind erschreckend überzeugend. Der Bezug auf ein variables Naturrecht gebiert ein zweites Problem. Wenn das Naturrecht unbeständig und zweifelhaft ist, dann ist auch eine Recht, dass sich auf Natur und Vernunft bezieht, ebenfalls unbeständig und zweifelhaft.

Die Erkenntnis der Relativität des Rechts entspricht der Erkenntnis der Relativität von Herrschaftsformen und Verfassungen. In den Begriffen Demokratie, Oligarchie, Aristokratie, Monarchie und Tyrannis spiegelt sich die Erfahrung wieder, dass es strukturelle Unterschiede zwischen politischen Ordnungen gibt. Es werden Ordnungen, in denen die Gesamtheit der Bürger die Entscheidungen treffen, unterschieden von solchen, in denen dies einer qualifizierten Minderheit oder einem Einzelnen vorbehalten bleibt. Die Begriffe haben nicht nur deskriptiven Charakter, sondern werden von den Autoren mit Wert besetzt. Bedürfnis nach Klassifikation und wertenden Vergleich kommt in der Verfassungstypologie zusammen.

Freiheit und Gleichheit in diesem Verständnis wurden in Athen als evidente Werte angesehen, die keiner weiteren Herleitung bedürfen oder für die keine weitere Herleitung gefunden werden konnte. Sie wurden nicht aus natürlichen und unveräußerlichen Menschenrechten hergeleitet wie in der modernen Menschenrechtsdebatte. Sie fanden damals ihre Stütze allein in der Übereinstimmung der Bürger, die sich aus der praktischen Erfahrung mit der eigenen Geschichte und aus dem Wissen um die Alternative – vor allem der Tyrannis – speiste.

Statt derartige Gegenargumente anzuführen und zu entkräften, wird von Cicero die Gegenposition zum Naturgesetz als Frevel etikettiert. Das entspricht dem alten griechischen und römischen Denkhorizont, wonach eine Abweichung von den bewährten Sitten schlechthin verwerflich ist. Wer nicht mehr weiter weiß, droht mit Gott. Mit dieser Haltung kann es Cicero nicht gelingen, aus der Natur einen substantiellen Maßstab für positive Gesetze abzuleiten. Auf die naheliegende Frage, worin inhaltlich ein Naturrecht besteht, erhält man die wenig befriedigende Antwort, um die Bösen zu bestrafen und die Guten zu schützen. Da die Natur kein Gut und Böse kennt, sondern schlicht immer nur sie selbst ist, muss Cicero auf höhere Mächte zurückgreifen. Der Ursprung des Naturrechts liege bei den Göttern, an deren Spitze Jupiter.

Gerechtigkeit

Kann Platons Gerechtigkeitsformel „jedem das Seine" heute als Richtschnur dienen? Höffe umschreibt die Gerechtigkeitsformel so: „Gutes zu belohnen, Schlechtes zu bestrafen, Lasten und Vorteile fair zu verteilen" (Höffe 2016, S. 30). Gerechtigkeit ist bei Platon eine Harmonie, eine Eintracht sowohl im Individuum als auch im Staat, eine für uns heute ungewöhnliche Idee. Der Kirchenrechtler Gratian formulierte um 1140 in einem Dekret die goldene Regel, andere so zu behandeln, wie man selbst behandelt sein will und niemandem etwas anzutun, was einem selbst nicht widerfahren soll. Gerechtigkeit wäre hier der Schutz der jeweils anderen Person. Dies gilt abert nur bei Untadeligkeit der eigenen Lebensführung. Ist Gerechtigkeit an das Vorliegen persönlicher Voraussetzungen gebunden, beispielsweise an Rechtschaffenheit? Die Rechtschaffenen erdulden lieber Unrecht, als dass sie selbst Unrecht tun. Das gibt ihnen Selbstachtung.

Tatsächlich hat die Gegenseitigkeits- und Gleichheitsformel viele Väter. Isokrates (436–338 v. Chr.), Vertreter der Sophistik in Athen, soll die Regel erstmals ausformuliert haben: „Tut anderen Menschen nicht an, worüber ihr empört wäret, wenn ihr es selbst erfahren müsstet." Gegenseitige Rücksichtnahme würde allen Vorteile bringen. Im Talmud-Traktat Shabbat 31a wird auf die Frage nach dem alle übrigen Gebote erfüllenden Hauptgebot antwortete: „Was dir verhasst ist, das tue deinem Nächsten nicht. Das ist die ganze Tora, alles andere ist Auslegung. Geh, lerne!" Der freigelassene Sklave Epiktet (50–125 n. Chr.) schrieb: „Was du zu erleiden vermeidest, das versuche nicht, andere erleiden zu lassen. Du willst nicht versklavt sein: Sorge dafür, dass andere nicht deine Sklaven sind."

Die Formel findet sich auch im Gebot der christlichen Nächstenliebe (Bergpredigt) und im Neuen Testament als wörtliche Rede Jesu: „Was ihr von anderen erwartet, das tut ebenso auch ihnen." (Lukas 6,31) Anglikanische Christen prägten den Ausdruck *golden rule* um 1615. Die Regel verlangt einen Perspektivenwechsel und macht das Sich-Hineinversetzen in die Lage Betroffener zum Kriterium für moralisches Handeln. In der griechisch-römischen Philosophie wurde die Regel dennoch nicht zum obersten handlungsleitenden Prinzip. Es setzte das verbreitete Vergeltungsdenken nicht außer Kraft, das als gut und nützlich oder böse und schädlich geltendes Handeln mit jeweils entsprechender Reaktion und Sanktionen auszugleichen verlangte.

Gerechte Kriege

Cicero hat sich wie gesagt zur Aufgabe gemacht, die Macht Roms als gerecht darzustellen. Dazu musste das unsichere Naturrecht herhalten, welches von Gott oder Zeus selbst eingesetzt wurde. Gottes Gesetz sei per se vernünftig. Außerdem habe Rom immer nur „gerechte Kriege", also solche mit einem Grund geführt. Die Römer prägten den Begriff des „gerechten Feindes". Man unterschied Feind und Verbrecher. Die „Verlässlichkeit" (*fides*) war einer der großen römischen Tugenden, und sie war im Verhalten gegenüber den Bundesgenossen von erheblicher Bedeutung (Ottmann, 2002a, S. 108). Selbstredend führte Rom nur „gerechte Kriege". Wie kann man bloß gegen Rom opponieren, wo es doch zur natürlichen Herrschaft berufen ist?

Ein „gerechter" Krieg jenseits der politischen Rhetorik war möglicherweise die Unterstützung Roms für die griechischen Städte und Siedlungen in der Ägäis, die durch Makedonien unter Philipp V. bedroht wurden. Es war nicht so, das sofort losgeschlagen wurde, vielmehr fanden mit Makedonien Sondierungs- und Friedensgespräche statt mit dem Ziel, Philipp auf sein Kernland zurückzudrängen. Philipp lehnte ab, Makedonien verlor den Krieg. Den Sieg Roms und Griechenlands nutzte Rom dazu, Griechenland eine Ordnung zu geben, die ein stabiles Fundament für ein ausgewogenes Kräfteverhältnis bilden sollte. Alle von der makedonischen Herrschaft befreiten Städte wurden 196 v. Chr. für frei und autonom von jeder, auch der römischen Herrschaft erklärt. Die mazedonische Krone behielt ihre Souveränität, musste jedoch alle Besitzungen in Kleinasien und Griechenland außerhalb Makedoniens räumen. (Dahlheim, S. 370) Leider waren die Seleukiden Kleinasiens unzufrieden mit dieser Friedensordnung, träumten sie doch unter König Antiochos III. den Traum von der Wiedergeburt des Alexanderreiches. Rom sah sich gezwungen, seine Friedensordnung zu verteidigen. Antiochus' Truppen wurden geschlagen. Rom zeigte kein Interesse an territorialen Gewinnen und zog seine Legionen nach Italien zurück.

Was immer Rom in Griechenland tat – eingreifen oder gewähren lassen – stieß bei den unruhigen griechischen Städten auf wachsendes Misstrauen und schließlich Hass. 168 v. Chr. wurde das mazedonische Heer erneut von römischen Legionen geschlagen. Der mazedonische Staat als Unruheherd wurde in vier Teile zerschlagen. Nun wurde das alte römische Prinzip angewendet, die eroberten Gebiete ihre Souveränität zu belassen, aber sie zu jährlichen Tributleistungen zu verpflichten. Der Senat war überzeugt, eine Ordnung begründen zu müssen, die notfalls auch ohne die Zustimmung der rebellischen Betroffenen funktionierte. Das friedliche Gewährenlassen schlug um in eine unerbittliche militärische Beherrschung und ökonomische Ausbeutung.

Eroberung und Ausbeutung der Nachbarvölker waren ab dem 1. Jahrhundert v. Chr. wegen der Versorgung des *Plebs* mit Lebensmitteln und den Aufwendungen für *panem et circenses* in Rom notwendig geworden. Auch das letzte Argument Ciceros kann nicht überzeugen: Die Eroberungen würden doch den Unterworfenen nützen. Cicero hielt als selbstbewusster Römer die durch kriegerische Expansion erworbene Herrschaft für gerechtfertigt, weil „gerade den Besten von Natur die Herrschaft gegeben ist zum größten Nutzen der Schwachen“ (zit. in Höffe 2016, S. 86). Die Unterworfenen können froh sein, Untertanen im römischen Reich zu sein. Damit wurde schon die Sklaverei „von Natur aus“ (Aristoteles) gerechtfertigt. Karneades (213-129 v. Chr.) erklärte ungerührt, Roms Weltherrschaft gehe auf nichts anderes als eine Machtentfaltung zurück, die selbst Minimalbedingungen eines gerechten Krieges nicht erfülle. Es mag gerechte Kriege geben, aber es gibt keine, die nicht in schrecklichem Elend enden.

Zum Schluss gibt Cicero dem Gastgeber Skipio das Wort, der einen gesteigerten Staatsmoralismus vertritt. Die Gerechtigkeit habe einen staatsdefinierenden Rang. Die drei klassischen Verfassungsformen Tyrannis, Oligarchie und Demokratie (letztere wegen Willkürherrschaft der Menge) seien überhaupt keine Staaten, weil ihnen die Gerechtigkeit fehle.

De legibus

Cicero stellte Platons *Nomoi* (Gesetze) sein *De legibus* entgegen. Auch dieser Text ist in Dialogform gehalten. Es treten auf Cicero selbst, sein Bruder und sein Freund Atticus. Erneut ist Cicero von der Überlegenheit und Vollkommenheit seines eigenen Staatswesens überzeugt, sodass es grundlegender Zweifel, radikaler Änderungen oder Verbesserungen nicht mehr bedarf. Die bestehende Rechtsordnung Roms und das Naturrecht fallen in eins. Rom hat das beste Recht. Cicero vertraut auf die Vernunft der Menschen, die sie die richtige Rechtsordnung finden lässt. „Natur“ ist hier sowohl die spezifische des Menschen, seine Vernunft, als auch die ihn umgebende Allnatur.

Das alles hat mit dem konkreten Rom von damals wenig zu tun. Roms Rechtsordnung war historisch gewachsen, die Institutionen des Gemeinwesens gaben die Gesetze (nicht die Natur), es herrschte große Ungleichheit der Stände, die Machthaber strebten nach persönlichem Ruhm und häuften Vermögen an, die Proskription war reine Willkür. Schon vor der Ermordung Caesars versank Rom in einen gesetzlosen Zustand. Hatte Cicero Realitätssinn und Verstand verloren? (fragt Ottmann, 2002a, S. 118)

Laelius: Über die Freundschaft

Ciceros Werk *Laelius* liest sich noch heute wie ein Lobgesang auf die Freundschaft schlechthin. Gedacht wird der Freundschaft zwischen Scipio (dem Jüngeren, er starb unter ungeklärten Umständen 129 v. Chr.) und Laelius. Freundschaft sei die Übereinstimmung in allen irdischen und überirdischen Dingen, verbunden mit Zuneigung und Liebe. Sie sei um ihrer selbst willen zu suchen. Aber sie ist auch gefährdet: durch Konkurrenz um Geld, um Frauen, um Ruhm. Und darf man eine Freundschaft fortführen, wenn der Freund die Sittlichkeit verletzt hat? Freundschaft und Politik geraten in Widerstreit.

Das Werk ist stark zeitgebunden, das schmälert seinen heutigen Wert. Cicero schrieb es nach der Ermordung Caesars 44 v. Chr. Im Kampf um dessen Erbe spielt Loyalität eine erhebliche Rolle. Cicero war vom Konflikt zwischen Freundschaft und Politik persönlich betroffen. Sein Freund Matius hielt Caesar die Treue, während Cicero zwar nicht in den Komplott eingeweiht war, aber Caesars Ermordung letztlich guthieß. Dies sei das gerechte Ende eines Tyrannen gewesen. Aber noch zu dessen Lebzeiten hatte er ihn umschmeichelt und zur Stabilisierung der Lage auf seine Seite ziehen wollen. Jedenfalls wird die Freundschaft nicht von der Politik verschont, sie wird hineingezogen in den fundamentalen Streit. Begeht jemand ein Verbrechen, wenn er einen Tyrannen ermordet, trotz der Freundschaft mit ihm? Cicero findet auch darauf keine befriedigende Antwort.

De officiis

Die Pflichtenlehre in Ciceros Schrift *De officiis* macht Vorschläge für sittlich verantwortbares Handeln in der gegebenen sozialen Rolle. Darin greift Cicero die vier Grundtriebe und die vier Grundtugenden des Panaitios auf. Cicero macht daraus eine idealistische Lehre. Wer Nützliches für das Wohl der Gemeinschaft tue, könne gar nichts Schädliches tun. Eine Pflichtenkollision sieht er nicht. Alles Ehrenhafte ist immer auch das wahrhaft Nützliche. Nützlich ist der Mensch vor allem dem Menschen selbst. Das zeige sich schon an der Kooperation in der Arbeit. Wie nimmt man Menschen für sich ein? Durch Liebe, Freundschaft, gerechtes Handeln, Beredsamkeit und Wohltätigkeit. Es widerspreche der Natur, den eigenen Vorteil auf Kosten anderer zu suchen. Romulus habe sich als Mörder gegen die Sittlichkeit und die Menschlichkeit versündigt. Vom Brudermord zum Bürgerkrieg ist es nicht weit. Cicero wird kritischer: Die römische Weltherrschaft war nur früher einmal eine Schirmherrschaft. Sie sei aber nun verfallen. Rom sei dafür bestraft worden.

Politisches Engagement wird von Cicero als eine Option angesehen, die sich wahrnehmen lässt, wenn keine besonderen Hindernisse im Wege stehen. Es galt nicht mehr als Grundbedingung vollendeten menschlichen Lebens. Das begründet die besondere Attraktivität des Stoizismus für die sozialen Eliten. Die stoische Ethik ermöglichte eine Hinnahme des politisch-sozialen Status quo bei gleichzeitiger Wahrung von innerer Freiheit und intellektueller Distanz. Der stoische Weise kann einem Herrscher dienen, ohne sich mit dem Regime zu identifizieren. Er kann sich, wie Cicero, auch zur Mitarbeit mit einem Tyrannen entschließen, um Schlimmeres zu verhüten.

Cicero mischte sich noch einmal in die Politik ein. Die Lage war verworren. Marc Anton (Marcus Antonius) eignete sich das Erbe Caesars an. Er, der junge Adoptivsohn Caesars, Octavian, und Lepidus bilden das zweite Triumvirat. Sie besiegten die Verschwörer um Brutus und Cassius. Dann wendet sich Octavian gegen Marcus Antonius (der in Ägypten eine Romanze mit Kleopatra unterhält) und besiegt ihn in einer Schlacht. 31 v. Chr. wird Octavian Alleinherrscher. Die Ermordung Caesars hatte nicht zu einer neuen Republik, sondern zu einer neuen Tyrannei und einem neuen Bürgerkrieg geführt.

Cicero kämpfte öffentlich um die Gerechtigkeit und die Freiheit in der *res publica*. In seinen *Philippischen Reden* versucht er die Opposition gegen Marcus Antonius zu formieren. Wie Demosthenes gegen Philipp von Makedonien für die Freiheit Athens gekämpft hat, so stritt Cicero für die Freiheit der Republik gegen Marc Anton. Er erreicht, dass der Senat Marc Anton und seine Anhänger zu Staatsfeinden erklären. Aber Octavian steht nur scheinbar auf der Seite des Senats. Es kommt zu neuen Proskriptionen, noch grausamer als zuvor. Cicero fällt ihnen zum Opfer.

„Cicero ist ein konservativer Denker", urteilt Ottmann (2002a, S. 109f.). Die Männer herrschen, die Frauen sind keusch, die alten Sitten gehören restauriert. Ciceros Wertkanon umfasst die Ehrfurcht, die Schicklichkeit, die Würde, die Verlässlichkeit, die Nüchternheit und die Beherrschung. Vom *rector* (Staatsmann) wird Gerechtigkeit, Weisheit, Maß, Bildung, Beredsamkeit und Belesenheit erwartet und ebenso, dass er mehr für den Nutzen seines Volkes sorge als für den eigenen. Ihm müsse Ehre erwiesen werden. Dem guten Staatsmann winkt ein ewiges Leben im Himmel. Wollte sich Cicero, der kaltgestellte Politiker, damit selbst trösten?

Caesar (100-44 v. Chr.)

Die Person Caesars und seine Taten wurden und werden von Zeitgenossen und Historikern unterschiedlich bewertet. War er ein Staatsmann oder ein politischer Abenteurer? Geliebt und geachtet wurde er von seinen Soldaten. Nach seinem Sieg im Bürgerkrieg zeigte er sich versöhnlich und großmütig. Auf der anderen Seite wurde sein Marsch auf Rom von seinen Zeitgenossen missbilligt und kritisiert. Sie sahen keine politischen Ziele bei ihm, nur persönlichen Ehrgeiz. Er strebte von Anfang an das Maximum an, lebte auf großem Fuß, verschuldetes sich, raffte zusammen, was sich anbot, und blickte mit Ressentiment auf das römische Establishment, dem er im Grunde selbst angehörte. Die Unterwerfungskriege gegen die Iberer im Norden des heutigen Portugals, gegen die Helvetier, die Gallier (heutiges Frankreich), die Belger und die Überfälle auf Britannien und Germanien hatte er auf eigene Faust geführt, um als Statthalter der eroberten Provinzen seine Machtbasis gegenüber Rom auszubauen. Sein Machtanspruch entfesselte einen Bürgerkrieg gegen den Alleinherrscher Pompeius. Es setzte während seines Konsulats wichtige Reformvorhaben um. Aber er regierte nur knapp eineinhalb Jahre in Rom, ehe er sich wieder in diverse Schlachten stürzte. Immerhin verringert er die Schuldenlast Roms unter anderem durch die Einführung der Goldwährung. Er halbiert die Zahl der Almosenempfänger in Rom durch eine neue Agrarpolitik; die Provinzen werden nicht mehr ganz so brutal ausgesaugt; das Bürgerrecht wird den Kolonien großzügiger verliehen; der Kalender wird reformiert; viele neue öffentliche Bauten entstehen. Das alles konnte angeschoben werden durch eine Alleinherrschaft, die das Volk für ihn einnahm. 47 v. Chr. wurde ihm vom Senat die Diktatur auf ein Jahr, dann auf zehn Jahre und schon ein Jahr später auf ewig verliehen. Alle Ämter zog er in seiner Person zusammen. 44 v. Chr. wurde er ermordet; Cicero war Augenzeuge der Tat.

Caesars Kriegstagebuch *De bello Gallico* dient der Selbstrechtfertigung seines Feldzuges gegen die Gallier vor der Öffentlichkeit. Die germanischen Verhandlungsführer ließ er gegen alle Regeln festsetzen und unterwarf in einem Angriffskrieg die führerlosen Stämme östlich des Rheins. Plinius beklagt in seiner *Naturalis historia* die Zahl von 1,2 Millionen Toten, frühe Beispiele von Völkermord (Usipeter und Tencteter). Der Stil des Berichts ist klar und konsequent in der Gedankenführung, so dass Schulkinder anhand des Textes bis heute Latein lernen.

Den Bürgerkrieg gegen Pompeius stellte er in seinem Buch *Bellum civile* dar. Als Motiv gibt er an, er habe seine *dignitas* verteidigen müssen. Beide Seiten, Caesar und Pompeius, waren nicht zu Kompromissen bereit. Nachdem Caesar gewonnen und Pompeius auf der Flucht in Ägypten den Tod gefunden hatte, zeigte sich Caesar großmütig. Er begnadigte Brutus, Cato und Cicero, was diese nicht davon abhielt, Caesar aus republikanischer Position zu kritisieren und zu ermorden. In Ägypten hatte Caesar die berühmte Affäre mit Kleopatra, die innenpolitisch gegen ihren Bruder agierte. Bei den Auseinandersetzungen brannte die großartige Bibliothek in Alexandria ab.

Caesar eliminierte die republikanische Tradition der Gewaltenteilung und konnte sich auf die Zustimmung des *plebs* stützen. Die Figur des Alleinherrschers fasziniert nicht wenige Menschen. Ein Teil der Größe Caesars entspringt seinen militärischen und politischen Erfolgen. Er hatte Gaben, die noch heute jene auszeichnet, die nach oben kommen: schneller Verstand, Tatkraft, unbekümmerter Machtwille, Selbstverständlichkeit der Überlegenheit, Meisterschaft der Rede, Risikofreude und taktisches Geschick. Auf der anderen Seite finden wir Ungeduld, Jähzorn, die Neigung, das Schicksal herauszufordern, und Selbstüberschätzung, kurzum das Verlieren der Bodenhaftung. Verheerend war sein Machtwille und sein Egozentrismus, die ihn nichts dabei finden ließ, Menschen und Völker in den Abgrund zu reißen. Die Zeit von Caesars Aufstieg und die Jahre nach seinem Tod waren Jahre fast ununterbrochener Kriege nach außen, Jahre des römischen Bürgerkriegs, der politischen Wirren und von Intrigen. Die damaligen Zeiten stehen in Sachen Unruhe und Unübersichtlichkeit in nichts den heutigen nach, waren vielmehr deutlich beklagenswerter, da die Akteure nicht durch demokratische Institutionen gebremst wurden.

Nietzsche wärmte sich am Feuer dieses Übermenschen, der in der Gestalt Napoleons wiederkehrte. Selbst Goethe zeigte sich beeindruckt von dem französischen Machtmenschen. Aber die Vergötterung einer Führergestalt verbietet sich nach den Erfahrungen des 20. Jahrhunderts endgültig.

Augustus (Gaius Oktavius) (63 v. Chr.-14 n. Chr.)

Man nennt die Herrschaft, die Octavian errichtete, den *Prinzipat*, die Herrschaft eines Einzelnen. Caesar, der selbst kinderlos war, hatte Octavian (der sich später Augustus nannte) adoptiert und zum Haupterben eingesetzt. 44 v. Chr. nahm Octavian das Erbe an und stellt sich als Nachfolger Caesars dem Volk vor. 43 v. Chr. marschiert er auf Rom, um seine Ernennung zum Konsul zu erzwingen. Er schließt mit Antonius und Lipidus ein Triumvirat und besiegt ein Jahr später die Caesar-Mörder Cassius und Brutus. 40 v. Chr. wird das Riesenreich aufgeteilt; Octavian erhält den Westen, Antonius den Osten und Lipidus Afrika. Antonius verbindet sich mit Kleopatra und wendet sich der hellenistischen Welt zu. 36 v. Chr. zwingt Octavian Lipidus zum Ausscheiden aus dem immer wieder verlängerten Triumvirat. Durch eine List erreicht er im Senat die Kriegserklärung gegen Kleopatra und Antonius. 28 v. Chr. reißt er die Macht nun endgültig an sich und herrschte bis 14 n. Chr. Den Ehrennamen Augustus gab er sich 27 v. Chr.

Augustus ist ein selbst verliehener Ehrentitel und heißt soviel wie „der Erhabene“, ein Name mit sakralem Klang im Sinne von „der Heilige“. Octavians Aufstieg zum Augustus war eine blutige Machtergreifung im Zuge skrupelloser Wechsel der Fronten. Ein Teil seines Ruhmes besteht allerdings darin, einmal an die Macht gekommen, diese Macht verhalten eingesetzt zu haben. Ottmann (2002a, S. 156ff.) nennt ihn einen Meister der Verschleierung. Er übernahm die Befugnisse bestimmter Ämter, nicht aber diese Ämter selbst. Er kontrollierte das Gemeinwesen, ohne sichtbar an der Spitze zu stehen. Eine zweite Stütze der Macht des Augustus war der militärische Oberbefehl. Er verfügte schließlich in zwölf von 22 Provinzen persönlich über das dortige Militär. Augustus war der Patron seiner Soldaten, es sind Klientelarmeen, „Armeen in Privatbesitz“ (Ottmann, 2002a, S. 160).

Wie Augustus’ Herrschaft einzuschätzen ist, ist seit der Antike umstritten. Nach seinem Sieg über Antonius und Kleopatra 31 v. Chr. wird Augustus der Herr der damals bekannten Welt. Für einige hat es nach dem Bürgerkrieg kein anderes Heilmittel zur Einigung des Vaterlandes gegeben als die Alleinherrschaft eines Mannes. Die anderen sagen, er habe Frieden geschaffen, aber einen Frieden voller Blut, eine Friedhofsruhe. Der italienische Faschismus und der deutsche Nationalsozialismus zogen Augustus und seine Alleinherrschaft als Vorbild für die nationale Einheit und auf eine den Führer zugeschnittene Politik heran.

Die Popularität des Augustus erklärt sich aus verschiedenen Reformen, eine religiöse und sittliche Erneuerung, darunter der Wiederaufbau von Tempeln und die Stärkung des nationalen Gefühls durch Symbolbauten. Eine Hauptstütze seiner Macht war der Einsatz riesiger Geldmengen. Er ließ in Rom mehrere imponierende Bauten errichten und Münzserien mit seinem Konterfei prägen. Die Bauten und Kunstwerke beeindrucken noch heute. Augustus war der reichste Mann der damaligen Welt, der den Staatshaushalt quasi aus eigener Tasche bezahlte. Der Zugriff auf Ägypten und die Provinzen verschafften ihm unerschöpfliche Geldquellen.

Die lange Dauer seiner Herrschaft ermöglichte Reformen auf lange Sicht und glänzende Bauvorhaben, die das Bild des antiken Roms prägen. Nicht zuletzt vermittelt die lange Herrschaftszeit ein nachdrückliches Bild von Stabilität und Kontinuität. Es entstand eine Zeit klassischer Kultur, genannt „Augusteische Klassik". Im Vergleich zum Bürgerkrieg erscheint die Herrschaft des Augustus als eine Zeit des Friedens, geradezu als ein Goldenes Zeitalter. Dichter und Historiker wie Sallust, Horaz, Virgil und Livius feierten das Zeitalter des Augustus als Erfüllung der römischen Geschichte und als vorbildhafte Friedenszeit.

Dichter und Historiker: Sallust, Horaz, Vergil, Livius

Die Werke von Sallust (86–34 v. Chr.), deren Urheberschaft nicht eindeutig geklärt ist, versuchen den Niedergang Roms zu erklären. Habgier und Luxus seien die eigentlichen Krankheiten des Gemeinwesens, nur Geld, nicht *dignitas*, verschaffe ein Amt. Alles sei heute käuflich. Ein seltsamer Satz aus dem Munde eines schwerreichen Mannes. Nach dem Sieg Caesars hatte Sallust die Provinz Nordafrika als Statthalter. „Als Statthalter hat er sich nach alter Manier schamlos bereichert" (Ottmann 2002a, S. 145). Einerseits ist Sallust ein Bewunderer Caesars und dessen politische Reformen, andererseits blickt er verklärt zurück auf das alte Rom vor dem Fall Karthagos und dem Bürgerkrieg.

Sallust ist eine Art Wutbürger, dem die Politik widerwärtig geworden ist. Der Rückzug aus der Politik war damals für einen Angehörigen der Oberschicht ungewöhnlich. Wer der Politik fern blieb, wurde des Müßiggangs verdächtigt. Sallust rechtfertigt sich, indem er eine Umwertung der Werte vollzieht. Eigentlich müssten *virtus* und *gloria* Ziele des Lebens sein, *virtus* verstanden als Tatkraft, Energie und Tapferkeit, wie sie sich im Krieg bewährt oder im Streben nach einem Amt. *Gloria* ist der Ruhm. Wie kann Sallust seine *Vita contemplativa* rechtfertigen? Indem er sagt, schon im Kriege selbst sei der Ruhm des Geistes größer als jener der körperlichen Tapferkeit. Die Werke des Körpers vergingen, die des Geistes bleiben. Deshalb sei besonders die Geschichtsschreibung von großem Nutzen. Aus seinem, Sallusts, Geschichtswerken werde der *res publica* sogar größerer Nutzen erwachsen als aus den Taten der jetzigen Politiker. Was soll man auch tun, außer ein Geschichtswerk schreiben, wenn einem die Umstände es versagen, ein hohes Amt zu erhalten? Der Rückblick auf große Taten entfache *virtus* selbst.

Sallusts *Catilinarische Verschwörung* und der *Iugurthinische Krieg* nennen Ursachen für den Niedergang Roms (Ottmann, 2002a, S. 148f.). Diese seien Habgier, Luxusstreben und Ehrgeiz. Der Blick zurück zeigt das ehemals blühende Rom, sein von größtem Gemeinschaftsgeist (*concordia maxima*) geprägtes Volk. Der große Wendepunkt sei die prophylaktische Vernichtung Karthagos gewesen. Das sei der Beginn der Auflösung aller Eintracht und aller sittlichen Zucht. Mit dem Wegfall des Respekts vor dem Feind habe die Degeneration Roms begonnen. Das Streben nach Reichtum brachte Zügellosigkeit und Überheblichkeit mit sich. Die Nobilität zerfiel in Cliquen. Der Bürgerkrieg erscheint als eine einzige Zeit des Raubes, der Plünderung und der Grausamkeit. Der nach Rom fließende Reichtum verweichlichte das römische Volk. Nicht mehr die *dignitas*, sondern Reichtum verschaffte Ehre; Armut galt seitdem als Schande. Die Verschwörung des Catilina ist für Sallust die letzte Erscheinungsform der Krise, der erbärmlichste Zustand Roms. Volk und Nobilität kämpften nur noch für ihre eigene Macht. Sallust ist ein Wutbürger aus verletztem Stolz. Er kritisiert die aktuellen Umstände, weil er selbst nicht mehr zum Zuge kam.

Im *Iugurthinischen Krieg* lässt Sallust den Konsul Marius eine Rede halten, welche die guten Eigenschaften eines Politikers preist. Hauptbegriffe des Marius sind *virtus* und *labor*, Tüchtigkeit und anstrengende Mühe. Kargheit und Frugalität vereinen sich mit Bedürfnislosigkeit. Marius lehnt jeden unnötigen Zierrat ab; das Leben des Politikers gilt der Gemeinschaft und nicht dem eigenen Wohlleben. Es ist die Rhetorik demonstrativer Authentizität und Aufrichtigkeit.

In der *Verschwörung des Catilina* lässt Sallust Cato den Jüngeren und Caesar im Rededuell gegeneinander antreten. Er will zeigen, dass beide einseitige Verkörperungen von Idealen waren, es aber auf eine Synthese ihrer *virtutes* ankomme. Cato und Caesar verkörpern zwei prinzipiell mögliche und vertretbare Perspektiven des Politischen. Nur fehlt dem einen jeweils, was der andere hat. Caesar besitzt alles, um an die Macht zu gelangen. Seine Tugenden sind solche des Machterwerbs und der Machtbehauptung, des äußeren Glanzes und des äußeren Ruhmes. Cato dagegen verkörpert die Kraft der Sittlichkeit, die sich in seiner Selbstzucht konzentriert. Er ist integer, streng, beharrlich, gleichwohl maßvoll und anständig. Es müsste Persönlichkeiten geben, die immer beides zugleich sind: „Freigebig, aber doch so integer, dass sie Politik nicht als den Kauf von Stimmen missverstehen; milde, aber doch streng genug, Hochverräter wie Catilina angemessen zu bestrafen; hilfsbereit, aber nicht über Gebühr spendabel; leutselig, aber beharrlich genug, um das politisch Richtige unabhängig von der schwankenden Volksmeinung zu verfolgen; auf große Taten und Ruhm erpicht, aber dies verbunden mit Anstand und Maß, unter Verachtung des nur äußeren Anscheins" (Ottmann, 2002a, S. 153).

Maecenas war ein Freund des Augustus; über ihn kam der berühmte Dichter Horaz mit dem Diktator in Kontakt. Ob Horaz (65-8 v. Chr.), ein Lobredner Augustus' war, ob der Dichter überhaupt politisch dachte oder doch eher das private Glück suchte, ist umstritten. Seine Themen, die er in Satiren und Gedichten aufgriff, sind jedoch alterslos. Eines ihrer Themen ist beispielsweise die Unzufriedenheit der Menschen, die immer etwas anderes sein wollen, als sie es gerade sind. Der Soldat denkt, der Kaufmann sei glücklich; der Kaufmann im Seesturm beneidet den Soldaten und so weiter.

Die Unzufriedenheit der Menschen hat nach Horaz ihre Wurzeln in der Habgier. Aber für das Glück des Menschen sei es gleichgültig, ob er 100 oder 1000 Morgen Land besitzen. Man solle weder geizig noch verschwenderisch sein, denn es gibt ein Maß in allen Dingen. „Bei Horaz ist sie nicht mehr wie bei Aristoteles verknüpft mit der agonalen Exzellenz und den Tugenden der Größe. Sie tendiert eher zur braven Mitte und zum kleinen Glück" (Ottmann, 2002a, S. 173).

Horaz zog es vor, fern von der Stadt und dem „elenden Ehrgeiz" auf dem Lande zu leben. Das Streben nach Amt und Ehren komme ihm wie eine Last und eine Bürde vor. Der Wettkampf um Ämter und Ehren ist ihm offenbar nichts mehr wert. Augustus ist an der Macht und zieht alle Ämter und alle Würde auf sich; für den adeligen Bürger gibt es nichts mehr zu holen. In einer anderen Ode bekennt er, das Volk sich vom Leibe halten zu wollen. Aber Horaz verstand sich auch als Priester des Sakralen, so dass der „Pathos der Distanz" (F. Nietzsche) auch gelesen werden kann als Aufforderung an die Nicht-Eingeweihten, den sakralen Mysterien fernzubleiben, um diese nicht zu entweihen. Auch erinnert der Dichter an die Macht des Schicksals, vor der alle gleich sind. Der Sinn ist, das bescheidene und maßvolle Leben zu loben, wer also nicht mehr als das, wessen er bedarf, begehrt.

Augustus hatte Horaz angeboten, sein Privatsekretär zu werden. Wollte Horaz mit diesen Oden begründen, warum er abgelehnt hatte? Horaz zwar ein Verteidiger des Individualismus und der *apolitie* und zugleich ein politisch denkender Kopf. Berühmt sind seine Worte „süß und ehrenvoll ist es, fürs Vaterland zu sterben" (Ottmann, 2002a, S. 178). Ist das eine Parole des Militarismus, wie beispielsweise der junge Bertolt Brecht meinte? Meinte Horaz das, was man im Rom unter einen „ganzen Mann" verstand, nur ironisch? Immerhin preist er zum Schluss erneut das Landleben, bei gleichzeitiger Geringschätzung öffentlicher Ehren.

Neben Horaz ist Vergil (70-19 v. Chr.) der zweite bedeutende Dichter der Augusteischen Zeit. Virgils Wirkung war noch größer als die des Horaz. Virgils Nationalepos, die *Aeneis*, lässt die römische Geschichte in der Herrschaft des Augustus kulminieren. Die Aeneis stellt anhand der Geschichte des Troja-Flüchtlings Aeneas die Gründung Roms und seine Mission in der Geschichte dar. Generationen von Lesern wurden von der darin enthaltenen Liebesgeschichte zwischen Aeneas und der Königin Dido ergriffen.

Die *Bucolica*, seine Hirtengedichte, sind ein Lob der Idylle und des ländlichen Arkadien. Daran verbirgt sich (nicht anders als bei J.-J. Rousseau) eine Gesellschaftskritik. Ruhe und Frieden auf dem Lande seien nur die Kehrseiten des herrschenden Unfriedens und der Bürgerkriege. Die vermeintliche Idylle wurde im Bürgerkrieg zerstört, unter anderem durch Landenteignungen. Auch Virgils Vater war durch Enteignung bedroht, wurde aber offenbar von dem jungen Octavian gerettet. Octavian rettete aber keineswegs alle, das Glück wurde nur einigen zuteil. Die anderen erlitten das Unglück der Vertreibung. Virgil selbst strebte nicht nach einer aktiven Teilnahme an der Politik, sondern suchte wie Epikur ein bescheidenes Leben der Seelenruhe.

Einige Versepen Virgils sind messianisch und theologisch angehaucht. Die Eloge von der Geburt des „göttlichen Kindes“ und dem Anbruch der neuen Zeit erinnert an die jüdischen Legenden von der Geburt des Messias, welche das goldene Zeitalter beginnen lässt. Ägyptische und altorientalische Quellen kennen bereits die Weissagung von der Geburt des göttlichen, welterlösenden (natürlich männlichen) Kindes. Es erlöst die Welt von Krieg und Unfrieden. Die Anspielungen in Vergils Gedichten sind schwer zu deuten. Dachte er an ein konkretes Kind, an einen konkreten Knaben? Und wer ist die Jungfrau, die im goldenen Zeitalter wiederkehrt? Meint Virgil den Beginn einer neuen Runde im ewigen Zeitzyklus oder den Anbruch einer neuen Zeit?

Auch die *Aeneis* ist ein frommes Epos. Es ist zwar Homers Odyssee und Illias nachempfunden und erzählt eine theologische Geschichte eines Volkes und seiner von den Göttern gesegnete Mission. Der Held, Aeneas, bleibt uneindeutig. Die Geschichte der beiden Städte Karthago und Rom und ihrer Verbundenheit wird in eine tragische Liebesgeschichte zwischen Aeneas und Dido transformiert. Indes Dido schönste Träume von einer gemeinsamen Zukunft hegt, muss der Held von ihr Abschied nehmen, um einem ungewissen Schicksal entgegen zu segeln. Dido verübte in ihrer Trauer Selbstmord. Dino und Aeneas treffen sich wieder in der Unterwelt, aber Dido wendet sich von Aeneas ab, weil dieser sie verlassen und verraten hatte.

In weiteren Versen prophezeit Virgil Rom eine goldene Zukunft. Die Sendung Roms ist es, die Völker zu beherrschen und Frieden zu stiften. Rom gibt der Welt die Ordnung des Rechts. Wer nicht mitmacht, ist ein Rebell. Der Macht- und Vorherrschaftsanspruch Roms war eine Selbstverständlichkeit. Wer sich weigerte, konnte nur verblendet sein. Das Ganze ist eingebettet in eine nicht historisch und auch nicht chronologisch exakt zu nennende Rekapitulation der römischen Geschichte, von Romulus am Anfang bis zu Augustus in der Gegenwart. Diese Geschichte ist durchaus nicht strahlend, sondern stark verdüstert von den abgeschiedenen Seelen, den Unbestatteten, den unschuldig Verurteilten, den Selbstmördern, den aus Liebeskummer verstorbenen Frauen (wie Dido) und den vielen Gefallenen aller Kriege. Die Aeneis ist weder ganz theologisch, noch ganz historisch, noch ganz politisch. Es ist eine poetisch verkleidete Selbstrechtfertigung Roms.

Die umfangreichste Schrift zur Geschichte Roms stammt von Livius (59 v. Chr. bis 17 n. Chr.). Ursprünglich umfasste sein Werk 142 Bücher, von denen aber nur die früheren überliefert sind. Die Bücher zur Gracchen-Zeit und die Entstehung des Kaisertums sind verloren, lassen sich aber aus zeitgenössischen Hinweisen einigermaßen rekonstruieren. Jedenfalls waren Livius' Bücher für gut 1500 Jahren eine historische Quelle ersten Ranges.

Livius hatte keinen Auftraggeber, er schrieb sozusagen sich selbst zur Freude und zur Erbauung eine glorreiche Geschichte Roms. Er stand auch nicht dem Augustus nahe. Wie für Horaz und Vergil war Rom als Zentrum der Welt unangefochten. Die Römer seien das erste Volk der Erde, Rom das Haupt der Welt. Es habe einen Auftrag der Götter. Doch es wendete sich von seiner strengen Selbstzucht ab und verfiel der Habgier und dem Luxus. Livius identifiziert sich mit der besseren Frühzeit. Der altrömisch verstandene Tugendkanon des Livius umfasst *virtus, pietas, justia, fides, clementia* und *moderatio*. Fides bezeichnet die römische Verlässlichkeit und Vertragstreue. Rom führte angeblich nur gerechte Kriege. Roms Aufstieg war von Glück begleitet; Livius weist unzählige Male auf Roms *fortuna*. Nach Ottmann war Livius kein Philosoph. Nirgends fänden sich Reflexionen zum Verhältnis von Schicksal, Glück und menschlicher Handlungsmacht (Ottmann, 2002a, S. 195).

Kaiserzeit

Das Ende der langen Herrschaft des Augustus (Oktavian) 14 n. Chr. kennzeichnet das Ende der Republik. Es kam die Kaiserzeit; die Rolle des Senats und andere Institutionen traten in den Hintergrund und wurden zur bloßen Formalität. Die Monarchie in Form der Alleinherrschaft prägte Rom für die folgenden drei Jahrhunderte und wirkte sich aus auf alle späteren Monarchien Europas. Die Nachfolgefrage wurde nie geregelt oder kodiert. Im zweiten Jahrhundert n. Chr. herrschten die Adoptivkaiser, Männer, die von kinderlosen *Princeps* (wörtlich „Führer") adoptiert und als Nachfolger aufgebaut wurden. Die Position des Kaisers und Alleinherrschers wurde vererbt; eine Wahl fand nicht mehr statt.

Angesichts der Alleinherrschaft hängt nun fast alles von der Persönlichkeit des jeweiligen Herrschers ab. „Caligula ist ein Fall von Caesarenwahn. Claudius ist, so wie in Sueton schildert, ein mal liebenswürdiger, mal grausamer Trottel, Nero ein zunächst vielversprechender, sich aber bald als Tyrann und Mörder entpuppender Regent. Mehr Glück hatte Rom mit den Adoptivkaisern, mit Nerva, Trajan, Hadrian, Antonius Pius und Marc Aurel. Diese knüpften an das alte Bewusstsein aristokratischer Leistung noch einmal an, wonach der Beste, der *optimus*, regieren sollte." (Ottmann, 2002a, S. 240).

Die Letztgenannten wurden zur Verkörperung des humanen Herrschertums schlechthin, da sie ihre monarchische Allgewalt als Pflicht verstanden und zum Wohle der Reichsbürger ausübten. Ihre Fürsorge äußerte sich vielfältig: Die Sicherung der Ernährung vor allem der hauptstädtischen Bevölkerung, die Durchführung von Spielen, der Aufbau der Wasserversorgung in allen großen Städten, der Ausbau des Straßennetzes, die Errichtung öffentlicher Bauten, die Versorgung der militärischen Veteranen durch die Einrichtung von Pensionskassen, der Aufbau von Polizei und Feuerwehr. Die dienende Funktion der Macht stand im Vordergrund. „Auch anerkannten sie noch einmal die Rolle des Senats. Aber dies war nur mehr eine Frage des Stils, nicht mehr die einer echten Beteiligung an der Macht“ (Ottmann 2002a, S. 240). Von den 26 Kaisern Roms wurden 16 ermordet. Gute Regenten waren allenfalls die Adoptivkaiser, während Caligula, Nero und andere Verbrecher gewesen sind. Für die meisten Einwohner des römischen Weltreiches war die Zeit der Adoptivkaiser eine des Friedens und des relativen Wohlstandes, wie sie Europa danach in dieser Dauer und geographischen Ausdehnung nicht wieder erleben sollte.

Die schlechten Kaiser zeigten alle Kennzeichen der Verkommenheit: Spitzelwesen, Denunziation, Intrigen, Klientelwesen und der Einsatz bedingungslos ergebener Freigelassener. Es fehlte an einer effektiven Amtskontrolle. Von einer nennenswerten Opposition gegen die Kaiserherrschaft kann keine Rede sein. Das theoretische und private Leben wurde nun ungleich mehr geschätzt, als dies in republikanischen Zeiten mit dem Gefüge von Volkstribunat, Senat und Konsuln gewesen war. Allenfalls versuchten Philosophen, auf die Person des Herrschers selbst Einfluss zu nehmen. In den Lobreden und Fürstenspiegeln empfahl man dem Herrscher eine Politik der Milde, der *clementia*. Der Appell an die Moral ersetzte die Amtskontrolle. Wenn das Volk Glück hatte, hielt sich der Herrscher an das Gesetz.

Unter Trajan erreichte das Imperium seine größte Ausdehnung. Schon vorher gehörte die Erweiterung der Reichsgrenzen zu den ersten Herrscherpflichten. Alle *princeps* sahen darin die beste Möglichkeit, im Ruhm ihrer Taten unsterblich zu werden. Die Regierungsjahre Hadrians und Antoninus Pius’ erschienen der eigenen Zeit und auch in den meisten Rückblicken den Historikern als die glücklichsten der Kaiserzeit. Wirtschaft und Wohlstand blühten und es herrschte weitgehend Frieden. Die Verwaltung wurde weiter professionalisiert, angeführt von fähigen Angehörigen des Ritterstandes. Der Krieg verschwand an den Rand des Bewusstseins.

Seneca (4 v. Chr.-65 n. Chr.).

Die vorherrschende philosophische Schule war die der Stoiker. Ihr bedeutendster Vertreter ist Seneca. Er pries das einfache Leben und erwarb als zeitweiliger Mitregent des jungen Nero riesige Reichtümer. Er hat über den guten Herrscher philosophiert und sich doch in die Untaten Neros verstrickt. Seneca wurde des Ehebruchs beschuldigt, wurde verbannt nach Korsika, aber Agrippina, inzwischen die zweite Gattin des Claudius, rief ihn nach Rom zurück, um ihn zum Lehrer ihres Sohnes aus erster Ehe, Nero, zu machen. 54 n. Chr. hatte Agrippina ihren Ehemann Claudius vergiftet und damit für Nero den Weg zum Thron freigemacht. Nero selbst entledigte sich ein Jahr später seines Stiefbruders mithilfe eines Pilzgerichtes. 59 n. Chr. ermordete er seine Mutter. Was wusste Seneca davon? Die Erziehung Neros durch Seneca darf als misslungen betrachtet werden. Am Ende wurde Seneca ein weiteres Opfer Neros. Nero befahl seinen Selbstmord. Seneca hat ihn in demonstrativer stoischer Gelassenheit als Nachahmung des Todes des Sokrates' inszeniert.

Senecas Alterswerk *De brevitate vitae* (Von der Kürze des Lebens) beklagt nicht die Kürze des Lebens. Es sei genug Zeit vorhanden, sie müsse nur richtig genutzt werden. Die meisten aber würden ihre Zeit vergeuden. Der Verfall der Sitten bot dazu reichhaltiges Material. Der Weise aber habe alle Zeit der Welt und kenne sogar den Weg zur Ewigkeit. Politisch ist diese Schrift, schreibt Ottmann, weil sie eindeutig dem theoretischen Leben den Vorzug vor dem politischen gibt. Seneca, der einige Jahre in den höchsten politischen Ämtern ein geschäftiges Leben in extremem Reichtum führte, spricht sich sogar gegen die Beteiligung an der Politik aus – nicht sein einziger Widerspruch zwischen Leben und Werk. Seine philosophischen Überlegungen sind trotzdem beachtlich. Privatleben beispielsweise heißt nicht träges Nichtstun, sondern Beschäftigung mit der Philosophie, welche für einen begabten Geist würdiger sei als eine Tätigkeit in der städtischen Verwaltung. Die Schrift entstand offenbar noch in der Verbannung, noch bevor er nach Rom als Mentor Neros gerufen wurde und in den Staatsgeschäften mitmischte.

Clementia, die Milde, wird die Herrschertugend schlechthin. Sie wird von nun an in keinem Fürstenspiegel mehr fehlen. Der Herrscher wird nicht zur Milde gezwungen, er soll sich von sich aus auf eine Politik der Milde verpflichten, eine selbstauferlegte Beschränkung der Macht. Milde ist kein Recht, sondern eine Gnade. Der Herrscher könne nur durch eine milde Regierung seiner Herrschaft sicher sein. Als Vorbild wird Augustus hingestellt. Dem jungen Kaiser Nero wird eine natürliche Anlage zur Milde bescheinigt. Seneca definiert Milde als „Mäßigung in der Macht zu strafen". Ihr Gegenteil sei nicht die Strenge, sondern die Grausamkeit. Diese wird abgegrenzt von der Rohheit, das Vergnügen an sinnloser Quälerei. Grausamkeit habe einen Grund zur Strafe, verliere dabei aber das Maß. Aber auch das Mitleid ist eine Fehlhaltung, hier verstanden als Maßlosigkeit beim Erlass der gebührenden Strafe. Die Stoa verwarf, wie 1900 Jahre später Nietzsche, das Mitleid als eine Trübung des vernünftigen Urteils durch einen Affekt.

Grausamkeit ist nach Seneca nicht nur unmenschlich, sondern auch unzweckmäßig. Sie kann nicht erreichen, was sie erreichen soll, denn sie evoziert Hass und Feindschaft. Güte hingegen ist eine Stärke. Modell des guten Prinzipals ist die väterliche Gewalt. Die Politik der Milde unterscheidet den guten König vom Tyrannen und seiner Grausamkeit. Als Beispiel eines grausamen Tyrannen wird Sulla genannt.

De vita beata ist Senecas Versuch, seinen Reichtum mit seinem Anspruch, Philosoph zu sein, in Einklang zu bringen. Denn es stand der Vorwurf im Raum, dass die Philosophen im allgemeinen und er im speziellen nicht leben, was sie sagen. Seneca zog sich aus der Affäre. Wer richtig lebt, erreiche die Ruhe der Seele, und dem seien äußere Güter ohnehin nichts wert. Das ist gut gesagt von einem Mann, der im Reichtum lebt. Durch den Reichtum erhalte der Weise Gelegenheit, einige Tugenden auszuüben wie Freigebigkeit, Großzügigkeit und Weisheit. Man dürfe reich sein, sich auf den Weg zur Tugend aber nicht davon behindern lassen. Seneca diskutiert nicht, wie schwierig es ist, reich zu werden und reich und tugendhaft zugleich zu sein. Der Weise könne Reichtümer erwerben, weil er von ihnen nicht besessen wird. Das ist leichter gesagt als getan. Überzeugender wäre die demonstrative Entsagung gewesen.

Auch das zweite Problem, die Aporie zwischen Seelenruhe und politischer Geschäftigkeit, konnte Seneca nicht lösen (wenn sie überhaupt lösbar ist). Die Politik ist doch jener Bereich, wo man seine Seelenruhe am ehesten verliert. Ein gewisser Athenodoros, auf den sich Seneca bezog, hatte vor den Wahnsinnigen, den Ehrgeizigen, den Verdrehern und den Verleumdern gewarnt, die sich auf dem Forum herumtreiben. Wer überhaupt kann der Gemeinschaft nützlich sein? Nach Athenodoros wären das der Lehrer, der die Jugend erzieht, der Richter, der gerecht urteilt, der Wissenschaftler ebenso wie der

Philosoph. Als guter Kamerad, zuverlässiger Freund, maßvoller Gast, guter Zuhörer und hilfreicher Anwalt könne man den Mitbürgern nützlich sein.

Man könnte annehmen, dass man sich gerade in Zeiten der Despotie von der Politik und der Öffentlichkeit fernhalten sollte. Seneca schwebte etwas anderes vor. Man brauche sich nicht gleich völlig ins Privatleben flüchten. Es gebe zahlreiche Abstufungen zwischen voller Teilnahme an der Politik und einem totalen Rückzug aus ihr, also Zwischenstufen, die gerade unter den erschwerten Bedingungen des Politikbetriebs in Despotien von großer Bedeutung sind (Ottmann, 2002a, S. 256).

Seneca eröffnete damit eine Alternative zu der einengenden Dichotomie von *Vita activa* und *Vita contemplativa*. Er formulierte die Möglichkeit einer differenzierten, abgestuften Haltung, die man im Auge behalten sollte. Gemeinschaft drücke sich nicht nur in Politik aus, sondern auch in scheinbar unpolitischer Mitmenschlichkeit. Jener, der sich aus der Politik zurückzieht oder sich nicht in diese öffentlich einmischen will, habe viele andere Möglichkeiten der tätigen Zuwendung zu den anderen. Er ist deswegen kein „Idiot". Es gebe weitere, lebenswerte Lebensweisen zwischen dem des Politikers und dem des Philosophen. Die tätige Nächstenliebe ist ein vollwertiger Ersatz für den Dienst am Vaterland. Immerhin gibt es noch die Cosmopolis, die Gemeinschaft der Menschen als Menschen. Alle Lebensformen haben ihr Recht, wenn sie von der Liebe zu den *virtues* und der Pflege des Geistes geleitet sind. Es komme auf die Gesinnung an.

Weder Seneca noch andere Philosophen fielen durch Opposition gegen tyrannische Kaiser auf. Gegen eine Tyrannis hatte so gut wie kein Philosoph oder Dichter je etwas einzuwenden, Kritik gibt es nur an ihrer etwaigen Grausamkeit. Viele Philosophen stehen dem jeweiligen Kaiser sogar nahe. Marc Aurel verkörperte die Personalunion von Kaiser und stoischem Philosophen. Er war eine Ausnahme. Der republikanische Geist war den Philosophen völlig abhandengekommen. Das Kaisertum und die Tyrannenherrschaft wurden ihnen zu Gewohnheit. Davon zeugt ihre Panegyrik.[28] Aus anderem Holz als Seneca war der den Stoikern nahestehende Politiker Thrasea Paetus geschnitzt. Er lebte im passiven Widerstand gegen den eitlen Kaiser-Künstler Nero. Angeklagt von Nero beging Thrasea Paetus 66 n. Chr. Selbstmord, so wie Seneca.

---

[28] Lobreden und Festschriften

Dion und Epiktet

Die bedeutenden Philosophen der damaligen Zeit waren zugleich bedeutende Männer des öffentlichen Lebens, nicht selten befreundet mit dem Kaiser selbst. Ihre Unabhängigkeit (oder Abhängigkeit) vom Herrscher und von der Politik war unterschiedlich ausgeprägt. Dion Chrysostomos galt schon den Zeitgenossen als bedeutendster Redner. 80 Reden sind überliefert, in denen Dion die Bürger zur Eintracht mahnt. Er fordert sie auf, verdiente Bürger angemessen zu ehren und sich nicht vulgäre Schauspiele anzusehen. In Dions *Königsreden* wird alles erwähnt, was Stoa und Kynismus an traditionellen Lehren vom guten Herrscher zu bieten haben. In einer seiner Reden setzt er das Leben eines außerhalb der Stadt lebenden Jägers in Kontrast zum verdorbenen, von Streit und Missgunst geprägten Leben in der Stadt. Die ländliche Idylle war schon damals ein Alternativprogramm zum städtischen Durcheinander.

Eine weitere Rede behandelt das Wesen der Stadt. Die einzig vollkommene Gemeinschaft sei die der Götter, aber die Städte der Menschen könnten an der göttlichen Ordnung teilhaben, wenn Sie in harmonische Verbindung zu den Göttern treten. Vorbild des guten Herrschers ist Zeus, sodass man Dion eine monarchistische Tendenz bescheinigen kann. Er ist ein Lobredner der philosophisch aufgeklärten Alleinherrschaft, begründet mit dem Vorbild der Zeus-Herrschaft. Der gute Herrscher ist ein Kamerad, ein Freund oder Vater, er ist wohltätig, wahrhaftig, zum Krieg gerüstet um des Friedens willen, einsatzbereit und keineswegs genusssüchtig. Die Monarchie ist die Herrschaft eines einsichtigen und tüchtigen Mannes.

Dion lässt noch einmal Alexander von Makedonien als letzten Held der agonalen Kultur auferstehen. Die Kultur des Wettstreits verliert ihren Sinn, wenn er durch die Dauerherrschaft eines Einzelnen abgelöst wird und sich alle Ehre auf einen Einzelnen konzentriert. Dions Staatsformenlehre besteht aus dem bekannten Gegensatz von Monarchie, Aristokratie und Demokratie auf der einen und Tyrannis, Oligarchie und Pöbel- bzw. Demagogenherrschaft auf der anderen Seite. In einer weiteren sogenannten Königsrede stellt Dion den Philosophen Diogenes als den eigentlich mächtigen, reichen und freien Menschen im Vergleich zum Herrscher Alexander dar.

In enger Verbindung zu dem Mächtigen seiner Zeit lebte auch Epiktet (50-138 n. Chr.). Der freigelassene Sklave gründete in Rom und später im griechischen Actium Philosophenschulen, die von vielen Prominenten besucht wurde, darunter Kaiser Hadrian. Hadrian war vielseitig interessiert. Seine besondere Wertschätzung galt der griechischen Kultur, insbesondere der als klassisches Zentrum griechischer Bildung berühmten Stadt Athen. In seiner Regierungszeit entstanden bedeutende Bauwerke wie die Bibliothek in Athen, das Pantheon und die Engelsburg in Rom.

Arrian, ein Schüler Epiktets, stellte aus dessen Vorträgen ein Handbüchlein der Moral zusammen, dass bis hin zu Gracian und Schopenhauer wirkte „und die schönste moralphilosophische Schrift der Stoa ist" (Ottmann, 2002a, S. 266). Selbstbewusst und lebensfroh werden Regeln der Lebensführung für großes Publikum entwickelt. Epiktet fehlten die finstere Miene und der erhobene Zeigefinger der Kyniker. Ganz stoisch ist eine Unterscheidung dessen, was in unserer Macht steht, und dessen, was wir nicht verhindern können. Grob gesagt: „Das Innere ist frei, das Äußere nicht" (Ottmann, 2002a, S. 267). Was man nicht ändern kann, das soll man links liegen lassen, die *innere* Freiheit gilt es zu erringen. Das bedeutet auch Verzicht auf alles, was Menschen abhängig machen könnte. Doch gerade die bewunderten Herrscher benötigen Geld, Soldaten und Unterstützer. Sie sind auf andere angewiesen.

Befreiungspathos und resignativer Rückzug gehen in der Lehre des Epiktet Hand in Hand. Es kommt nicht darauf an, die Welt zu verändern, sondern zu ertragen. Den Herausforderungen wird allein innerlich begegnet. Die Welt bleibt wie sie ist, geändert wird die Art und Weise, wie man diese sieht. Das ganze biegt ein in eine Frömmigkeit: „Gott lässt es dem Frommen an nichts fehlen" (zit. in Ottmann, 2002a, S. 276), allerdings fehlt Epiktet der Glaube an die Unsterblichkeit der Seele. Vom griechischen Streben nach Auszeichnung vor den anderen ist nichts zu spüren. Politische Betätigung wird von Epiktet nicht ausdrücklich verworfen, aber wer wolle schon über Steuern diskutieren, wenn es um Glückseligkeit und Freiheit geht?

Tacitus und Plinius

Die Römische Republik war nur noch ein nostalgisches Wunschbild. Tacitus (58-120 n. Chr.), ein bedeutender Historiker Roms, schwankte zwischen der Sehnsucht nach guten Regenten und der resignierten Akzeptanz dessen, was er an Despoten vorfand. Tacitus wurde erst in der Renaissance wieder entdeckt und einem Machiavelli an die Seite gestellt. Tacitus war froh, als der Schreckensherrscher Domitian gestorben war. Die 15 bleiernen Jahre seiner

Herrschaft waren verlorene Lebensjahre. Man kam den Zeiten wieder näher, wo es möglich ist zu denken, was man will, und zu sagen, was man denkt.

Tacitus' Buch *Germania* (98 n. Chr.) hält den Römern den Spiegel vor. In den Germanen sah er ein einfach lebendes Volk, das noch nicht durch Habgier, Luxusstreben oder berechnende Schlauheit verdorben ist. Er rühmte ihre Freiheitsliebe und ihre Tapferkeit. Die Germanen leben noch so, wie es die Römer einst taten, bevor sie das Gift der Dekadenz verdarb. Die politische Wirkung des *Germania* war außerordentlich, weniger für das damalige Rom, vielmehr für das deutsche Nationalbewusstsein. Ab 1500 wurde die Geschichte der Germanen mit jener der Deutschen gleichgesetzt. Und noch Fichtes Reden *An die deutsche Nation* (1807/08) propagierten eine Theorie des deutschen „Urvolkes", das durch seine Freiheitsliebe gekennzeichnet sei. Tacitus' Beschreibung der Germanen als Menschenschlag mit wild blickenden blauen Augen, rötlichen Haaren und großem Wuchs reicht bis zur Idee der Rassenreinheit im Nationalsozialismus.

Auch Tacitus kann der alten Dichotomie von öffentlichem Leben und privater Zurückgezogenheit nicht entgehen. Sein *Dialog über die Redner* zeugt vom Gegensatz von der zurückgezogenen Arbeit am Wort (Dichtung) und öffentlicher Redetätigkeit (Rhetorik). Er verweist auf die ehemals große politische Bedeutung der Redekunst. Diese sieht er letztlich kritisch, ein „Kind der Zügellosigkeit", ein Aufputschmittel für das freche, ungehorsame und anmaßende Volk. In der Tat: Was braucht es die Redekunst in Zeiten der Alleinherrschaft? Herrscherpanegyrik reicht völlig.

Tacitus schwankt zwischen Republiksehnsucht und Anerkennung des Principats. Ist es überhaupt möglich, von Philosophen eine klare Richtung gezeigt zu bekommen? Selbst die Mischverfassung, die bei Platon, Aristoteles, Polybios und Cicero als die stabilste und beste aller Verfassungen galt, wird von Tacitus schlecht bewertet. Sie sei eine hübsche Idee, aber wenn sie zustande kommt, kaum von Dauer. Man darf an Tacitus' Urteilsfähigkeit zweifeln. Seine rhetorische Fähigkeit wird zur Sophistik, wenn er Tiberius' Verdienste polemisch ins Gegenteil verkehrt. Andererseits dient ihm Nero als Paradebeispiel dafür, wie ein vielversprechender junger Herrscher durch seine uneingeschränkte Macht zum Verbrecher wird. Hier steht Tacitus auf der Seite der Opfer.

Plinius der Jüngere (61/62-113/115 n. Chr.) zeigt nach Ottmann (2002a, S. 284) eine Mischung von Vita activa und Vita contemplativa, „die in ihrer Unaufgeregtheit und Ausgeglichenheit bemerkenswert ist". Der Philosoph macht politische Karriere, bis hin zum Statthalter einer römischen Provinz am Schwarzen Meer. Er schreibt eine Lobrede auf Trajan, in der er sich mit einem sich selbst beschränkenden, nach den Gesetzen regierenden Princeps zufrieden zeigt. Die Rolle des väterlich-fürsorglichen Princeps impliziert die Unmündigkeit der Untertanen, die alles von einer Entscheidung von oben erwarten und mit jeder Kleinigkeit bis zum Kaiser gehen.

Plinius' öffentliche Lobrede auf Trajan wurde gehalten, um Plinius den Weg in höhere Ämter zu bahnen. Domitian war ein Tyrann, Trajan ein guter, geradezu vorbildlicher Princeps. Er verschanze sich nicht hinter seiner Leibwache, weil sein bester Schutz die Zuneigung seiner Untertanen sei. Der Princeps steht nicht über den Gesetzen, sondern die Gesetze über ihm – ein frommer Wunsch des Plinius. Ob sich der Princeps den Gesetzen beugt, liegt allein in dessen Entscheidung. Plinius' Aufzählung der Tugenden eines guten Herrschers ist unoriginell: *humanitas* (Menschenliebe), *liberalitas* (Großzügigkeit), *clementia* (Milde), *benignitas* (Güte), *continentia* (Zurückhaltung), *fortitudo* (Stärke), *modestia* (Bescheidenheit) und *moderatio* (Mäßigung). Er möge einen heiteren Sinn mit Strenge verbinden, Schlichtheit mit ernster Würde und Menschlichkeit mit Hoheit.

Trajan (53-117 n. Chr.)

Marcus Ulpius Traianus, so der Geburtsname Trajans, der *optimus princeps* – so der Ehrentitel, den der Senat verlieh – galt bis weit über die Antike hinaus als der Inbegriff des tüchtigen Kaisers. Für die Trajanverehrung gibt es mehrere Gründe. Plinius' Trajan-Gedenkrede 100 n. Chr. entwickelte eine Strahlkraft, welche die durchaus vorhandenen kritischeren Töne anderer Autoren weitgehend überdeckte. In den Krisen späterer Zeiten galt die Ära der sogenannten Adoptivkaiser Nerva, Trajan, Hadrian, Antoninus Pius und Marc Aurel als das goldene Zeitalter des Imperiums. Plinius' Rede sorgte für die allgemein akzeptierte Wahrnehmung, wonach die eigentliche Segenszeit 98 n. Chr. nach der kurzen Regierung des greisen Nerva begann: mit der Thronbesteigung des Marcus Ulpius Traianus.

Trajan wurde zum Maßstab für alle, die später Imperien zu führen hatten. Er verstand trotz absoluter Macht ohne Einschüchterung zu regieren. Trajan, der nicht nur sein Forum mit der riesigen Basilica Ulpia erbauen ließ, sondern überall im Reich weitsichtig in Infrastruktur investierte. Er legte in Italien ein Programm zur Unterstützung armer Kinder auf. Die Hälfte seiner Regierungszeit verbrachte er nicht im Luxus des Palatin, sondern bei seinen Legionen. Er unterwarf die Daker an der Donaugrenze.

Während Trajan am Persischen Golf stand, brachen in den neuen Provinzen und Vasallenstaaten Aufstände aus – auch provoziert durch unsensible Maßnahmen der Römer, aber orchestriert vom parthischen Feind. Der Lage Herr zu werden, dazu waren zu wenige Legionäre in dem riesigen Gebiet, denn Probleme in anderen Regionen zwangen Trajans Generäle, Teile der Invasionsarmee abzuziehen. Im Zenit seiner wirtschaftlichen, politischen und militärischen Macht und unter einem der fähigsten Kaiser hatte Rom seine Ressourcen überbeansprucht und war in eine „imperiale Überdehnung" geraten[29]. Der Versuch, die Region mit der *Pax Romana* endlich zu befrieden, scheiterte. Die *Pax Romana* bedeutete den Frieden im Innern, der durch römische Waffen nach außen gesichert wurde. Aber selbst Imperien können nicht alles.

Was ist ein Imperium? Da wäre als erstes die Größe. Unter Trajan erfuhr das Imperium seine größte Ausdehnung. Es umfasste England, (das heutige) Belgien und Frankreich, die iberische Halbinsel, das gesamte Nordafrika, Judea, Syria, Mesopotamien, Armenia, Kleinasien, Griechenland und Mazedonien, Dalmatien und Südwestdeutschland (Germania) bis nach Mainz und Köln. Zweitens die Hegemonie über vergleichbare Staaten. Insofern war Österreich-Ungarn kein Imperium, da mit Preußen, England, Frankreich und Spanien zeitgleich ähnlich starke Mächte existierten. Langlebigkeit ist nach Herfried Münkler (*Imperien*, Berlin 2005) ein weiteres notwendiges Merkmal eines Imperiums. Das römische Imperium begann eines zu sein mit der Eroberung Siziliens 241 v. Chr. und endete 476 n. Chr. mit der Absetzung des letzten weströmischen Kaisers. Dekadenz, also ein moralischer Verfallsprozess, war sicherlich nicht der Hauptgrund für den *Untergang des römischen Reiches* (Edward Gibbon 1776-1789). Die gegenwärtige Forschung ist der Ansicht, es sei irreführend, von einem Untergang Roms zu sprechen. Vielmehr lasse sich in kultureller, sozialer und ökonomischer Hinsicht stattdessen ein langsamer Wandlungsprozess beobachten, an dessen Ende sich das Imperium Romanum in die Welt des Mittelalters aufgelöst habe, ohne dass radikale Brüche zu konstatieren seien.

---

29 Begründer der Theorie von der Überdehnung ist Paul Kennedy in seinem Buch *Aufstieg und Fall der großen Mächte* (1987).

Außerhalb Europas und des mittleren Ostens besaßen nicht nur Chinesen und Mongolen Imperien. Die Frage der Imperialität stellt sich etwa beim Maurya-Reich, das sich zwischen 320 und 185 v. Chr. über fast den gesamten indischen Subkontinent erstreckte. Mit den Inka und den Azteken bildeten sich im präkolumbianischen Amerika augenscheinlich imperiale Staatswesen aus, die übrigens beide keine entwickelten Schriftsysteme kannten. Die zahlreichen „Steppenimperien" Asiens, wie exemplarisch die Hunnen unter Attila, überdauerten die Lebenszeit ihrer Anführer nicht. Auch Hitler-Deutschland war nach diesen Kriterien kein Imperium, es existierte nur 13 Jahre lang. Einige Nationalstaaten leben dagegen sehr lange. Das Vereinigte Königreich ist mehr als 400 Jahre alt (seine Teilgliederungen sind noch viel älter), die USA nähern sich 250 Jahren.

Plutarch (ca. 45-125 n. Chr.)

Im 2. Jahrhundert nach Christus wurden die Herrschaft der Kaiser und die römischen Weltherrschaft zu fraglosen Selbstverständlichkeiten. Es gab keine Erinnerung mehr an die Republik, das Principat erschien als alternativlos, die römische Weltherrschaft wurde nicht mehr mit der Frage nach ihrer Legitimität und Gerechtigkeit konfrontiert. „Das politische Denken steht für ein Jahrhundert still" (Ottmann, 2002a, S. 292). Vielleicht, weil die Politik nun auf einzelne Persönlichkeiten ausgerichtet war, blüht das Genre der Biografien. Ihr Niveau schwankt.

Plutarch ist der bedeutendste Biograf der Antike, vornehmlich interessiert an Moral und moralischer Erbauung. Sueton zeigt in seinen *Viten der Caesaren* ein Interesse an den persönlichen und intimen Seiten, und sinkt dabei hinab bis auf den Blickwinkel des Kammerdieners, das Niveau einer Illustrierten mit Klatsch und Tratsch. Das entpolitisierte Zeitalter unterhält sich mit Nachrichten aus dem Intimleben der Kaiser, mit einem geistesgestörten Caligula oder den sexuellen Ausschweifungen Domitians. Immerhin konnte Sueton aufgrund seiner Stellung bei Hofe viele Dokumente einsehen, was seine Biografien den Historikern wertvoll macht. Sueton kritisiert nicht die Allein- oder Gewaltherrschaft, er hält aber auch keine lobhudelnden Reden. Von ihm stammt unter anderem eine lebendige Schilderung von Caesars Schritt über den Rubikon und der Sterbestunde Neros.

Ungleich bedeutsamer als Sueton ist Plutarch, der letzte griechische Universalgelehrte, ein großer Mittler zwischen Griechenland und Rom. Er studierte in seiner Vaterstadt Athen und besuchte Rom als Gesandter. Plutarch schätzte Bildung und Gelehrsamkeit und war zugleich fromm. In seiner *Moralia* finden sich nicht nur moralphilosophische Abhandlungen, sondern auch solche über Politik, Pädagogik oder Theologie. Philosophisch steht Plutarch vor allem Platon und den Stoikern nahe, aber einige ihrer Lehren weist er zurück. So geht ihm die stoische *apathia* in ihrer Beherrschung oder Unterdrückung der Vitalität doch zu weit. Die Rolle der Philosophen als Fürstenerzieher gefällt ihm gut, so könnten Philosophen indirekt Einfluss gewinnen.

In der Abhandlung mit dem Titel *Ob ein alter Mann sich in öffentlichen Angelegenheiten engagieren soll* bejaht er diese Frage. Wer alt sei, solle seine Vernunft, seine gute Urteilsfähigkeit und seine Weisheit dem Gemeinwesen zur Verfügung stellen. Die griechische Angst vor dem erzwungenen Exil ist Plutarch fremd. In stoischer Manier weist er nach, dass der Mensch von Natur aus kein ihm natürliches Land kennt. Wo der Weise sich aufhalte, könne ihm gleichgültig sein. Plutarch war Kosmopolit. Der Kosmopolit findet seine Heimat in sich selbst.

Was bleibt in einer römischen Provinz für ein besiegtes Volk und seine Politiker eigentlich noch zu tun? Plutarch gibt eine detaillierte Antwort in Vorschriften zur Staatsführung. Unter der Besatzung haben Lokalpolitiker nicht mehr viel zu sagen. Eine ihrer Hauptaufgaben ist das Antichambrieren bei Hofe in Rom. Letztlich bleibe dem Politiker in der Provinz die Aufgabe, die Lage nicht noch schlimmer zu machen.

Plutarchs Hauptwerk, die *Parallelbiografien* mit ihren großartigen Porträts bedeutender Griechen und Römer, dient weniger der politischen Belehrung als der moralischen Erbauung. Mit der jeweils abwechselnden Vorstellung von Griechen und Römern wertet er noch einmal die Griechen seiner Zeit auf. Angesichts ihrer politischen Leistungen müssten sich die Griechen von den Römern nicht verstecken. Den Römern will er zeigen, dass sie ein Volk beherrschen, das Staatsmänner hervorgebracht hat, die den römischen Politikern und Kaisern ebenbürtig sind.

Bei Plutarch findet man bereits einen starken, in der Spätantike überhandnehmenden Gottesbezug. Für ihn war einzig Gott wahrhaft seiend, der Mensch nur zeitlich und endlich. Die Platoniker der damaligen Zeit nahmen eine Vielzahl von Zwischenwesen an, die zwischen dem absolut jenseitigen Einen (Gott) und der menschlichen Erfahrungswirklichkeit vermitteln: Dämonen, Engel, Heroen und Gottheiten verschiedener Religionen, die das Luftreich bevölkern und das menschliche Dasein beeinflussen. (Röd, 1994, S. 234f.) Plutarch glaubte an die Wahrsagekunst und an Offenbarungen von Gottheiten (durch die Seherin von Delphi). Wie kann der Mensch an der göttlichen Vernunft teilhaben und zugleich Leidenschaften unterworfen sein? Ein tugendhaftes Leben könne die Seele von den negativen Einflüssen der Materie befreien. Letztes Ziel seiner Philosophie ist nicht die Erkenntnis, sondern die Gott-Verähnlichung, von der schon Plato gesprochen hatte. Plutarch steht zwischen der griechischen, rationalen Philosophie und dem christlichen Hang zum Mystizismus.

* * *

Gemessen an Plutarch war Aristides ein Apologet der Macht. Einerseits stand er in der Tradition großer Rhetoriker, die nicht nur Lobreden auf Herrscher, sondern auch auf Städte hielten. Schon die Gefallenenrede des Perikles war zugleich eine Lobrede auf Athen. Von solchen Lobreden kann man nicht erwarten, dass sie besonders kritisch mit ihrem Gegenstand umgehen. Andererseits überbot sich Aristides in schamloser Schmeichelei Roms (Ottmann, 2002a, S. 298). Mit dem Imperium Romanum sei ein Reich errichtet worden, in dem die Sonne nie untergeht. In dieser Kosmopolis seien alle frei und alle ausreichend an der Regierung beteiligt. Jeder könne in Sicherheit reisen, wie er wolle, und heiraten, wen er wolle. Tatsächlich besaßen die römischen Stände und Provinzen eine echte Beteiligung an der Herrschaft schon lange nicht mehr. Andererseits erfreuten sich die Bewohner des Imperiums im Privaten relativ liberaler Freiheiten.

Die nur teilweise erhaltene 80-bändige *Römische Geschichte* des Lucius Cassius Dio (163-229 n. Chr.) behandelte die mehr als 200-jährige Dauer des Principats, wobei sich Cassius Dio als Mann der politischen Praxis nicht daran störte, dass aus der Herrschaft der Adoptivkaiser eine Militärdiktatur entstanden war. Wer Kaiser wurde, entschied jetzt vor allem das Militär. Die schon immer wichtige Geldbeschaffung gewinnt für die Soldatenkaiser eine noch größere Dringlichkeit. Macht wird ungehemmt praktiziert. Cassius, der aus dem griechischen Ostes des Reiches stammt, schrieb in Griechisch, ging als junger Mann nach Rom und machte dort eine glänzende Karriere als Beamter.

In alter rhetorischer Tradition lässt Cassius im 52. Buch in einem fiktiven Gespräch eine „Verfassungsdebatte“ zwischen Octavian und seinen Freunden über die Vorzüge und Nachteile von Demokratie und Principat stattfinden.

Als Vorzüge der Demokratie werden in seinem Dialog genannt: die Gleichheit vor dem Gesetz, die abwechselnden Regierungen, die Spendierfreudigkeit ihrer patriotischen Bürger, deren Zustimmung zu den Steuern, die Bestrafung von Übeltätern durch unabhängige Gerichte sowie die Qualität ihrer Beamten.

Diese Argumente beeindrucken den Principatsbefürworter, den Cassius Dio sprechen lässt, nicht im Mindesten. Er fährt auf, was schon immer Potentaten, Oligarchen, Tyrannen und andere Autokraten samt ihrer Entourage gegen die Demokratie vorgebracht haben: die Freiheit des Volkes mutiere immer wieder zur Pöbelherrschaft; nur ein Alleinherrscher sei in der Lage, die Rivalität unter den gesellschaftlichen Gruppen zu beenden; er könne ohne Ansehen der Person die Tüchtigsten auswählen; sein Wille sei Gesetz und unterliege nicht dem Streit der Parteien; ein einzelner mit umfassende Vollmacht müsse die Führung des Staatsschiffes übernehmen, wenn es in schwere See geraten.

Für Cassius Dio als Geschichtsschreiber bleibt nur die lahme Empfehlung, der Kaiser solle niemals völligen Gebrauch von seiner Macht machen, er solle sich als Vorbild verstehen und sich immer überlegen, wie er selbst behandelt werden möchte, wäre er Untertan. Mehr als die üblichen moralischen Ermahnungen und Klugheitserwägungen bleiben dem Cassius Dio nicht.

Marc Aurel (121-180 n. Chr.)

Marc Aurel, der letzte der fünf Adoptivkaiser, war ein Philosoph auf dem Thron. Nero wäre vielleicht lieber Sänger und Dichter gewesen als ein Kaiser, Mark Aurel wäre vielleicht lieber Philosoph als Kaiser gewesen. Besonders beeindruckt zeigte sich Marc Aurel von Epiktet und Seneca. Nero war verhasst und die Nachwelt hat ein vernichtendes Urteil über ihn gesprochen. Hingegen Marc Aurel: Zeitgenossen und spätere Biografen sind voll des Lobes für diesen Mann, der offenbar mit einigem Erfolg die zwei völlig verschiedenen Rollen eines Kaisers und eines Philosophen ausfüllte. Der erwähnte Cassius Dio beendet die Biografie Mark Aurels mit den Worten, er habe ein Königreich aus Gold geschaffen; was danach kam, war Eisen und Rost.

Von 161-180 n. Chr. ist Marc Aurel Kaiser. Er ist eine Zeit, in der an vielen Fronten die Grenzen unsicher geworden sind. Seit 168 n. Chr. befindet er sich fast ununterbrochen im Feldlager. Dort entsteht, was ihn berühmt gemacht hat, die in Griechisch verfasste Schrift mit dem Titel *Selbstbetrachtungen* (*Ta eis heautón*), die ersten Selbstgespräche der westlichen Kultur. Sie sind nach Ottmann ein Zeugnis dafür, wie weit die Seelenerforschung und die Kultur der Individualität vorangeschritten war (2002a, S. 306). Es ist kein systematisches Werk, sondern eine Aneinanderreihung verstreuter Reflexionen. War Marc Aurel die Verkörperung jenes „Philosophen auf dem Throne", von dem Platon 550 Jahre zuvor geträumt hatte? Platon unterschätzte offensichtlich die Schwierigkeiten, Philosophie und Politik unter einen Hut zu bringen.

Marc Aurel ist Stoiker, seine Grundeinstellung die des Bekenntnisses zum *amor fati*. Was immer geschieht, wird angenommen. Damit gewinnt er Gleichmut und Unabhängigkeit. Nichts kann ihm noch geschehen. Das, was geschieht, ist Ausdruck göttlicher Vernunft. Dem großen Vertrauen in die Ordnung des Alls steht jedoch ein großer innerer Aufwand gegenüber, angesichts des Weltgeschehens Ruhe zu bewahren. Angesichts von Schmerzen und Tod, einem wankelmütigen Ruhm, Armut neben Reichtum lässt sich nicht so leicht an die Güte des Kosmos und seiner Götter glauben. Die Stoiker versuchten, sich von diesem Getümmel abzuwenden und ein stetes inneres Gleichgewicht zu erringen.

Der Kaiser und Philosoph Marc Aurel stellt uns vor das Rätsel, wie man die Welt regieren kann, wenn man sich gleichzeitig in Weltverachtung von ihr abwendet. Er steht mitten im politischen Herzen der damaligen Welt, und doch soll nur die Innerlichkeit zählen? Wäre er nicht besser in einem Kloster aufgehoben? Das wäre für ihn nun aber auch nicht der richtige Aufenthaltsort, denn er ist von der Pflicht zur politischen Tätigkeit überzeugt. Der Mensch ist grundsätzlich ein geselliges, ein (im griechischen Sinne) politisches, ein freundschaftsfähiges Wesen. Er möchte Diogenes sein und wurde ein Alexander. Immerhin erfüllte er die von anderen Philosophen wie Cassius Dio früher formulierte Aufforderung an den Kaiser, er möge sich selbst beherrschen, wenn es schon keine andere äußere Macht der Kontrolle mehr gibt.

Marco Aurel ist einer der ganz wenigen Philosophen und einer der ganz wenigen Herrscher, die ihre eigenes hohes Ideal tatsächlich lebten: der mangelnde Ehrgeiz für Ehre, die Lust an der Arbeit, die Genauigkeit in Diktion und Diskussion, die Treue zu den Freunden, die Voraussicht und die Sorge auch um Details, der haushälterische Umgang mit öffentlichem Geld, der nicht abergläubische Umgang mit den Göttern, das Vermeiden jeglicher Popularitätshascherei und das maßvolle Anordnen von Spielen und Bauten. Stolz behauptet er, nie einem Menschen willentlich weh getan zu haben. Er will auch jene lieben, die fehl gegangen sind. Wie Platon glaubte er, dass niemand freiwillig das Schlechte wählt. Wer es tut, weiß einfach nicht Bescheid.

Die politische Bilanz seiner Herrschertätigkeit ist umstritten. Innenpolitische Akzente setzte Mark Aurel in Gesetzgebung und Rechtsprechung bei der Erleichterung des Loses von Sklaven und Frauen. Seine Bilanz als Feldherr ist durchwachsen. Für die Militäroperationen war allerdings eher sein Adoptivbruder und Mitkaiser Lucius Verus zuständig. Mark Aurel war ungemein fleißig, unter anderem in der Rechtsprechung, die er sorgfältig durchführte und für die er sich viel Zeit nahm. In der eigenen Lebensführung hielt er sich vorbildlich zurück, Verschwendungssucht oder Bereicherung kann man ihm nicht vorwerfen. Als seine siegreichen Soldaten eine Sonderzahlung verlangten, lehnte er dies ab mit dem Hinweis, dass man diese der Bevölkerung abpressen müsse.

War es ein Fehler, seinen Sohn, den Commodus, zum Nachfolger aufzubauen? Marc Aurel war von der Praxis der Adoption abgewichen. Ein guter Herrscher sollte doch eigentlich nach seiner Tüchtigkeit, nicht nach seiner Abstammung eingesetzt werden. Die Tatsache, dass kinderlose Kaiser auf die Adoption zurückgreifen mussten, belegt das grundsätzlich dynastische Denken. Nichts deutete darauf hin, dass Marc Aurel jemals mit dem Gedanken gespielt haben könnte, seinen Sohn nicht zu seinem Nachfolger zu machen. Diese Folgeregel war für alle eine Selbstverständlichkeit. Alles andere hätte einen Bürgerkrieg provoziert. Commodus überwarf sich mit dem Senat und wurde für seine exaltierte Politik, Justizmorde und Selbstinszenierungen verachtet. Er wurde ermordet.

Das humane, goldene Zeitalter der Kaiser von Trajan bis Marc Aurel wird abgelöst vom Absolutismus Diokletians und Konstantins, in welchen für eine gewisse Autonomie der Regierten kein Platz mehr war. Insgesamt hatte Rom kein Glück mit seinen Kaisern. Manchmal gab es gute Caesaren, aber mitunter geriet das hohe Amt in die Hände von Zügellosen und Wahnsinnigen. Regenten wie Nero und Caligula waren Zerrbilder von Männern an der Spitze. Vespasian errichtete mächtige Bauten in der Hauptstadt und konnte die Finanzen Roms in Ordnung bringen. Er war ein guter Kaiser, man rühmte seine Sparsamkeit. Er regierte nicht lange und starb an einer Krankheit.

Warum entarteten fast alle *Principes* nach dem Antritt der Herrschaft? Der englische Historiker Lord Acton meinte, jede Macht habe die Tendenz zu korrumpieren. Große Männer seien fast immer schlechte Menschen. Das ist ein unglaubwürdiges Pauschalurteil. Eher gilt, dass das Reich so groß und unübersichtlich geworden war, dass nur Persönlichkeiten von hohem Rang es einigermaßen regieren konnten. Als pointierte Faustformel kann man sich merken: Wenn Kaiser im Bett sterben, gelten sie als gut; wenn sie ermordet werden, als schlechte Herrscher.[30]

Konstantin (280-337 n. Chr.)

Mit Konstantin und der Verlegung seines Kaisersitzes in die altgriechische Festung Byzantion am Bosporus 330 n. Chr. vollzog sich eine weltgeschichtliche Wende. Das Zentrum des Reiches verlagerte sich in den Osten. Die Stadt Rom erhielt Konkurrenz. Seit der Regierungszeit des Gaius Octavius Augustus (27 v. bis 14 n. Chr.) bahnte sich eine Zweiteilung in einen lateinischen Westen und einen griechischen Osten an. Griechenland, Makedonien, die hellenistischen Gebiete Kleinasiens, Syriens und Ägyptens blieben gegen die Sprache und die Rechtskultur der römischen Herrscher immun (Dahlheim 1994, S. 531). Die Antipode zu Rom war nicht Athen, sondern Alexandria in Ägypten, die zweitgrößte Stadt des Reiches.

Indem Konstantin das Christentum heidnischen Kulten gleichstellte und es förderte, leitete er die Erhebung zur Staatsreligion ein, die unter Theodosius 391 n. Chr. vollzogen wurde. Die christliche Kirche wird ein weltlicher Machtfaktor, die Bischöfe wurden mächtige Männer. Selbst Kaiser Konstantin, obwohl nicht einmal getauft, nahm die Stellung eines Bischofs ein. In welchem Sinne konnte der Kaiser zugleich Bischof sein? Kaiser werden von nun an Synoden einberufen und theologische Streitfragen entscheiden. Die theologische Legitimität eines Kaisertums unterläuft die klare Trennung von weltlicher und geistlicher Herrschaft. Verkaufte sich das asketische Christentum an die Macht?

Konstantin wurde 306 n. Chr. durch das Militär zum Kaiser ausgerufen. Das Christentum wurde 313 den heidnischen Kulten gleichgestellt; 324 dehnte Konstantin diese Toleranz auch auf den Osten des Reiches aus. Bis 324 besiegte er seine Konkurrenten und Mitherrscher, unter anderem ließ er seinen

[30] Mary Beard: *SPQR. Die tausendjährige Geschichte Roms.* Frankfurt/Main 2016

Sohn und seine Ehefrau hinrichten, ebenso wie seinen Mitherrscher Licinius. Von da an herrschte er allein bis zu seinem Tode.

Konstantin hatte eine Vision am Vorabend einer Kampfhandlung 312 n. Chr. an der Milvischen Brücke im Norden Roms: Er träumte, er solle das *caeleste signum Dei* auf den Schilden seiner Soldaten anbringen. Es ist nicht ganz klar, was dieses Zeichen (Signum) bedeuten soll. Irgendwie hat es mit dem Kreuzeszeichen zu tun. „In hoc signo victor eris", „in diesem Zeichen wirst du siegen". Davon berichten Historiker nach dem Tode Konstantins in Erzählungen, die erheblich voneinander abweichen. Hatte Konstantin einen Traum oder hatten er und seine Soldaten das flammende Kreuz gemeinsam am Himmel gesehen? Handelte es sich um eine übernatürliche Erscheinung, oder war es geschickte kaiserliche Propaganda? Wurde der Kaiser zum Bekehrten oder blieb er kühler Machtpolitiker? Konstantin strebte die Alleinherrschaft an, da konnte er auch das Christentum einspannen. Es war zu einem Machtfaktor geworden, mit dem zu rechnen war. Die Christenverfolgungen hatten sich als nutzlos erwiesen. Die konfiszierten Güter wurden den christlichen Gemeinden zurückerstattet und der christliche Klerus wurde von Steuern und Diensten befreit. Aber immer noch existierten heidnischer und christlicher Ritus nebeneinander. Konstantin selbst war kein Christ. Die in Konstantinopel umbenannte Stadt Byzantion erhielt eine Stadtgöttin mit eigenem Tempel.

Der Kaiser beanspruchte nicht nur einen weltlichen, sondern auch geistlichen Herrschaftsauftrag, eine geistliche Mission. Ottmann (2002a, S. 334) nennt dies die Geburt des Caesaropapismus. Immer wieder sprach Konstantin von der Herrschaft, die ihm von Gott über alle Menschen verliehen worden sei. Platon träumte von Philosophen auf dem Herrscherthron, tatsächlich saßen seit Konstantin Theologen auf dem Throne. Im römischen Reich haben starke Kaiser immer wieder Päpste eingesetzt oder auf andere Weise in den Bereich der geistlichen Gewalt eingegriffen. Das Hochmittelalter ist ein einziger Kampf zwischen Kaiser und Papst um den Vormachtanspruch. Keine der beiden Gewalten konnte sich je völlig und auf Dauer durchsetzen. Die schließliche Trennung der Gewalten war ein Segen für die freiheitliche Entwicklung des Westens.

Eusebius war der erste, der als Christ aus der apologetischen Abwehrhaltung heraustrat und eine christliche Geschichtsdeutung vorlegte, hauptsächlich um das historische Gewicht des Christentums zu belegen. Eusebius ging am Hofe Konstantins ein und aus. Er schrieb die *Vita Constantini* nach dem Tode

Konstantins 337 n. Chr. als eine Art Fürstenspiegel für die Söhne des Kaisers. Mit Eusebius beginnt die universalhistorische und teleologische Geschichtstheologie. Sie ist universalhistorisch, weil Geschichte bei Eusebius mit der Erzählung von Paradies und Sündenfall beginnt. Sie ist teleologisch, weil Geschichte als Prozess eines steten, zielorientierten Fortschritts verstanden wird, eine Geschichte steter Vergeistigung und Vervollkommnung, vom Dunkeln ins Licht.

Mit der Ableitung weltlicher Herrschaft aus dem göttlichen Willen erwuchsen dem Kaiser über seine politischen Aufgaben hinaus neue Aufgaben. Es sollte seine Untertanen Christus zuführen, die Feinde Gottes besiegen, alle Völker zur Erkenntnis Gottes aufrufen und zur wahren Frömmigkeit ermahnen. Die Seelen aller seiner Untertanen sollten gerettet werden. Das flammende Kreuzeszeichen am Himmel diente Konstantin dazu, ihn durch eine direkte göttliche Legitimation zu sakralisieren. Hinter echtem Glaubenseifer stand immer auch die Machtpolitik der Zeit.

Julian (331-363 n. Chr.)

In Kaiser Julian begegnet uns erneut ein rares Exemplar des Philosophen auf dem Kaiserthron. Julian war ein Neffe Konstantins. Sein Vater und dessen Halbbruder waren in den Kämpfen um die Nachfolge Konstantins ermordet worden. Als junger Mann verlebte er einige Jahre unter Hausarrest. Zum Trost wurde ihm die Philosophie. 352 n. Chr. fand er zum Heidentum zurück, doch seine Reversion hält er zunächst geheim. Julian erwirbt sich einige Meriten als Feldherr in Gallien. Als der amtierende Kaiser den Julian auffordert, Truppen für einen Persienfeldzug aufzustellen, wird Julian von seinen Soldaten zum „Augustus“ ausgerufen. Julian zieht in Richtung Konstantinopel; noch vor seinem Eintreffen stirbt der amtierende Kaiser. Das Reich fällt Julian kampflos zu. Er war nur 20 Monate auf dem Thron, bis zu seinem frühen Tod 363 in einer Schlacht.

Er hatte sich viel vorgenommen. Er gab den heidnischen Kulten Tempel und Tempelgüter zurück. Ein zweites Verdikt verbot Christen den Zugang zur höheren Bildung. Christen begegneten diesem Heiden auf dem Thron mit wütender Verachtung. Sie nannten ihn *Apostata*, den Abtrünnigen und Abgefallenen. Der Beiname Apostata ist Julian bis heute geblieben. Der von Christen verfemte Heide hat allerdings auch immer wieder Fürsprecher gefunden, auch unter Christen. So sei Julians Aufstieg auch eine Reaktion auf die endlosen Streitigkeiten und Intrigen der Bischofskirche des vierten Jahrhunderts. Die Aufklärung feierte Julian, insbesondere Voltaire. Henrik Ibsen schrieb ein Drama *Kaiser und Galiläer* (1896). Ibsen verwendet „Galiläa" fälschlich sowohl für Jesus als für Christen insgesamt. Die frühere jüdische Provinz Galiläa, der Geburtsort Jesu, liegt westlich des Sees Genezareth. Der Philosoph David Friedrich Strauß würdigte Julian in seinem Buch *Der Romantiker auf dem Throne der Caesaren* (1847).

Julian hat während seiner Regierungszeit eine Kampfschrift *Gegen die Galiläer* verfasst. Er will zeigen, dass es sich bei den Christen um einen lokalen Aberglauben handelt, wie ihn einfache Leute in einem Winkel des Riesenreiches hegen. Der Text ist nicht vollständig erhalten, aber man liest darin Polemiken gegen das Alte Testament. Julian kritisiert die Schöpfungsgeschichte als unklar und unwahrscheinlich. Der Mythos vom Sündenfall wird als blasphemische Geschichte eines neidischen Gottes verworfen, der den Menschen eine eigene Erkenntnis nicht gönnt. Der Anthropomorphismus des alttestamentlichen Gottesbildes wird angegriffen. Gott sei eine unhaltbare Vermenschlichung. Das Christentum wird von Julian in Bausch und Bogen verdammt. In der Beurteilung des Judentums ist er eher ambivalent (*Brief an die Juden*). Der Glaube an die Auserwähltheit des jüdischen Volkes wird höchst sarkastisch beurteilt. Gott habe den Juden bloß einen schäbigen Landstrich in einer Ecke des Mittelmeers geschenkt. Das sei nicht viel im Vergleich zu den Kulturen der Ägypter oder der Griechen. Roms Weltherrschaft widerlege ja augenfällig den Anspruch der Auserwähltheit ausgerechnet der Juden.

Die Rekonstruktion der römischen Götterwelt durch Julian war wenig durchschlagskräftig. David Friedrich Strauß belächelte dessen Religionsprogramm als Synkretismus. Synkretismus nimmt Aspekte unterschiedlicher Religionen mehr oder weniger bewusst auf und formt sie zu etwas Neuem. Die Ideenwelt, aus der sich Julian bediente, ist die der Helden Homers oder Alexander des Großen. Sein Wertekanon könnte unmittelbar von Platon und Aristoteles genommen sein. Von den römischen Kaisern nahm sich Julian Marc Aurel zum Vorbild; auch Julian bevorzugte das theoretische Leben vor dem praktischen. Er selbst lebte bescheiden, aber auch ein bisschen nachlässig. Er suchte den Kontakt zum gemeinen Volk, um seine Popularität zu steigern.

Julian antwortete auf die Kritik mit zwei Satiren. In einer werden Götter und Kaiser zu einem Gastmahl eingeladen, darunter Konstantin. Die Caesaren prahlen mit ihren militärischen Erfolgen. Den ersten Preis aber erhält Marc Aurel, der sich weigert, überhaupt beim Wettkampf der Selbstgerechten mitzumachen. Er weiß, wann man zu reden, wann man zu schweigen hat. Den letzten Platz aber nimmt Konstantin ein. Julian konnte ihm nicht verzeihen, dass er die Wende zum Christentum vollzog.

Ottmann (2002a, S. 353) hält Julian nicht für einen großen Schriftsteller. In den Satiren fehlten die Leichtigkeit, der Witz und der Humor. Er redete und schrieb zu viel, und von kaiserlicher Würde hatte er keinen angemessenen Begriff. Aber Julian wird zugute gehalten, was er an Reformen durchgesetzt hat: die Abschaffung des pompösen Hofzeremoniells; die Reduktion des Beamtenstabes; die Abschaffung der Spione; die Reform des Post- und Transportwesens und die Wiederbelebung der städtischen Ämter. Julian meint es ehrlich, aber er war ein Träumer, oder wie Strauß sagte, ein Romantiker.

Der Liberalismus des römischen Heidentums wurde schon erwähnt. Ein Vertreter war Symmachus (340-402 n. Chr.). Er schaltete sich in den Streit um die drohende Demontage des Victoria-Altars 384 n. Chr. am Eingang der neu erbauten Kurie in Rom ein. Er war ein letzter Höhepunkt in der geistigen Auseinandersetzung zwischen den Anhängern des traditionellen römischen Staatskults und Vertretern des Christentums, das bald darauf zur Staatsreligion des Römischen Reiches werden sollte. Die Christen wollten die Statue weghaben; die noch heidnische Senatsaristokratie und Symmachus waren für den Verbleib des Altars.

Die Eingabe des Symmachus, einem hochgebildeten Mann und bedeutenden Redner, enthält sich jeglicher Angriffe auf das Christentum. Er plädierte für eine gleichberechtigte Toleranz: „jeder hat seine Sitte, seinen Kult“ (zit. in Ottmann, 2002a, S. 355). Das Göttliche zeige sich in vielerlei Gestalten und somit auch in der Vielzahl der Religionen und Kulte. Ein so großes Geheimnis wie das Göttliche könne der Mensch nicht auf nur einem Wege erreichen. Der traditionelle (heidnische) Kult sei für Rom ein Segen, erst damit konnte Rom zur Weltmacht aufsteigen. Der Kaiser solle den Kult in seiner gewohnten Form wieder zulassen, die Väter sollen im Senat wie gewohnt opfern.

Das Gesuch Symmachus' machte am kaiserlichen Hofe Eindruck, blieb aber erfolglos. Er scheiterte an Ambrosius, dem Bischof von Mailand. Auch dieser hatte sich mit Eingaben im Kampf um den Victoria-Altar beteiligt. Ambrosius hatte eine erstaunliche Autorität. Getrieben von Ambrosius verbot Kaiser Theodosius I. per Gesetz die heidnischen Kulte. Begleitet von blutigen Unruhen wurde das Serapeum zerstört, das wegen seiner Schönheit weltbekannte heidnische Heiligtum der ägyptisch-hellenistischen Gottheit Serapis in Alexandria. Symmachus erkannte seine Niederlage und trat von seinem Amt als Stadtpräfekt zurück. Die letzte Schlacht des Heidentums war geschlagen. Das war um 390 nach Christus.

Christentum

Griechenland hatte nie eine Priesterherrschaft kennengelernt. Und da es keine Kirchen gab, gab es auch keine Theologie und keinen Katechismus. Die Religion der Hellenen war ein luftiges Gebilde, an dessen Werden die Dichter einen großen Anteil hatten. Aristoteles' Gottheit ist ein unpersönlicher Geist, der sich weder mit den Angelegenheiten der Menschen befasst noch um andere Dinge in der Welt sich Sorgen macht (Höffe 2016, S. 52). Sie ist keine allmächtige, allwissende und allgütige Person, sondern ein erster „unbewegter Beweger", der selbst unbewegt ist, aber alles auf der Welt in Bewegung gesetzt hat. Die Griechen standen ihren Göttern mit Unbefangenheit gegenüber. Der Begriff der Erbsünde war ihnen völlig fremd.

Die Christen galten als eine politische Gefahr, man fürchtete die Bildung von geheimen Bünden. Ihre Zahl war erheblich gewachsen. Sie verweigerten den Opferkult und die Huldigung des Princeps als Gott. Wer sich als Christ vor Gericht als solcher bekannte, wurde hingerichtet. Man entging der Strafe, wenn man dem Christentum abschwor und öffentlich den Göttern opferte. Trajan empfahl in einem Brief dem Statthalter Plinius eine bedingte Toleranz. Auf anonyme Anzeigen und Denunziationen sollte nicht eingegangen werden. Rom forderte das äußere Bekenntnis zum Kaiserkult, weiter sollte nach dem Glauben des Einzelnen nicht geforscht werden. Es gab aber auch Zeiten und Gegenden, in denen aktiv nach Christen gefahndet wurde. Doch selbst ein Lippenbekenntnis zum Kaiserkult war den meisten Christen nicht mehr erträglich. Das sollte das *Imperium Romanum* und die antike Welt von Grund auf verändern.

Mose und die Juden

Um vom Christentum zu sprechen, muss zunächst ein Blick auf seine Vorläufer, Mose und die Juden, geworfen werden. So unfruchtbar der Landstrich am östlichen Mittelmeer auch war, so spielte er doch eine gewisse Rolle als Scharnier zwischen dem viel größeren und bedeutenderen Ägypten im Südwesten und den großen Reichen Mesopotamien und Assyrien im Osten. Zwischen diesen Herrschaftsgebieten eingeklemmt, wurden die vielen kleinen Völker des östlichen Mittelmeers hin und her geschoben. Bedeutend konnten sie schon deswegen nicht werden, weil das fruchtbare Tal des Jordans im Landesinnere lag und kein unmittelbarer Zugang zum Meer besteht.

In Ägypten hatte es 2000 Jahre vor Christi Geburt den Versuch eines Monotheismus mit einem Sonnengott gegeben, der mit Gewalt durchgesetzt wurde und nicht lange Bestand hatte. Die Annahme Sigmund Freuds, Mose sei ein Ägypter gewesen, hat einiges für sich. Mose oder Mosis ist ein ägyptischer Name, der in verschiedenen Wortkombinationen vorliegt (Thutmosis, Ramose). Die biblische „Genesis" in ihrer dunklen Erinnerung berichtet davon. Archäologische Untersuchungen und das Fehlen historischer Quellen sprechen gegen die Historizität der Versklavung von Israeliten[31] bzw. Hebräern[32] in Ägypten 1500-1000 v. Chr. und gegen eine historische Grundlage der Auszugsgeschichte.

Die kleinen, halb nomadischen, halb ackerbäuerlichen Völker in Kanaan, Libanon und Syrien waren so barbarisch und primitiv, wie man es von Volksgruppen der damaligen Zeit erwartet. Es handelte sich um kleine Königreiche, deren Könige im Alten Testament aufgezählt werden. König David schuf eine Art israelitisches Imperium mit Jerusalem als politische und religiöse Metropole. Er drängte in schweren Kämpfen die Philister aus dem Lande und unterwarf hebräische Bruderstämme. Seine Kriegsführung war der Zeit gemäß schonungslos und grausam.

Salomon, der um 955 v. Chr. den Thron bestieg, gilt als Urbild der Weisheit. Er rüstete auf, presste die Bevölkerung zu Prachtbauten und versuchte Palästina (der Name ist abgeleitet von den Philistern) in den Weltverkehr einzugliedern, mit einigem Erfolg. Ihr Gott Jahwe war ein Kriegsgott. Er war übermächtig, aber nicht allmächtig, noch weniger war er gütig. Grausamkeit und Hinterlist gegen Feinde billigte, ja befehligte er. Dass dieser Gott einen Eigennamen trägt, deutet auf die Existenz anderer, konkurrierender Gottheiten in der Gegend hin. Man sprach Hebräisch, Phönizisch, Moabitisch, Kanaanäisch, Aramäisch.

Im Krieg zwischen Ägypten und Assyrien zerrieben, wurde die Bevölkerung Jerusalems unter Nebukadnezar, dem assyrischen König, 597 v. Chr. nach Babel verschleppt. Die 50 Jahre der Judäer im Exil waren nicht so schlimm,

---

[31] hebräisch für „Diener Gottes"

[32] wegen ihrer hebräischen Sprache

wie die Bibeltexte nahelegen. Erst dort reiften sie zu einem Volk heran, zusammengehalten durch Talmud und Thora. So sind die Juden das „Volk des Buches“ geworden. Das Exil wurde beendet durch den Überfall der Perser. Die neuen Machthaber, die nunmehr die unumschränkten Herren ganz Vorderasiens wurden, gaben allen unterdrückten Völkern ihre Götterbilder zurück und erlaubten die Wiederherstellung regionaler Kulte. Und sie gestatteten die Rückkehr der Judäer nach Palästina.

Die Freiheit des Glaubens als Haltung blieb den Juden dennoch verschlossen. Ihnen fehlt ein offener Sinn für die Formen fremden Glaubens und Denkens. Ebenso wie ihren Feinden, den Ägyptern, Assyrern und Babyloniern, fehlt ihnen die Ehrfurcht vor jeder gottgeschaffenen Kreatur, wie sie im Christentum und Buddhismus zu finden sind. Ihre Staatsform war eine Art Theokratie. Es gab keinen Unterschied zwischen weltlichen und religiösen Pflichten, alles ist religiöse Pflicht. Religion wird damit verweltlicht, genauso wie in der späteren mohammedanischen Weltreligion. Dünkel und Demut, Herrschsucht und Gottesfurcht vermischen sich. An der Wiege der jüdischen Religion stehen zelotischer Hass gegen alle Andersgläubigen, Auserwähltheitswahn, Bigotterie und extreme Sabbatheiligung, mit einem Wort: Fanatismus.

Eines der Hauptprobleme war und ist die Sabbatruhe. Selbst das Lichtauslöschen gilt als Arbeit und ist folglich verboten. Es darf nicht gekocht werden. Man darf nichts von einem Ort an den anderen tragen. Man darf nicht mehr als 2000 Schritte gehen. Die Stadt darf nicht verteidigt werden, es darf keine ärztliche Hilfe geleistet werden, Feuer darf nicht gelöscht werden. Noch heute sind orthodoxe Rabbiner eine Geißel Israels.

Von einer mosaischen Ethik könne nicht gesprochen werden, meint Egon Fridell in seiner *Kulturgeschichte Ägyptens und des Alten Orients* (1936, S. 396). Die mosaische Lehre erschöpfe sich in einer Sammlung von Vorschriften für das praktische Verhalten. Ihre Rituale, auf die die Juden so entschieden Wert legen, waren im ganzen vorderen Orient verbreitet: Speisegebote, Reinheitsgesetze, Beschneidung und Sabbatheiligung waren nur besonders extrem und spitzfindig ausgestaltet. Das Denkmal dieser Geistesform ist der Talmud („das Lernen“). Seine Anfänge gehen bis ins fünfte vorchristliche Jahrhundert zurück. „Ein immer verfilzteres Geflecht von Lehrerzänkereien und verdunkelnden Erklärungen, Wortklaubereien und krankhaften Verdrehungen, aber auch hohen Gedanken und edlen Maximen hat hier durch die Jahrhunderte gewuchert.“ (ebd.)

Die fünf Bücher Mose wurden nicht von ihm geschrieben. Es gibt zahlreiche Wiederholungen und sogar Dubletten, zweierlei Namen für dieselbe Person, gegensätzliche Beurteilungen von Menschen, Zeitangaben, die sich miteinander nicht in Einklang bringen lassen; verschiedenerlei Glaubensvorstellungen. Der Gott Mose' ist abwechselnd ein böser Zauberer und der Inbegriff höchster Sittlichkeit. Kurz, es herrscht im *Pentateuch* (griechisch für den ersten Teil der hebräischen Bibel, in der christlichen Bibelübersetzung die fünf Bücher Mose) ein ziemliches Durcheinander und kein einheitlicher Stil, was auf mehrere Autoren schließen lässt.

Das Verbot, sich von Gott ein Bild zu machen, wurde bis ins Groteske gesteigert. Man dehnte das Bilderverbot auf die Menschen und Tiere aus. Dadurch erhielt der Mosaismus einen freudlosen, formlosen und misanthropischen Charakter, in scharfem Gegensatz zur Kunstfreudigkeit Griechenlands und Kretas. Dass man Gott auch preisen könne, indem man seine Schöpfung im Bild und Gleichnis zu wiederholen versucht, kam den Rabbinern nie in den Sinn. Man lebte eingesponnen in der Welt des Wortes. Je genauer es ausgelegt wurde, desto toter wurde der Buchstabe. Der Talmud enthält aber auch schöne Dinge wie Worte der Weisheit, Gerechtigkeit und Güte – neben dem ungebremsten Hass auf alle Andersgläubigen.

Die unterdrückten Juden lebten in der baldigen Erwartung der Wiederkehr eines Messias in der Hoffnung auf politische Befreiung. Die erste komplette Apokalypse findet sich im Buch Daniel 165 v. Chr. Auf den Niedergang der bekannten und bestehenden Völker werde das ewige Gottesreich folgen. Zu diesem Ende gehören das Offenbarwerden Gottes, die Erweckung der Toten und das Letzte Gericht. Nicht nur die Völker und ihre Reiche vergehen, die ganze Welt findet ein Ende. Bestand haben wird einzig und allein das Reich Gottes. Es konnte sich nur noch um Jahre handeln. Erwartet wurde der Messias, d.h. wörtlich der Gesalbte. Christus ist die griechische Übersetzung dieses Titels. Die Ankunft des Messias ist eine alte Idee und geht zurück auf die Erfahrung des erzwungenen Babylonischen Exils 597-539 v. Chr. Nachdem der Messias auf Erden erschienen ist, wird er tausend Jahre lang herrschen, der Satan wird für tausend Jahre gefesselt. Die Märtyrer werden tausend Jahre mit Christus regieren. Dann aber wird der Satan wieder befreit. Es kommt zum Endkampf der Mächte, zum Jüngsten Gericht und schließlich zur Auferstehung aller Toten und der endgültigen, bis in alle Ewigkeit dauernden Verdammnis der Verdammten.

Die Geschichten der Bibel bewegten die Menschen zu allen Zeiten. Ein Höhepunkt dieser Erzählungen ist das Buch Ijob (Hiob) im Alten Testament. Es handelt von einem schwelenden, ungelösten Problem: dem Leiden des Gerechten. Nach der anthropomorphen Auffassung von Gott war dieser gerecht nach menschlichem Ebenbild. Gott wettet mit Satan (im hebräischen der „Ankläger"), dass Hiob Gott ergeben bleibt angesichts heftiger Schicksalsschläge. Hiobs Freunde sagen ihm, er müsse doch gesündigt haben, wenn ihm Unglück widerfährt. Hiob aber besteht darauf, die Züchtigungen nicht verdient zu haben. Gott stellt sich der Anklage und verweist auf die beeindruckenden Wunder seiner Schöpfung. Was gut und böse sei, liege allein in Gottes Hand. Vor Gottes Majestät verstummt Hiobs Trotz. Gott aber lenkt ein und konzediert, dass Ijob entgegen seiner Freunde Behauptungen schuldlos an seinen Leiden gewesen sei.

Die Theodizee, die Antwort auf die Frage, wie ein gerechter und gütiger Gott Leiden zulassen kann, wird damit beantwortet. Die Antwort besteht darin, Gott seine menschlichen Eigenschaften abzusprechen und ihn nicht als „vollkommen" oder „gütig" anzusehen. Seine Herrschaft ist Gnade und Rätsel. Weil es Gnade ist, bleiben Böse ungestraft; weil es Rätsel ist, bleiben Gute unbelohnt. Wer an dieses Faktum glaubt, lebt allemal in einer guten Welt, einerlei, wie es ihm äußerlich ergeht. Wer in der Gewissheit lebt, Gott zu gefallen, braucht keinen äußeren Lohn. Diese Anschauung findet sich wieder bei G.W. Leibniz in seinem *Essai de Théodicée* (1710), der überzeugt war, dass die Menschen in der besten aller Welten leben. Nach Leibniz´ Lehre wäre Gott nicht das vollkommene Wesen, wenn er etwas anderes als die „beste aller möglichen Welten" für die Menschen erschaffen hätte. Diese beste aller Welten umfasst Schönheit und Güte ebenso wie Leiden, Schmerz und Ungerechtigkeit. Voltaires Satire *Candide* (1759) verspottet die optimistische und gottesgläubige Weltanschauung Leibniz'. Der überhebliche Adel, die kirchliche Inquisition, Krieg und Sklaverei sollen das bestmögliche Ergebnis von Gottes Wirken sein? Dessen Fähigkeiten scheinen reichlich begrenzt.

Jesus wurde in seinem 30. Lebensjahr von der römischen Verwaltung als politischer Aufrührer hingerichtet. Ab 32 n. Chr., zwei Jahre nach Jesus' Tod, wurde Paulus, ein bekehrter Jude, der eifrigste und erfolgreichste Verkünder des Christentums. Er erfand die Missionierung von Juden und „Heiden" für die Sache Christi. „Die paulinische Theologie revolutioniert das Denken der Antike" (Ottmann, 2002a, S. 215).

Jesus selbst hat nichts Schriftliches hinterlassen. Erste christliche Zeugnisse stammen von Paulus, einem Pharisäer. Ottmann nennt die Pharisäer eine Religionspartei (2002a, S. 204). Die Pharisäer schwankten in ihrer Stellung zur römischen Besatzungsmacht zwischen Untertanengeist und wütend-gewalttätiger Ablehnung, zwischen Kooperationswillen und militantem Widerstand. Die Zeloten (von griech. „Eiferer") waren zur Gewalt entschlossene Kämpfer gegen die römische Fremdherrschaft. Sie taten sich hervor bei der Verteidigung der römischen Belagerung der Bergfestung Masada 73 n. Chr. Andere Sekten lehnten den bewaffneten Aufstand ab und zogen sich in Frömmigkeit und Askese aus dem öffentlichen Leben zurück.

Heftig umstritten unter den Juden in Galiläa, Samaria oder Judäa war die Frage, ob man dem römischen Kaiser Steuern zahlen soll. Die Zeloten waren strikt dagegen. Die Römer, die um 63 v. Chr. das unabhängige jüdische Königreich erobert und zu ihrer Provinz gemacht hatten, seien eine nicht gläubige, fremde Macht. Die römische Zentralmacht war gewohnt, ihre Provinzen gnadenlos auszupressen. Die Steuerlast soll 40 Prozent des gesamten Einkommens betragen haben. Berühmt ist der Kompromiss zwischen Staat und Religion, ausgedrückt im Merksatz (bei Matthäus): „Gebt dem Kaiser, was des Kaisers ist, und Gott, was Gottes ist" (zit. in Ottmann 2002a, S. 209). Soll man dem Kaiser also doch Steuern zahlen und ihm huldigen?

In den Schriften des Neuen Testaments wird die Stellung der Christen zur römischen Besatzung gegensätzlich gefasst. Einer radikalen Ablehnung Roms stehen Loyalitätserklärungen gegenüber. In der liberalen Unterscheidung der Welt Gottes von der Welt des Kaisers wurden die Steuerzahlungen an die römischen Besatzer und damit deren Herrschaft anerkannt. Umgekehrt war die römische Zentralmacht relativ tolerant gegenüber religiösen Kulten, sofern nur dem Kaiser als Gott gehuldigt und den Göttern geopfert wurde. Es gab christliche Apologeten und Apologien, die die Christen als besonders loyale Bürger des Imperium Romanum darstellten. Die Schriften richteten sich an die jeweiligen Alleinherrscher. Darin empfehlen sich die Christen als besonders strenge, d.h. gute Bürger.

Das Verhältnis war dennoch spannungsgeladen. Da waren zum einen die Christenverfolgungen, mal per Denunziation aktiv betrieben, mal zurückhaltend und nur die ärgsten Zeloten mit dem Tode bestrafend. Es gab wilde Gerüchte über Kannibalismus und Inzest unter den Christen. Es gab versuche, besonders die des Tertullian zwischen 196 und 214 n. Chr., diese Verdächtigungen rational und juristisch zu widerlegen. Einen Gottesfrevel beispielsweise könne den Christen schon deswegen nicht zum Vorwurf gemacht werden, weil im Grunde nicht nur vernünftige und weise Menschen, sondern überhaupt alle „von Natur aus christliche Seelen“ (Ottmann, 2002a, S. 316) seien. Eine andere Strategie des Advokaten Tertullian bestand darin, den Spieß umzudrehen, und den Vorwurf des Gottesfrevels an die Ankläger zurück zu geben. Er bestritt die Berechtigung der heidnischen Kulte, egal ob bei den Barbaren, den Griechen, den Römern oder den Juden. Nur die Christen besäßen den wahren Begriff Gottes und die richtige Verehrungspraxis. Ein solcher Anspruch konnte nur zu Widerspruch und Streit führen.

Der völlig Rückzug aus dem öffentlichen Leben und die Ablehnung aller weltlichen Vergnügungen führten folgerichtig zur Ablehnung der öffentlichen Spiele. Das wurde zu einem Erkennungszeichen der Christen. Die Spiele waren der modernen Massenunterhaltung nicht unähnlich, ein fester Bestandteil des römischen Lebens. Sie dienten der Unterhaltung der Massen und darüber hinaus dem Wettbewerb der politischen Eliten um die Volksgunst. Diese Spektakel umfassten die Wagenrennen im Zirkus, die Wettkämpfe der Gladiatoren, die Sportwettkämpfe und das Theater. Tertullian verwirft sie alle als heidnischen Götzendienst. Die Christen wandten sich nicht nur von der Philosophie und dem Vergnügen, sondern auch von der Kunst ab. Tertullian schloss nur ein einziges Vergnügen nicht aus, wenn nämlich die Christen sich beim Jüngsten Gericht an der Qual der Verdammten weiden. Für Nietzsche war dieser Schluss von Tertullians *De spectaculis* ein Beweis für die Geburt des Christentums aus Hass, Ressentiment und Banausentum. Die Christen verweigerten sich auch dem Kriegsdienst, weil kein Christ Menschenblut vergießen dürfe. Ihre rigiden Auffassungen setzten dennoch die Praxis fort, Meinungsverschiedenheiten blutig auszutragen. Bei späteren Apologeten blieben alle diese Fragen strittig. Christen konnten sich sogar herablassen, dem Kaiser zu huldigen, da dieser ja von Gott eingesetzt sei, vom christlichen Gott natürlich.

Die Lage der Juden war unter Kaiser Caligula prekär geworden. In Alexandria gab es in den dreißiger Jahren n. Chr. Pogrome gegen Juden. Die Juden verweigerten sich dem Verehrungsanspruch des Caligula als Gott. Caligula plante, den Tempel in Jerusalem zu zerstören und dort eine Kolossalstatue von sich selbst aufzustellen. Hochgestellte Persönlichkeiten versuchten zu vermitteln; sie erinnerten den Kaiser an die bisherige Achtung der Römer vor dem Tempel und an das jüdische Bilderverbot. Caligulas Anschlag auf den Tempel wurde durch dessen Tod verhindert. Aber 70 n. Chr. ging der Jerusalemer Tempel dennoch in Flammen auf, als Titus (der Sohn Vespasians) die

Stadt belagerte. Der Aufstand der Juden gegen die Römer hatte 66 n. Chr. begonnen. Flavius Josefus berichtet, die Römer hätten nach dem Sieg alle Alten und Schwachen getötet, die über 17-Jährigen in die Bergwerke Ägyptens geschickt, die Jüngeren verkauft und 11.000 Menschen verhungern lassen. Insgesamt soll es 600.000 Tote gegeben haben. 2500 Juden ließ Titus nach Rom bringen, um sie bei Tierhatzen und Gladiatorenkämpfen sterben zu lassen. Die jüdische Besatzung der Festung Masada beging kollektiv Selbstmord.

Die Christen lehnten die Speisevorschriften der Juden und deren Feste ab, sie kannten keine Beschneidung und es tauchte der dann nicht mehr aus der Welt zu schaffende Vorwurf auf, die Juden hätten erzwungen, dass Jesus zur Kreuzigung ausgeliefert werde. Die Kreuzigung Jesu durch den römischen Statthalter wurde zu einer Kreuzigung durch die Juden umgebogen. Die griechische und römische Philosophie wurden abgelehnt. Glaube und Philosophie wurden strikt voneinander getrennt und der Glaube dem Wissen übergeordnet. Tertullian war empört, dass man den Philosophen jede Wahnidee nachsieht, das Christentum mit seinen grundvernüftigen Ideen hingegen verfolge. Warum sollten die Christen angesichts des philosophischen Wirrwarrs nicht an eine Auferstehung der Leiber beim Jüngsten Gericht glauben dürfen?

Flavius Josefus, selbst ein Jude (Pharisäer) wechselte 67 n. Chr. demonstrativ auf die Seite der Sieger, also der Römer, und schrieb aus römischer Sicht das Geschichtswerk *Jüdischer Krieg*. Dieses Werk ist bis heute herausragende Quelle für die jüdisch-römische Geschichte. Ein zweites, für die damalige Zeit enorm wichtiges Werk, war *Die Jüdischen Altertümer*, die Geschichte des jüdischen Volkes von ihren Anfängen bis zum Jahre 66 n. Chr.

In diesem Geschichtswerk führt Flavius Josefus das Wort *Theokratie* ein, eine Gottesherrschaft, die weder in Griechenland noch unter den Römern bekannt war. Die Begriffsschöpfung des Josefus sprengt den Kanon der klassischen Staatsformenlehre, da die Theokratie, die Gottesherrschaft, alle anderen Formen menschlicher Herrschaft negiert. Wie sich eine Theokratie in der politischen Wirklichkeit darstellen würde, lässt sich nicht sagen. War sie eine von Priestern ausgeübte Herrschaft? Bei Josefus selbst bedeutet Theokratie Priesterherrschaft, und zwar in dem Sinne, dass die Priester das göttliche Gesetz lehren und auslegen und ein politischer Staatsführer, ein Monarch, nicht vorgesehen ist.

Entwertung des Diesseits

Langfristig vorbereitet im Mosaismus änderte sich mit dem Christentum das Verhältnis zur Welt und zur Politik radikal. Das Diesseits und damit die Politik wurden auf eine bis dahin nie dagewesene Weise entwertet. Das Hauptinteresse der Christen gilt dem Jenseits; Politik wie alles irdische Leben wird zum bloß Vorläufigen. Politik ist nicht mehr Zentrum des Handelns in der Polis. Die politischen, d.h. die gemeinschaftlich-politischen Ideen der Griechen und Römer sind für die Christen ohne Belang, die politisch-philosophische Tradition der vergangenen 500 Jahre bricht ab. Umgekehrt waren die jüdisch-christliche Apokalypse und der Messianismus der hellenistischen und römischen Politik und ihrem Lebensverständnis völlig fremd. Paulus und die Evangelisten hatten ohnehin nicht die geringste Absicht, mit griechischen oder römischen Philosophen und Historikern zu konkurrieren. Das Ziel des Neuen Testaments ist es nicht, Geschichte zu schreiben oder eine Chronologie zu geben. Es geht um Verkündigung und das Seelenheil.

Zwischen Gott und Mensch trat die Kirche als heilsnotwendige Instanz. Sie schob sich zwischen den Einzelnen und den Staat. Die Menschen wurden nicht nur dem Kaiser unterworfen, sondern zusätzlich ihrem Bischof. Die christliche Kirche war in ihrer Festigkeit und Geschlossenheit der kaiserlichen Ordnung des römischen Reiches ebenbürtig geworden. Der Grundstein für einen jahrhundertelangen Kampf um die Vorherrschaft war damit gelegt. Die christlichen Gemeinden schufen einen eigenen öffentlichen Raum. Heute würde man von Parallelgesellschaft sprechen. Anders das orthodoxe Judentum. Es blieb im Widerstand gegen die römische Besatzung. Damit wollten die Christen nicht identifiziert werden. Bei Beginn des jüdischen Aufstandes im Jahre 66 hatte die christliche Gemeinde Jerusalem verlassen (Dahlheim 1994, S. 582).

Das städtische Proletariat, das Kleinbürgertum aus Handwerkern und kleinen Händlern, Sklaven und Frauen sahen in den christlichen Idealen und in der christlichen Lebenspraxis einen Ersatz für das, was ihnen die Herrschenden vorenthielten. Am christlichen religiösen Leben nahmen sie alle gleichberechtigt teil (Dahlheim 1994, S. 577). Die gegenseitige Unterstützung war zentral. Die Lehre der Nächstenliebe prägte das Christentum und erklärt seine besondere Ausstrahlungskraft. Zu den bedeutendsten Leistungen der Christen gehörte die Entwicklung tragfähiger sozialer Organisationsformen. Der Tag und das ganze Jahr, ja das ganze Leben wurde durch kirchliche Pflichten und Festlichkeiten geordnet. Die Christen trafen sich nicht auf den öffentlichen Plätzen, sondern in ihren Häusern. Das rief Misstrauen hervor und es entstanden Gerüchte. Die christlichen Zeremonien bedeuteten, dass diese Bevölkerungsteile nicht an den öffentlichen Opfern und Festen teilnahmen. Das wiederum bedeutete, dass sie sich bewusst gegen die Verbundenheit mit dem römischen Reich stellten.

Alle heilsgeschichtlich geschürten Vorstellungen einer kommenden Ära der Erlösung und des Friedens sowie der Rückkehr zu Gott und in den Garten Eden haben die Christen erwartet und doch nie erlebt. Dieser unüberbrückbare Abstand sorgt für Kränkung und führt in Versuchung, die Heraufkunft des Erlösers und damit das Weltende zu beschleunigen. Das Warten soll abgekürzt werden. Man erkennt Reste solcher metaphysischen Heimsuchung in nostalgischen Anwandlungen, in apokalyptischen Visionen und in der nie nachlassenden Hoffnung auf bessere Tage oder ein besseres Leben.

Die radikale Lehre der Bergpredigt mit ihrem Gewaltverzicht und Feindesliebe weist in eine paradiesische Zukunft und ist immer wieder auch politisch aufgefasst worden. Das Gebot der Feindesliebe scheint alle ethnische und nationale Politik zu sprengen und etwas ganz Neues und Unerhörtes in die Welt zu bringen. Teile davon wirken wie ein Aufruf zum Pazifismus. So interpretierte der russische Fundamentalchrist und Schriftsteller Leo Tolstoi das Manifest. Moderne Theologen fassen die Bergpredigt als Appell auf, eine soziale und weltumspannende brüderliche Ordnung zu errichten.

Als politische Forderung scheint die Bergpredigt utopisch zu sein. Eine genauere Betrachtung des Textes legt nahe, dass sich der Gewaltverzicht nicht auf den Krieg und nicht auf den politischen Widerstandsfall bezieht, sondern auf die alltäglichen Händel zwischen Nachbarn. Mit der Feindesliebe wollten sich die Christen offenbar von der übrigen Bevölkerung abgrenzen. Ihr Geist der Liebe übertrumpft die Normalbürger. Es bleibt letztlich unklar, auf welche Personen sich die Feindesliebe bezieht: die Mitglieder des eigenen Volkes, die Römer, die Heiden, auf den politischen Feind, auf die Gegenseite im Rechtsstreit oder den Glaubensfeind?

Religiöse Verwirrung

Der christliche Gott duldete keine anderen Götter neben sich. Das bedeutete die Pflicht, alle anderen Religionen zu bekämpfen. Also führten die Christen – erst einmal an der Macht – Krieg gegen die alten Götter und stürzten ihre Bilder. Die Christen missionierten offen und machten aus ihrem Abscheu vor den alten Bräuchen keinen Hehl. Es brachte überall Zwietracht und Streit mit sich. Aber auch der innere Zustand der christlichen Gemeinden war labil. Der Glaube an die Erlösung von allem Übel jenseits der Schwelle des Todes warf so viele Fragen auf, dass mit übereinstimmenden Antworten nicht zu rechnen war (Dahlheim 1994, S. 604). Auch hier brach immer wieder Streit aus und es kam zu Abspaltungen christlicher Gemeinden.

Die unklare Verheißung von der Erlösung und der Sündentilgung verwirrte und erregte die Gemüter. Viele bohrende Fragen blieben unbeantwortet: Wie und warum waren die Sünde und das Böse in die Welt gekommen? Wie konnte ein allmächtiger Gott die Sünde in seine eigene Schöpfung pflanzen? Was ist denn eigentlich das Böse? Gott schuf den Menschen, aber woher kam Gott? Gott schuf den Menschen nach seinem Ebenbild: Was heißt Ebenbild? Wesensmäßige Identität? Morphologische Übereinstimmung? Waren Gottvater, Gottessohn und Heiliger Geist eine Einheit oder eine Dreiheit? Mit dem Dogma der Gottessohnschaft waren unüberwindliche logische Schwierigkeiten über die Christenheit gekommen. Wie sollte man sich die Natur Jesu Christi vorstellen: mit einer göttlichen und menschlichen Natur oder als Einheit? Je nach Lesart war dann Maria einerseits Gottesgebärerin, andererseits Christusgebärerin. Gebar sie nun einen Gott oder einen Menschen? War Christus ein Gott, dann war er sündenfrei. War er ein Mensch – war er dann mit der Erbsünde behaftet?

Die gnostischen Spekulationen breiteten sich in unendlichen Variationen über alle Provinzen aus. Charismatische Prediger beanspruchten, die wahren Verfechter der christlichen Botschaft zu sein und gründeten eigene Kirchen. Wanderprediger vor allem in Palästina, Syrien und Kleinasien verkündeten die Ankunft des neuen Reiches. Sie predigten Askese, Ehe- und Kinderlosigkeit und versprachen ein engelsgleiches Leben nach dem Tode. Der radikale Abschied von der jüdischen Tradition bedeutete – jedenfalls für die Orthodoxen – die völlige Abwendung von irdischen Bindungen, die Verwerfung der Sexualität und die Auflösung der Familie.

Kaiser Konstantin hatte 324 gehofft, die Einheit der Christen würde gleichbedeutend sein mit der Einheit und Stabilität des Imperiums. Stattdessen gab es dramatische Kämpfe mit Toten und Verwundeten über die Trinitätslehre. Es ist unmöglich, die Streitigkeiten und Spitzfindigkeiten, die politischen Intrigen und Manöver im Streit um die Trinität[33] Gott-Christus-Geist nachzuvollziehen. War der Sohn dem Vater „ähnlich“ oder „wesensgleich“? Im Griechi-

33 Dreieinigkeitslehre; siehe Röd 1994, S. 276ff.

schen unterscheiden sich diese beiden Wörter nur durch einen Buchstaben, um ein Jota. Das Konzil von Nicäa[34] (südöstlich von Konstantinopel gelegen), das Konstantin 325 n. Chr. einberief, entschied sich für die Wesensgleichheit, der Sohn sei dem Vater nicht untergeordnet. Mit solchen Versuchen sollten Streitigkeiten zwischen Christen befriedet werden. Insofern hatte das etwas mit Politik zu tun. Der Konzilsbeschluss brachte nicht die erhoffte Einheit. Streitigkeiten zogen sich noch lange hin. Unter Theodosius I. wurde 391 christliche Glaube zur Staatskirche erhoben.

Warum überhaupt irgendetwas verantwortlich tun, wenn Erwählung und Verdammung unabhängig von den Taten der Menschen immer schon im Voraus bestimmt sind? Wie erklärt sich das Ausbleiben der Wiederkehr Gottes? Paulus hatte die Wiederkunft des Herrn noch zu seinen Lebzeiten erwartet. Gott wurde aber offensichtlich aufgehalten. Von was? Vom Antichrist. Also musste erst er besiegt werden. Es wird noch eine zweite Bedingung formuliert, nämlich die, dass der Antichrist in einer Zeit der Gesetzlosigkeit und Unordnung in Erscheinung tritt. Das Jüngste Gericht könne erst dann zusammentreten, wenn das Böse besiegt ist. Um bekämpft zu werden, muss es erst einmal tätig sein. Diese Vorstellung kann man theologisch wie politisch deuten. Politisch betrachtet ist aus christlicher Sicht das Römische Reich der Hemmschuh für das Wiederauftauchen erst des Bösen, des Antichristen, und dann Gottes, denn im römischen Reich herrschte weitgehend Gesetzlichkeit und Ordnung. Die Reformation erklärte dann den Papst selbst zum Antichristen.

Die Lehre vom Aufgehaltenwerden ist Kern christlicher Geschichtsphilosophie. Wer wird aufgehalten? Der Messias oder sein Vorläufer, der Antichrist? In der Wikipedia-Interpretation des sogenannten *Katechon* wird der Antichrist aufgehalten, sich zu entfalten. Die Gläubigen stehen in der paradoxen Situation, dass sie den „Feind Gottes" bekämpfen müssen, obwohl dieser durch vernünftige weltliche Mächte in seiner Entfaltung gehindert wird und obwohl dessen vorübergehender Sieg, seine Vernichtung und die anschließenden Errichtung des Reiches Gottes bereits feststehen. Der Gläubige soll also etwas bekämpfen, was er ohnehin nicht aufhalten kann und was Voraussetzung für eine erstrebte und erhoffte Erlösung ist.

In diesem Sinne fungierte das Römische Reich als *Katechon*, als Aufhalter des Satans, indem er Garant für Ordnung und Frieden war. Gut 1900 Jahre später

---

[34] auch Nizäa geschrieben. Das Trinitätsproblem und das Konzil von Nizäa, siehe Röd 1994, S. 288

ist dieses Bild immer noch lebendig, wenn katholischen Bischöfe und Historiker den deutschen Kampf gegen den Sowjet-Kommunismus als Kampf gegen den Antichristen Stalin auffassten.

Für die Vertreter einer theologischen Auslegung hat die Katechon-Lehre überhaupt keinen politischen Sinn. Inhaltlich kann man nicht erklären, ob das Aufhalten des Endes eher zu erhoffen oder eher zu beklagen ist. Mit dem Niederhalten des Antichristen wird doch nur das irdische Jammertal perpetuiert und die Ankunft des Messias verzögert. Einige einflussreiche Theologen hielten die Vernichtung des Römischen Reiches für die Vorbedingung der Herrschaft des Anti-Christen. Doch als es untergegangen war, spätestens 1806 mit dem Ende des Heiligen Römischen Reiches deutscher Nationen, passierte wieder nichts.

Gerechtigkeit ist unter Christen nicht mehr primär eine Tugend des Menschen und eine übergeordnete Aufgabe des Staates, so wie sie Platon oder Aristoteles verstanden hatten. Nur noch Gott handelt gerecht. An die Stelle des griechischen Bildes von der weitgehenden Ebenbürtigkeit von Göttern und Menschen tritt die Metapher vom Töpfer und vom Ton. Schuf Gott den Menschen nach seinem Ebenbild, oder ist Gott der ganz Andere? Auch der christliche Gottesbegriff stellt etwas unerhört Neues dar. Dieser Gott ist barmherzig oder zornig, je nach eigener Laune. Die einen werden von ihm erwählt, die anderen verdammt, niemand kennt die Kriterien. Auf das konkrete Tun des Menschen kommt es nicht an, einzig zählt der Glaube und Gottes Erbarmen und Gnade.

Es kommt eine neue Idee von Gleichheit auf; die Gemeinschaft der Getauften hebt vor Gott alle Unterschiede zwischen den Menschen auf. Weiter reicht diese Gleichheit nicht. Auch Paulus hatte keine politische oder soziale Befreiung im Sinn. Er will die Vorherrschaft des Mannes keineswegs aufheben. Der Mann ist das Haupt der Frau, die Frau ein „Abglanz“ des Mannes. Paulus dachte keineswegs an eine Abschaffung der Sklaverei. „Ein jeder“, schreibt Paulus, „bleibe in dem Stand, in dem er berufen ward“. Selbst die Freien sind nicht frei, sie sind „Sklaven Christi“. Trotz Gleichheitspostulat besteht der unbegründbare Unterschied zwischen Erlösten und Verdammten fort. Dieser Unterschied markiert eine neue Grenzlinie und trägt den Keim eines immerwährenden theologischen Streits in sich.

Staat und Christen

Das Verhältnis von Staat und Christen war von Anfang an angespannt. Die Unterscheidung zwischen religiösem Kult und dem, was dem Staat gebührt, bleibt ein Problem des Christentums bis in die Neuzeit hinein. Bei Hobbes wird die staatliche Souveränität von der Allmacht Gottes abgeleitet, und bei Rousseau wird die *Volonté general* dem niemals irrenden Willen Gottes nachgebildet. Die Vermischung von Religion und Politik war viele Jahrhunderte lang ein Streitthema. Die Verehrung von Tyrannen und „Führern" pervertierte den Gotteskult zu einem Staatskult.

Die politische einflussreichste Lehre des Paulus steht im 13. Kapitel des Römerbriefes. Es geht um die Unterwerfung unter die Obrigkeit. In der Fassung der Luther-Bibel klingt dies so: „Jedermann sei Untertan der Obrigkeit, die Gewalt über ihn hat. Denn es ist keine Obrigkeit ohne von Gott; wo aber Obrigkeit ist, die ist von Gott so verordnet" (zit. in Ottmann 2002a, S. 217). Auf den Befehl zur Unterordnung folgt die Verurteilung des Widerstandsrechts. Wer sich der Obrigkeit widersetzt, der widersetzt sich Gottes Ordnung. Paulus unterschied nicht zwischen gerechter und ungerechter Herrschaft. Es wird nicht unterschieden, wie in der antiken griechischen Philosophie, zwischen Tyrannis und guter Verfassung. Die griechische Philosophie mit ihrer jahrhundertelangen Bemühung um die Unterscheidung von guter und schlechter Herrschaft existiert nicht mehr.

Das neue Testament hat keine Lehre von einer Politik. Die Kirche war da für die Armen und die Reichen, die Religion war politisch verträglich mit Demokratien und Diktaturen. Nie gab es eine klare Grenzziehung zwischen Gott und Kaiser. Das Christentum ist zu vielen Staatsformen kompatibel, weil es Politik grundsätzlich als nachrangig betrachtet. Es beansprucht, zuständig für die letzten Dinge zu sein. Ob sich Christen in Politik einmischen, ist ihrer individuellen Entscheidung überlassen. Viele Herrschaftsformen sind zu ertragen. Letztendlich müsse aber gelten, dass Gott mehr als den Menschen zu gehorchen ist. Die jeweiligen Vorherrschaftsansprüche des Kaisers und des Papstes, die das Mittelalter stark prägten, sind in diesem Lichte unvermeidlich.

Die Apokalypse des Johannes um 95 n. Chr. verheißt in Briefen an Gemeinden in Kleinasien „einen neuen Himmel und eine neue Erde" und ein neues Jerusalem, eine Stadt, die funkelt wie ein Edelstein und die die zwölf Stämme Israels beherbergen werde. Der Gegenspieler dieses Reiches ist das konkrete Rom. Rom sei eine Bestie, ein Tier aus der Tiefe des Meeres, aufgebaut auf der Macht Satans selbst. Der „Hure Babylon“ (Rom) steht das neue Jerusalem, die „Braut“ Christi gegenüber. Die Johannes-Apokalypse streitet jedem Kaiser und jeglicher weltlichen Macht das Recht auf göttliche Verehrung ab.

Das 4. Jahrhundert hingegen war überzeugt, das Imperium müsse Teil des göttlichen Heilsplans sein. Der Christ Konstantin (306-337 römischer Kaiser) aus dem weströmischen Reich focht gegen Licinius im Osten um die Alleinherrschaft. War dies ein Religionskrieg, ein religiöser Bürgerkrieg? Ja und nein. Beide Herrscher beriefen sich auf ihre Götter, aber die Gier nach der Macht führte zu einem gnadenlosen Konkurrenzkampf (Dahlheim 1994, S. 607). Der vollständige Sieg Konstantins über Licinius 324 n.Chr. bedeutete eine vollständige Verschmelzung des Kaisertums mit dem Christentum. Damit war der Weg geebnet für den Sieg des christlichen Glaubens über alle anderen religiösen Vorstellungen. Der König auf Erden war zugleich der König im Himmel. Von jetzt an gab es kein Zurück mehr: ein Imperium, ein Kaiser und ein Glaube – so lautete für die kommenden Jahrhunderte das politische Programm (Dahlheim S. 608). Als im August 410 gotische Krieger Rom eroberten und nach Herzenslust plünderten, entwarf wenig später der tief erschütterte Augustinus die prägende Lehre, wonach es zwei Reiche gäbe, nämlich das Reich Gottes und das dieser Welt, und nur dem Reich Gottes öffne sich das Tor der Ewigkeit[35]. So standen sich für lange Zeit zwei unversöhnliche Glaubensrichtungen gegenüber: die von der Einheit von Thron und Altar und die von deren fundamentaler Unvereinbarkeit. Folgenden Satz von Dahlheim wird man deshalb mit Vorbehalt lesen: „Die Römer haben mit dem unter Konstantin geschmiedeten Bündnis von Staat und Kirche ihre letzte große Leistung vollbracht und zwei Weltsichten vereinigt, deren Verständnis von Politik grundverschieden war und jede Gemeinsamkeit zunächst ausschloss.“ (Dahlheim 1994, S. 593)

380 wurde die katholische Kirche zur Staatskirche erhoben und alle Häretiker und Schismatiker als wahnsinnig und geisteskrank gestempelt. Der Kaiser definierte, wer Katholik und wer Häretiker sei. Der Staat erzwang den rechten Glauben und verfolgte blutig jeden, ob Heide, Christ oder Jude, der sich dem oktroyierten Glauben nicht beugen wollte. „Es begannen lange Jahrhunderte, in denen Heiden, Abtrünnige und Ketzer gejagt wurden und nur wenige geneigt waren, ihren Vorstellungen geduldig zuzuhören. Die Hoffnung auf die ewige Seligkeit im künftigen Jenseits bewaffnete sich mit Feuer und Schwert, um auf Erden nicht verloren zu gehen.“ (Dahlheim 1994,

---

35 siehe Röd 1994, S. 298ff.

S. 628) Je nachdem, welche Richtung man folgte, ergaben sich unterschiedliche Wege zur Erlösung und unterschiedliche Rollen der Bischöfe und Priester als Vertreter Christi. Mit der christlichen Organisation, mit der christlichen Kirche wurde ein neues Feld eröffnet, auf welchen man um Macht, Reichtum und öffentliches Ansehen kämpfen konnte. Der Bischofsstuhl in Rom war das höchste Ziel. Man beschuldigte sich gegenseitige des Abfalls, der Häresie und bezeichnete sich unter gegenseitigem Verfluchen als Antichrist.

Schutz und Gehorsam – beides gehörte in der Vorstellung des 4. Jahrhunderts untrennbar zusammen. Der Kaiser, der den christlichen Glauben angenommen und seine schützende Hand über die Kirche gehalten hatte, forderte von ihr Gehorsam. Er war der Vertreter Gottes, daher sei er auch Herr der Kirche. Kaiserliche Gewalt und göttliche Macht wurden eins. Daraus resultierte eine umfassende Verantwortung des Monarchen für alle Menschen: „Es liegt uns am Herzen, für den Nutzen des Menschengeschlechts Vorsorge zu treffen; denn bei Tag und Nacht sorgen wir dafür, dass alle, die unter unserer Herrschaft leben, sowohl durch militärischen Schutz vor feindlichen Angriffen gesichert werden als auch im Frieden sich eines ruhigen Lebens in Freiheit und Sicherheit erfreuen können." (Brief Kaiser Marcians aus dem Jahre 450; zit. in Dahlheim 1994, S. 638)

Der Vorstellung von der Einheit stand eine völlig andersgeartete Vorstellung entgegen, die von der strikten Trennung von Kaiser und Gott: „Wir geben dem Kaiser, was dem Kaiser gebührt, und Gott, was Gott gebührt. Die Steuer gehört dem Kaiser – sie wird ihm nicht verweigert. Die Kirche gehört Gott – sie wird darum dem Kaiser nicht ausgeliefert. Denn der Kaiser hat kein Recht über den Tempel Gottes ... Der Kaiser steht in der Kirche und nicht über der Kirche." (Ambrosius, 386 n. Chr., zit. in Dahlheim 1994, S. 638) Dies war die Frontlinie eines jahrhundertelangen Kampfes, bis im Westen die Trennung von Staat und Kirche etabliert wurde. Im griechischen Osten hingegen fanden die Gottkaiser Zustimmung, wenn sie ihre Macht über die Kirche verkündeten.

Der Untergang des weströmischen Reiches

Die Hauptursache für den allmählichen Zerfall des römischen Weltreiches waren die Flüchtlingsströme mehrerer Völkerwanderungen. 406 n. Chr.

überschritten die Vandalen, Alanen und Sueben den gefrorenen Rhein. Die Eindringlinge überwanden die Pyrenäen und fielen in Spanien ein. Die Mittel der Diplomatie versagten. 409 fielen die Goten unter ihrem König Alarich in Italien ein. Zum ersten Mal seit 800 Jahren war Rom in den Händen seiner Feinde. Die Goten zogen sich mit reicher Beute in den Norden zurück. Noch tiefere Einschnitte übte das zentralrussische Reitervolk der Hunnen aus, die um 430 n. Chr. mit ihren Verbündeten den Fluss Don Richtung Südwesten überschritten und an der unteren Donau das Reich der Goten überrannte. Diese Goten flüchteten in großen Scharen über die Donau Richtung Westen. Ostgoten zogen bis nach Norditalien; Westgoten über den Peleponnes, Italien, Südfrankreich bis ins heutige Spanien. Hunnen erreichten um 450 Zentral-Frankreich. Die aus Germanien stammenden Vandalen zogen quer durch Europa über Spanien und Nordafrika bis nach Karthago, von wo aus sie Süditalien, Sizilien und Sardinen besetzten. Die Sachsen überrannten Britannien, die Franken Gallien, die Alemannen Obergermanien.[36]

Die römischen Streitkräfte waren überfordert. Die Donaugrenze konnte nicht mehr unter Kontrolle gebracht werden, immer neue barbarische Stämme überquerten den Fluss. Um das Kernland Italien zu schützen, wurden mehr und mehr Truppen aus Britannien und vom Rhein abgezogen – mit verheerenden Folgen für die Außengrenzen. Der Todeskampf des Westreiches dauerte bis 493, als die in Italien siegreichen Goten ihren Herrscher Theoderich zum König über Goten und Römer ausriefen.

Das kulturtragende Bürgertum verschwand. „Die Germanen interessierten sich mehr für Waffen als für Bücher", wie der Historiker Alexander Demandt schrieb. Die Regierung verlor die Kontrolle über die Provinzen, das staatliche Waffenmonopol war nicht aufrecht zu erhalten, die Ruhigstellung der Klientel verschlang riesige Summen, verarmte Bauern zogen in die Stadt, das Land lag brach, die Bürokratie brach zusammen, die Verkehrswege wurden unsicher, der für den Wohlstand wichtige Fernhandel erlahmte, die Wasserleitungen zerfielen, die Bäder wurden nicht mehr beheizt, Straßen und Brücken nicht mehr ausgebessert.

Längere Zeit wurde die Dekadenz des römischen Adels als ein Hauptgrund für den Niedergang des Weströmischen Reiches benannt.

---

[36] Mischa Meier: *Geschichte der Völkerwanderung*. Europa, Asien und Afrika vom 3. bis zum 8. Jahrhundert n. Chr. München 2019: C. H. Beck

„Der lange Frieden und die gleichförmige Regierung der Römer hatten den Lebensteilen des Reiches ein langsames und geheimes Gift eingeträufelt. Es trat eine allmähliche Verflachung der Gemüter ein, das Feuer des Genius erlosch, ja selbst der militärische Geist verflog", schrieb der britische Historiker Edward Gibbon (1737-1794) in seinem sechsbändigen, monumentalen Hauptwerk *The History of the Decline and Fall of the Roman Empire* (1776-1789)[37] (Gibbon 1987, S. 51) Die relativ friedfertigen und wohlhabenden Zeiten hätten eigentlich Raum schaffen müssen für neue Entdeckungen auf den Gebieten der Wissenschaften und der Philosophie. Jedoch: „Die Autorität Platos und Aristoteles', Zenons und Epikurs herrschten fortwährend in den Schulen, und ihre mit blinder Unterwerfung von einer Generation Schüler zu anderen fortgepflanzten Systeme schlossen jeden hochherzigen Versuch aus, die Kraft des menschlichen Geistes zu üben, oder seine Grenzen zu erweitern. Statt dass die Schönheiten der Dichter und Redner ein dem ihrigen ähnliches Feuer entzündeten, flößten sie nur kalte und knechtische Nachahmungen ein." (Gibbon 1987, S. 52) Das Reich war eine absolute Monarchie, deren Fürsten „ihre Größe am sklavischen Gehorsam ihres Volks maßen", eines Volkes, das „gleich unfähig war, das eigene Leben und Vermögen gegen den Angriff der Barbaren und den eigenen Verstand gegen die Schrecken des Aberglaubens zu verteidigen" (Gibbon 1987, S. 97).

Eine reine Dekadenzthese wird heute von Vertretern der historischen Fachwissenschaft nicht mehr vertreten. Mehr Anhänger hat die Kombinationsthese: neben Völkerwanderung, Dekadenz und Kräfteüberspannung habe das jenseitsorientierte Christentum mit zum Niedergang beigetragen. Die Geistlichkeit predigte mit Erfolg die Lehren der Geduld und Unterwürfigkeit; die tätigen Tugenden der bürgerlichen Gesellschaft wurden entmutigt, und die letzten Überreste des kriegerischen Geistes im Kloster begraben. Die Bischöfe und Päpste schärften dem Volk die Pflicht leidenden Gehorsams gegen einen tyrannischen Kaiser ein. Das Licht Roms flackerte nur noch.

Die reiche, hoch entwickelte römische Zivilisation konnte auf Dauer dem Druck armer, barbarischer Nachbarn nicht standhalten. Es war nicht nur der kulturelle Unterschied, sondern die schiere Masse der von Osten und Norden herandrängenden Völker. Wird eine kritische Größe überschritten, lässt sich diese nicht mehr integrieren. Unter dem Einfluss der Migranten lösten

---

[37] Theodor Mommsen hielt die *History of the Decline and Fall of the Roman Empire* für „das bedeutendste Werk, das je über die römische Geschichte geschrieben wurde". Dennoch bezog er sich nur selten darauf.

sich ältere Strukturen auf, es fand eine Metamorphose statt. Diese Metamorphose ist nichts Spezifisches für das römische Reich, sondern beherrscht den Fortgang der Geschichte ganz allgemein. Die Metamorphose bedeutete jedoch die Auflösung des Imperiums und dessen Zersplitterung in viele kleine Monarchien.

Gibbon erinnert in seinem Werk an die staunenswerte Größe und Leistung des römischen Imperiums: Eine Stadt, die zu einem Reich anwuchs, muss das Staunen der Menschen und das Nachdenken der Philosophen hervorrufen. Roms Größe beruhte auf dem Gemeinschaftsgefühl ihrer Bürger, perpetuiert durch Erziehung und durch Religion befestigt. Die Jugend wurde ermahnt, den triumphalen Ahnen nachzueifern. Die Verfassung war im Gleichgewicht, welche die Freiheit der Volksversammlungen mit dem Ansehen und der Weisheit eines Senates und mit der vollziehenden Gewalt einer königlichen Obrigkeit vereinigte. Jeder Bürger war durch Eid verpflichtet, das Schwert in der Sache seines Vaterlandes zu ziehen. Statt zu fragen, warum das Römische Reich zerstört wurde, sollte vielmehr erstaunen, dass es so lange bestand.

568 fielen die Langobarden in Italien ein und bildeten in Nord- und Mittelitalien eigene Staaten. Auf dem Balkan mündeten die jahrzehntelangen Raubzüge hunnischer, bulgarischer und slawischer Stämme in der dauernden Niederlassung des Slawen bis hinein in den Peloponnes. Mohammedaner hatten auf dem Rücken schneller und anspruchsloser Kamele Palästina, Syrien, Mesopotamien und den Iran überrannt, ebenso Ägypten, die gesamte Nordküste Afrikas sowie Südspanien. Der Nachfolger Muhammads, Abu Barkr, erkannte, dass nur die Expansion nach außen die zerstrittenen Beduinenstämme einigen konnte. Daraus wurde der gezielte Angriff der islamischen Umma auf die gesamte nichtmuslimische Welt. Mit dieser wusste man sich im Krieg, solange es Ungläubige gab, die sich widersetzten. Die Alternative war Unterwerfung oder Tod. Außerhalb Arabiens richteten sie ein System von Schutzbefohlenen auf der Basis von Tributleistungen auf, denen ihr alter Glaube belassen wurde.

Nur 25 Jahre nach Muhammads Tod wurden die Tore für den bis heute andauernden islamischen Bürgerkrieg aufgestoßen. Auf der einen Seite die Schiiten, die als rechtmäßigen Kalifen nur einen Nachfolger aus der Familie Alis anerkennen wollten, dem Schwiegersohn des Propheten. Auf der anderen Seite die Mehrheit, die Sunniten: sie betonen die freie Wahl des Kalifen, der allerdings nur aus der Familie des Propheten, wie weit entfernt verwandt auch immer, stammen dürfe.[38]

Wo die Nomaden aus der Wüste einbrachen, verelendeten die Gebiete. Die Städte verkümmerten. Von Tunis aus überfielen und brandschatzten sie Sizilien, die anderen Inseln des Mittelmeeres und Italien. Die Kreuzzüge konnten Palästina und Syrien nur für kurze Zeit einem christlichen Europa zurückgewinnen. Wo immer Nomaden die Herrschaft errangen, zerfielen die Städte, verödete das einst kultivierte Land, versiegte die Nahrungsmittelproduktion und reduzierte sich die Zahl der Menschen. Auch in England, am Rhein und an der Donau sanken die römischen Städte und Niederlassungen in Schutt und Asche. Die Germanen waren Bauern und blieben es auch, als sie sich neues Land verschafft hatten. Die Städte, die sie überrannten, blieben ihnen fremd, ebenso wie die lateinische Sprache.

Byzanz (Konstantinopel), welches 717/18 den muslimischen Angriff abwehrte, spielte eine Rolle bei der Bewahrung des Griechischen, deren Sprache allerdings kaum jemand mehr verstand. So wusste man bis zum 12. Jahrhundert nichts von Platon und Aristoteles, von Homer, Aischylos oder Sophokles. Nur in Byzanz wurden sie sorgsam abgeschrieben und studiert, und sie dienten arabischen Gelehrten zwischen Bagdad und Toledo als Vorlage für Übersetzungen in ihrer Sprache. Von dort her und über diesen Umweg kam dann auch die erste Kunde von ihnen zurück in das Abendland. Rom aber beharrte auf dem Lateinischen, was den einfachen Menschen in Europa gleichgültig sein konnte, denn sie konnten weder lesen noch schreiben. Diese Kunst war lange Zeit den Klerikern und einem kleinen Teil der Herrschenden vorbehalten.

Das Byzantinische Kaiserreich (Ostrom) war eine Mischung aus römischem Staatswesen, griechischer Kultur und christlich-orthodoxem Glauben. Das von der Hauptstadt Konstantinopel aus regierte Reich erstreckte sich während seiner größten Ausdehnung Mitte des sechsten Jahrhunderts von Italien und der Balkanhalbinsel bis zur Arabischen Halbinsel und nach Nordafrika, war aber seit dem siebten Jahrhundert weitgehend auf Kleinasien und Südosteuropa beschränkt. In der zweiten Hälfte des 7. Jahrhunderts kam es zum Zusammenbruch des Orienthandels und der gesamten Schifffahrt im westlichen Mittelmeer. Dies führte im kontinentalen Westeuropa zum Verschwinden der Großkaufleute (auch im Landesinneren) und der orientalischen Im-

[38] Heute ist Saudi-Arabien (Mekka) Schutzmacht der sunnitschen Moslems; Iran ist Schutzmacht der schiitischen Moslems.

portgüter (besonders Papyrus, Gewürze, Seide und Gold). Das Kreditgeschäft kam zum Erliegen, und der Geldumlauf ging drastisch zurück.

Der Belgische Historiker Henri Pirenne (1862-1935) legt bei der Ursachenforschung für den Niedergang sein Augenmerk auf die verheerende wirtschaftliche Depression ab etwa der Mitte des 7. Jahrhunderts durch die Verbreitung des Islam. Durch die arabische Eroberung Syriens (636), Nordafrikas (640–698) und Spaniens (711) habe das Mittelmeer seine Verbindungsfunktion zwischen West und Ost eingebüßt. Folgen der Ausbreitung des Islam seien: Beschränkung auf Agrarwirtschaft, Zusammenbruch des Fernhandels wegen Piraterie, Verfall der Städte, Subsistenzwirtschaft mit lokalen Kleinmärkten und teilweiser Rückkehr zum Naturalientausch. Erst dieser Rückschritt habe das eigentliche Ende der Antike herbeigeführt[39]. Die Pirenne-These vom bedeutenden negativen Einfluss des Islam wird heute von Historikern kaum noch mitgetragen. Der Abstieg habe viele weitere Gründe gehabt.

In den folgenden Jahrhunderten entstanden neue Reiche und zerbrachen wieder. Es bildeten sich neue politische und kulturelle Zentren (Paris, London, Aachen, Magdeburg), die neue Welt jenseits des Atlantiks wurde entdeckt und kolonisierte, die Produktionstechniken wurden revolutioniert und veränderten das Leben auf der ganzen Erde gründlich, aber auf eine ganz andere Art und Weise als im Übergang vom Nomadentum zu den sesshaften Bauern. Das Heilige Römische Reich Deutscher Nation, so der viel später aufkommende Name eines wiederhergestellten Imperiums, blieb faktisch immer beschränkt auf Deutschland, Italien und Burgund, und selbst dort schwächten selbstherrliche Landesfürsten die Macht des Kaisers.

Die Renaissance des römischen Rechts im 12. Jahrhundert war der Startschuss zu einer Rückbesinnung auf Werte der Antike. „Keine andere Zivilisation der Erde, weder China noch Byzanz oder die muslimische Welt, kennt in ihrer Geschichtseinteilung eine Hochkultur wie die Griechenlands oder Roms, die für Jahrhunderte abbricht, um dann wie Phönix aus der Asche wieder aufzutauchen und mit ihrem Erbe einer neuen Weltsicht den Weg zu bahnen." (Dahlheim 1994, S. 679) Mit der Renaissance wurde gleichzeitig der christliche Glaube relativiert. Er war offensichtlich nicht vonnöten, um ein wertvolles Leben zu führen. Einige behaupteten sogar, dass die Morallehren Ciceros oder Senecas besser seien als jene von Christen verfasste Ethik, obwohl die beiden keine theologischen Tugenden kannten. Die Künstler und

---

[39] 1937 in der postum erschienenen Abhandlung *Mahomet et Charlemagne* („Mohammed und Karl der Große") (Wikipedia, „Pirenne-These", angeklickt 31. Dezember 2019).

Ästheten schließlich konnten nicht darüber hinwegsehen, dass es die Christen waren, die Tempel zerstörten und Götterbilder umgestürzt hatten. Der Schmerz über das Verlorene war groß, aber ebenso die Freude über das Wiedergefundene.

Fazit

Nimmt man die Literatur der Römer als Ganzes, so zeigt sich, dass sie an selbstständigem Schaffen ärmer ist als die der Griechen und den Vergleich nicht gut bestehen kann. Die römische Literatur ist ganz von der griechischen abhängig, und die Literatur wäre ohne die geistige Anregung und die gestaltende Kraft des Griechentums nie zustande gekommen. Nur in der Geschichtsschreibung macht sich eine gewisse Selbstständigkeit der Darstellung bemerkbar, besonders, wo es sich um eigene Erlebnisse des Schriftstellers handelt.

In der Philosophie waren die Römer noch mehr von den Griechen abhängig als in allem anderen. Sie haben die Welt um kaum einen Gedanken bereichert und begnügten sich damit, alten Ideengängen nachzugehen und diese in abgeschwächter Form wiederzugeben. Philosophenschulen waren in Rom unbekannt. Die Philosophie war nur in den Palästen der Reichen zuhause. Die philosophischen Systeme des Epikureismus, des Stoizismus und des Skeptizismus haben die römischen Anhänger dieser Lehren nicht durch eigene Gedanken befruchtet. Sie kamen kaum über ein stures Nachbeten hinaus.

Das Christentum war eine Religion mit dubiosem Ursprung, in sich tief widersprüchlich und philosophisch nicht zu halten. Ein inkarnierender Gott lässt sich gar nicht denken. Der Monotheismus des Christentums war gleichbedeutend mit der Aufkündigung der relativ liberalen, polytheistischen Toleranz Athens und Roms, ein Sprengstoff für Kaisertum und Reich zugleich. Dennoch gab es einen Ansatz, Kaisertum und Christentum miteinander zu versöhnen, und zwar an dem Punkt, wo es heißt, dass nur ein Einzelner die Welt regieren kann – „ein Gott, ein Kaiser". Christentum und Alleinherrschaft vertrugen sich gut, doch in den kommenden Jahrhunderten tobte ein blutiger und unnachgiebiger Kampf darum, wer dieser Einzelne zu sein habe.

Die Philosophie der ausgehenden Antike verabschiedete sich von einem rationalen, diesseitigen Denken. Der Glaube spielte fortan eine ebenso große, wenn nicht größere Rolle als das Wissen. Der Mensch wurde als grundsätzlich böse angesehen, die Wiedergeburt der Seele als Tatsache empfunden. Der irdischen Welt wurde eine jenseitige, ortlose Welt entgegengesetzt. Das Erkennen Gottes ist eine Gnade. Gott bestimmt, wer mit ihm in Verbindung treten darf. Die materielle Wirklichkeit, namentlich der menschliche Körper, wurde massiv abgewertet und als sündhaft bezeichnet. „Bald ... zeigte sich, dass die Fülle irrationaler Tendenzen nicht mehr mit den Mitteln der Vernunft aufgefangen werden konnten." (Röd, 1994, S. 226) Religiöses Denken, Mysterien und Aberglauben gewannen die Oberhand. Tertullian (150-220 n. Chr.) wird der Satz zugeschrieben „Ich glaube, weil es widersinnig ist". Das theologische Denken verdrängte das philosophische.

Die hellenistische Philosophie war einst entstanden, indem sie das mystische Denken überwand und sich der Rationalität und dem Logos zuwandte. Diese Überwindung leistete sie zusammen mit der Mathematik, der Physik, der Medizin und der Astronomie. Diese Philosophie wusste um die Unvollkommenheit des menschlichen Intellekts. Obwohl einige der größten Philosophen für ihre Lehren Endgültigkeit beanspruchten, war auf Dauer nicht zu übersehen, dass Philosophie und Wissenschaft nicht zu definitiver Wahrheit vordringen können. Skepsis gehörte mit zu den Tugenden von Philosophie und Wissenschaft. In diese Lücke stieß die Religion, die behauptete, die Wahrheit zu kennen.

Unter dem Eindruck des wissenschaftlichen Relativismus kam es schon in der hellenistischen Periode zu einem Rückzug auf den privaten Bereich und zur Ausbildung eines betont individualistischen Lebensideals. Dem neuen Mystizismus ging es nicht um Analysen und Beweise, sondern um Offenbarung und vorgeblich höhere geistige Schau, nicht um diskursives Erkennen. „Wenn gefordert wird, alles vernünftige Begreifen hinter sich zu lassen, um Gott unmittelbar zu schauen, ja sich ekstatisch mit Gott zu verbinden, erfolgt der Schritt zur Mystik." (Röd, 1984, S. 228) Die spätantike Theosophie suchte den Weg zur Erlösung von der materiellen Welt, vom Leiden, von den Versuchungen irdischer Lust und von irdischer Macht zu weisen.

Athen musste seine Rolle als Zentrum der Philosophie abgeben, aber nicht an Rom, sondern an Alexandria, wo sich griechisches, ägyptisches und orientalisches Denken begegneten. Griechisch blieb bis auf weiteres die in der Philosophie dominierende Sprache, obwohl sich auch eine stoische und epikuräische lateinische Literatur entwickelte.

Wenn man sich vergegenwärtigt, welch lähmenden Einfluss die christliche Kirche jahrhundertelang auf das geistige Leben Europas ausübte, wie sie jeden Despotismus gefördert hat und bis vor nicht allzu langer Zeit die Festung jeder geistigen und sozialen Reaktion geblieben ist, begreift man die ungeheure Kluft, die zwischen dem sozialen und religiösen Empfinden der Griechen und heidnischen Römer und den toten, den Geist in Fesseln schlagenden Dogmen der christlichen Kirche gähnt.

Das kann man aus der (antiken) Geschichte lernen

Was kann man aus der Antike für die heutige Zeit lernen? Dahlheim meint, allein schon der Versuch der Beantwortung dieser Frage sei nicht sinnvoll. Die Antike sei untergegangen und ihre Toten könnten keine Lebensregeln für uns Heutigen bereitstellen (Dahlheim 1994, S. 664).

Ganz anders Edward Gibbon in *The History of the Decline and Fall of the Roman Empire* (1776-1788). Gibbon schrieb sein Hauptwerk auf dem Höhepunkt des britischen Empires. Es lag nahe, Rom und London miteinander zu vergleichen. Die furchtbaren Umwälzungen im Zuge des Niedergang Roms ließen sich zur Belehrung seines 18. Jahrhunderts anwenden, betonte Gibbon (1987, S. 559). Er glaubte, dass bei allem wechselhaften Geschick der erreichte Stand an Künsten, Gesetzen und Sitten der Europäer und ihrer Kolonien nicht mehr unterboten werden kann. Es drohe keine Gefahr mehr von furchtbaren Auswanderungen und Eroberungen barbarischer Völker aus dem Norden und dem Osten. Nationenbildung, Ackerbau und Künste hätten den ungeregelten Strom gestoppt. Der Missbrauch der Tyrannei werde durch nationale Gesetze und staatliche Grenzen in Schranken gehalten.

„Die Republiken haben Ordnung und Stetigkeit erlangt, die Monarchien die Grundsätze der Freiheit oder wenigstens Mäßigung eingesogen, und selbst in die fehlerhaftesten Verfassungen ist durch die allgemeinen Sitten der Zeit einiges Gefühl für Ehre und Gerechtigkeit eingeführt worden." (Gibbon 1987, S. 562) Der Krieg sei damit nicht überwunden, aber mit den Fortschritten in den Kriegswissenschaften würden auch die Künste des Friedens und der Zivilpolitik wachsen. „Die Erfahrung von 4000 Jahren sollte ... unsere Hoffnungen mehren und unsere Besorgnisse mindern; wir können nicht bestimmen, zu welcher Höhe das Menschengeschlecht in seinen Fortschritten zur Vollkommenheit gelangen möge, dürfen aber mit Zuversicht annehmen, dass kein Volk ... wieder in seine ursprüngliche Barbarei zurückfallen werde." (Gibbon 1987, S. 564) 200 Jahre nach Gibbon war das britische Empire zerfallen. Geschwächt durch zwei Weltkriege schrumpfte Großbritannien nach Rückgabe fast aller Kolonien auf das Maß eines mittleren Nationalstaates.

Sucht man nach Belehrung aus dem antiken Nachdenken über Politik, so fällt folgendes auf:

1) Antike griechische Denker beschäftigten sich intensiv mit den Formen der Regentschaft und ihren Vor- und Nachteilen. Sie kamen zu dem Ergebnis, dass die sogenannte Mischverfassung jene Regierungsform darstellt, die allen wesentlichen gesellschaftlichen Gruppen begrenzte Teilhabe ermöglicht und mit relativ hoher Wahrscheinlichkeit größtmögliche Stabilität und Zufriedenheit erzeugt. Eine sich selbst begrenzende Demokratie komme der Selbstverwaltung der freien Bürger am nächsten.

Im übertragenen Sinne sind moderne Demokratien Mischverfassungen. Ähnlich einem Monarch steht der Präsident oder Kanzler an der Spitze, der ebenso wie seine beratenden Minister von der politischen Aristokratie, den Abgeordneten, gewählt wird. In dieser Aristokratie sammeln sich, wenn es gut geht, Erfahrung und Tatkraft. Das Volk zeigt sich im Wesentlichen als Wählerschaft. Jeder einzelne Stimmbürger ist dem anderen gleichberechtigt. Die Klientel- und Ständegesellschaft wurde vollständig überwunden.

Moderne Demokratien kennen einen weiteren wesentlichen Unterschied zur Athener Demokratie: pluralistische Parteien. Zu Parteien hat das Volk direkten Zugang (wenn es will), und es hat die Wahl. Ein Einparteiensystem kann niemals eine Demokratie sein. Aus den Parteien geht die „Aristokratie", d.h. die Abgeordneten hervor. Im deutschen Grundgesetz heißt es treffend: Parteien wirken an der Willensbildung mit. Man kann wählen und man kann gewählt werden. Ein direkter Einfluss des Volkes auf die Regierung insbesondere in finanzrelevanten Fragen ist aufgrund schlechter historischer Erfahrungen auch heute nicht intendiert und sollte auch nicht eingeführt werden. Ebenso sind im demokratischen Rechtsstaat „Aristokratie" und „Monarch" nicht völlig frei. Sie haben auf die Bedürfnisse des Volkes und der es mehr oder weniger repräsentierenden Parteien zu achten.

Der antiken Demokratie waren organisierte Parteien unbekannt, aber es gab Interessengruppen. Die Beeinflussung der eigenen Anhängerschaft und der Gegner wurde häufig professionellen Sophisten überlassen. Diese waren gelegentlich einflussreich, aber keine gewählte Parteivorsitzende. Die heutige

Parteienlandschaft ist heterogen. In jüngerer Zeit übernehmen teilweise politische nationale Bewegungen die Rolle von Parteien. Sie sind auf charismatische Einzelpersönlichkeiten orientiert und verschwinden meist wieder, wenn die Hauptperson abtritt.

Die Mischverfassung ist nicht alles. Ähnlich wie auf der politischen Ebene existiert auf der wirtschaftlichen Ebene eine „Mischwirtschaft". Der radikal freie Markt, das ungebremste Spiel von Angebot und Nachfrage, der „Manchesterkapitalismus", ist gebändigt durch eine Vielzahl von staatlichen Regularien. In Deutschland und vielen weiteren Staaten hat sich eine soziale Marktwirtschaft etabliert. Im Prinzip gilt nach wie vor die Preisbildung von Waren und Dienstleistungen nach Angebot und Nachfrage. In diesen Mechanismus greifen staatliche Regularien ein, mit denen wünschenswerte Entwicklungen gefördert und unerwünschte begrenzt oder verboten werden. Hinzu kommt ein seit Jahrzehnten sich ausweitender Sozialstaat, der soziale Härten abfedert oder gar nicht erst entstehen lassen will. Die Staatsquote steigt tendenziell in so gut wie allen modernen Staaten. Die Bürger fordern immer mehr, und sie bekommen es auch.

2) Die Athener erfanden zwar die Demokratie, diese ist aber von der heutigen weit entfernt. An eine Volksversammlung wie in der griechischen Demokratie ist schon lange nicht mehr zu denken. Heute werden westliche Demokratien geprägt von konstitutiven Elementen wie Gewaltenteilung, Schutz des Einzelnen vor der Macht der Mehrheit, Garantie des Eigentums, Meinungsfreiheit, Parteienkonkurrenz, unabhängigen Gerichten, Menschenrechten, Gewaltmonopol des Staates, geschlechtlicher Gleichberechtigung, Schutz der Kinder und der Umwelt etc. Der moderne Individualismus und die Würde des Menschen war den Philosophen der Antike noch unbekannt. Vor allem aber ist unsere Demokratie eine repräsentative. Zwischen dem großen Wahlvolk und der Regierung stehen die Abgeordneten, die die Bürger ihres Wahlkreises vertreten. Diese treffen sich nicht mehr auf dem Marktplatz, um zu debattieren. Stattdessen wurden andere Formen der Einflussnahme wie Parteien, Streiks, Demonstrationen, Vereine, gemeinnützige Organisationen, Lobbyismus und Petitionen etabliert.

Im Hinblick auf die Demokratie in Athen wird leicht vergessen, dass von den damaligen freien Bürgern viel mehr politisches Wissen und Engagement abgefordert wurde, als von heutigen Bürgern. Der Freie musste sich Wissen um das politische Gemeinwesen aneignen, bei den aktuellen Debatten auf dem Laufenden sein und sich intensiv dem politischen Geschäft widmen. Der Politiker wurde als Fachmann verstanden. Das sollte auch heute noch so gesehen werden. Dieses Expertentum steht dem Laienwissen und Laienverständnis oftmals entgegen. Daraus resultiert die Spannung zwischen Establishment und Volk, Elite und „Abgehängten" – mit anderen Worten: Expertokratie versus Bürgerpolitik. Platons Begriff von Politik ist expertokratisch, was ein Gegenentwurf zur praktizierten Demokratie in Athen bedeutete, als Bürger und Politiker noch weitgehend identisch waren.

Die Idiopragie Platons (dass jeder das Seine tut; dass jeder das tut, was er am besten tun kann) führt zu einer fundamentalen Spezialisierung. Das entscheidende politische Wissen ist exklusiv; es steht nur wenigen offen. Bei Aristoteles hingegen findet man die Anschauung, dass die Summierung der vielen Urteile der Bürger demnach „besser oder doch nicht schlechter" als das Urteil der Fachleute sei. Politik ist bei Aristoteles das, was im Prinzip jeder kann. Bürgerpolitik (Politik durch Bürger) besteht in der Teilhabe an Volks- und Gerichtsversammlung, in einer Herrschaft auf Zeit, der man sich nur bei Strafe entziehen konnte.

Mit den Sophisten gab es allerdings schon damals eine Art Mittlerfunktion zwischen stimmberechtigten Bürgern und Regierung, Verwaltung und Gerichten. Spezialistentum und Aufgabenteilung gehören zur Dynamik einer jeden Gemeinschaft und Gesellschaft – je größer die Gemeinschaft, desto spezialisierter. Zudem wurde erwartet, dass man im Sinne des Gemeinwesens Mehrheitsentscheidungen mittrug, auch wenn man anderer Meinung war. Zu den Tugenden des Bürgers gehörte es nicht nur, aktiv mitzuregieren, sondern sich auch regieren zu lassen, eine Tugend, die heute abhanden gekommen zu sein scheint. Wer in der Politik mitreden möchte, sollte ein ausgeprägtes Urteilsvermögen besitzen um zu unterscheiden, was Verantwortungsbewusstsein und was Demagogie ist.

3) Damals wie heute unterscheiden sich die Menschen von Natur aus in ihren Fähigkeiten und Erfahrungen. Hinzu kommen geburtliche Privilegien, für die man zunächst nichts kann: die spezifischen Eltern in ihrer gesellschaftliche Stellung und ihr Vermögen. Alles das ist unterschiedlich und ungleich verteilt. Selbstverantwortlichkeit kommt nicht allen zu. Für jene, denen es fehlt, springt heute der Staat ein, ohne die Unterschiede jemals wird nivellieren können. Es kann nie ausbleiben, dass einige aus der Masse heraustreten, und zwar nicht nur jene, die über viel Geld verfügen. Dumme, Toren und Tumbe mögen an der Politik teilhaben, doch die Wahrscheinlichkeit, dass sie reüssieren, ist gering. Die so glühend gewünschte Gleichheit hat hier eine

nicht überwindbare Begrenzung. Sie wird allerdings gemildert durch Gesetze und staatliche Institutionen, die tendenziell für Ausgleich und Gerechtigkeit sorgen.

Die Ungleichheit liegt in der Natur des Menschen, insbesondere in seinem Immer-mehr-Wollen, nicht in der Wirtschaftsform. Soziale Übel entspringen aus der Fähigkeit des Menschen zur Bösartigkeit, nicht aus den Besitzverhältnisse. Viele Menschen tragen das Potenzial zum Tyrannen in sich. Egoismus, Selbstsucht, Habgier und Unzufriedenheit waren zu allen Zeiten weit verbreitet. Das ist keine spezielle Eigenschaft der Elite oder der Führungsschicht. Der Unterschied besteht in der Gelegenheit, dieses Potenzial auszuspielen.

Demokratie steht seit ihren Anfängen vor dem Problem, dass ihre Freiheiten dazu ausgenutzt werden oder dazu führen, die Grundlagen eben dieser Demokratie zu beschädigen und zu unterminieren. Nicht nur Sophisten, auch Satiriker, Skeptiker, Nihilisten, Apokalyptiker, Gaukler, Populisten, Kabarettisten, Narren, Demagogen, Scharfmacher, Narzissten und Oppositionspolitiker versuchen ständig, Autoritäten zu untergraben. Es war schon immer ein verbreitetes Vergnügen, die Herrschenden und staatliche Institutionen als korrupt, dumm und unfähig hinzustellen[40]. Demokratie ist nicht gefeit gegen die Herrschaft des Mobs, aus der eine Tyrannei entstehen kann. Fake News sind nicht neu, genauso wenig wie die Unfähigkeit vieler, sie kritisch zu hinterfragen. Die Anständigen, Tüchtigen und Umsichtigen müssen Sorge tragen, dass die gute Ordnung erhalten bleibt. Ihre Aufgabe ist oft nicht beneidenswert.

4) Platons Politik beruht auf Metaphysik; Aristoteles' Politik verzichtet auf Metaphysik. Das ist ein fundamentaler Unterschied. Die Suche nach der Herrschaft des Guten führte Platon zur Herrschaft der Philosophen. Nach Karl Popper sei es Platons Fehler gewesen zu fragen: „Wer soll regieren?". Vielmehr müsse die Frage lauten: „Wie könnten wir politische Institutionen so organisieren, daß es schlechten und inkompetenten Herrschern unmöglich ist, allzu großen Schaden anzurichten?"[41]

Platons Idee der Philosophenherrschaft hat sich als untauglich erwiesen, obwohl es immer wieder einige philosophisch gebildete Männer in höchsten Staatsämtern gab. Die Idee, dass Gesetze herrschen sollten, erweist sich als

---

[40] Tuchman, Barbara (2001) *Die Torheit der Regierenden. Von Troja bis Vietnam.* 4. Aufl. 2006. Frankfurt/Main: Fischer Taschenbuch

[41] K. R. Popper, *Die offene Gesellschaft und ihre Feinde*, Bd. 1, München 1980, S. 170

wesentlich tragfähiger. Gesetze sind neutral und gelten für alle. Gesetze müssen geschaffen werden von einsichtigen Politikern und umgesetzt werden von unbestechlichen Staatsorganen und Gerichten. Für Ethik und Politik braucht man nach Aristoteles nicht Metaphysik, sondern Erfahrung und Klugheit. Metaphysik hat die Tendenz, zum Mystizismus zu entarten.

Die Herrschaft der Gesetze ist keine zweite Wahl. Die Alternative „Person oder Gesetz“ bzw. „Platon oder Aristoteles“ ist aus heutiger Sicht überholt. Der Staat braucht mehreres: integre und kluge Personen, belastbare Verfassungen, praktikable Gesetze, unabhängige Institutionen, akzeptierte Verfahren und gute Sitten. Über die konkrete Staatsform ist damit schon viel gesagt. Diese Staatsform kann nur eine Republik oder eine Demokratie sein. Je größer das Einverständnis damit, desto besser. „Die Frage, wie kompetent und wie moralisch die Regierenden sind, ist für die moderne Demokratie ... unverzichtbar. Sie ist eine Ordnung des Vertrauens, Ämter werden anvertraut.“[42] Vertrauen ist die Grundlage aller gelingenden Kooperation. Der herrschende Liberalismus mit seinen marktwirtschaftlichen Vertragstheorien, seinem Pochen auf Rechten und seinem Individualismus bedarf der Ergänzung: Gemeinschaftsdenken, Solidarität, Maßstäbe von Gerechtigkeit und von „gutem Leben“. Könnte hier das antike Staatsdenken den modernen liberalen Gesellschaften unter die Arme greifen? Beispielsweise die Anschauung des Aristoteles, das der Wissenschaft gewidmete „betrachtende“ Leben des Philosophen (*vita contemplativa*) sei dem tätigen Leben (*vita activa*) überlegen und die Quelle des höchsten Glücks?

5) Die antike Philosophie ist sich nicht einig, was höher zu bewerten ist: das theoretische Leben, die *vita contemplativa*, oder das praktische Leben, die *vita activa*. Für beides sprechen gute Gründe. Die *vita contemplativa* ist nach Aristoteles überpolitisch, man könnte sagen a-politisch. Der Mensch neigt natürlicherweise zum Privatleben. Das ist seine Ausgangsbasis für alle weiteren Aktivitäten. Die Politik ist jener Bereich, wo man seine Seelenruhe am ehesten verliert. Aber man muss sich nicht gleich völlig ins Privatleben zurückziehen. Die Unterschiede von beidem sind groß. Das Ziel der Kontemplation ist das Erkennen, das des aktiven Lebens das Handeln. Der Erkenntnisgegenstand ist in einem Fall die Suche nach dem Unveränderlichen, im anderen das Formen des Veränderbaren. Eine Einheit von Theorie und Praxis zu leben dürfte nur wenigen gelingen. Am besten ist vielleicht, ohne große

[42] Ottmann, Henning (2005) *Platon, Aristoteles und die neoklassische politische Philosophie der Gegenwart*. Baden-Baden: Nomos, S. 24

Schwierigkeiten zwischen beiden Lebensformen je nach Anlass und eigenem Bedürfnis wechseln zu können.

Das „gute Leben“ definierten viele antike Philosophen als die Einpassung in eine lebendige Tradition mit ihren überlieferten Sitten. Taugt die Normalität zur Norm? Jeder Bürger hat die Aufgabe, zum gemeinsamen Wohl beizutragen, indem er sich auf angemessene Weise harmonisch in das Ganze einfügt und ihm dient. „Das Wort Ethos verweist auf Ort, Wohnort, Standort, Wohnen, Gewohnheit, daß man das tut, was dort, wo man wohnt, gewöhnlich so getan wird.“[43] Ist damit eine unkritische Übernahme des Bestehenden intendiert? Vor allem Aristoteles wusste zwischen guten und schlechten Sitten und Verfassungen zu unterscheiden. Antike Religionsauffassungen waren relativ liberal, aber Blasphemie und Atheismus waren unter strengste Strafe gestellt. Es wurde kein Argument dagegen zugelassen. Von der Spätantike bis in die frühe Neuzeit war ein Denken außerhalb eines Gottesbezuges unausführbar. Erst die Trennung von Kirche und Staat und die Verabschiedung Gottes entfesselten Aufklärung, Rationalismus, Positivismus, Empirie und überhaupt alle Wissenschaften. Die christlich legitimierte Herrschaft des absoluten Königs, der seine Rechte allein von Gott herleitete und Vater seiner Untertanen sein wollte, erschien im Lichte der Neoklassik als das Ergebnis eines welthistorischen Abstiegs und wurde zum Symbol einer Krisenzeit.

6) Wird der Mensch durch eine ernsthafte Beschäftigung mit der Antike zu einem besseren? Die Begeisterung für die Antike führte im 18. und 19. Jahrhundert zu einer bedenklichen Überhöhung: „Wenn wir uns dem Altertum gegenüberstellen, und es ernstlich in der Absicht anschauen, uns daran zu bilden, so gewinnen wir die Empfindung, als ob wir erst eigentlich zu Menschen würden“ (Goethe, *Maximen und Reflexionen*, zit. in Dahlheim 1994, S. 688). „Der einzige Weg für uns groß, ja, wenn es möglich ist, unnachahmlich zu werden, ist die Nachahmung der Alten“, schrieb in gleicher Anschauung Johann Joachim Winkelmann. Erst in der Beschäftigung mit dem Altertum würde man sich zu „eigentlichen Menschen“ bilden können.

Oder bleibt sich der Mensch über alle Zeiten gleich, trotz aller Bemühungen zur Bildung? „Wer zurückblickte, tat dies immer noch wie einst der römische Kaiser Marc Aurel: ‚betrachte einmal die Zeiten unter Vespasian, und du wirst alles finden wie heute: Menschen auf Freiersfüßen, Menschen, die Kinder erziehen, Kranke und Sterbende, Krieger und festlich Gerüstete, Händler, Bauern, Schmeichlerische, Anmaßende, Misstrauische, Gottlose, solche, die

---

43 ebd., S. 11

diesem oder jenem den Tod wünschen, andere, die über die Gegenwart murren, verliebt sind, Schätze sammeln, Konsulate oder Königskronen begehren' (*Selbstbetrachtungen*, 4.32)." (zit. in Dahlheim 1994, S. 685)

Dem widersprach Voltaire: Jede geschichtliche Zeit ist absolut neu. Der Mensch habe sich gerade mit der Aufklärung und der Schulung seiner Verstandeskräfte auf eine höhere Ebene begeben. „Die Menschen jener vergangenen Zeit haben nicht wie wir gelebt, gefühlt und gehandelt", meint auch Dahlheim (1994, S. 309).

Der Mensch und seine Aufgaben bleiben sich teils gleich, eben weil sie Menschen sind, teils unterscheiden sie sich, weil sich die Zeiten ändern. Wie die Menschen früher wirklich gedacht haben, ist schwer zu sagen. Dahlheim (1994) weist auf das starke Traditionsbewusstsein der Athener und Römer hin, die alle Handlungen im Lichte der gloriosen Taten ihrer Vorfahren bewerteten. Viele Regeln, nach denen sich das soziale und politische Leben richtete, waren für die Zeitgenossen selbstverständlich und wurden nicht eigens bedacht, also auch nicht aufgeschrieben. Ein wesentliches Merkmal antiken Daseins war die Macht der Tradition. Die Toten und ihre Taten waren die Instanz, vor der alles Gegenwärtige und Künftige zu bestehen hatte.

Religiöse und traditionelle Gewissheiten prägen unser heutiges Leben weit weniger als damals. Sie wankten bereits in den Jahrzehnten der Aufklärung. Diese war etwas gänzlich Neuartiges, ein tiefer Wandel der Ideen und der Bewertung der Vergangenheit und der Gegenwart. Die Aufklärung hatte die Hoffnung, dass die Vernunft den Aberglauben, die Dummheit und die Ungerechtigkeit besiegen und die Welt schließlich in eine bessere Zukunft führen würde. Diese Hoffnung trieb auch die Revolutionen der Neuzeit. Die industrielle Revolution lässt keinen Vergleich mehr mit den wirtschaftlichen Veränderungen vergangener Zeiten zu. Kann die Antike wirklich Vorbild für die Zukunft sein?

7) Eine moderne, kritische Geschichtswissenschaft fragte sich, ob die Athener von Philosophie und bildender Kunst lebten und nicht vielleicht doch eher von Gerste und Weizen (Dahlheim 1994, S. 702)? Die empirische Forschung tritt an gegen den Mythos, gegen alles Erhabene und Idealisierte. Theodor Mommsen wie zuvor Edward Gibbon schoben die Verehrungslyrik der deutschen Klassik beiseite und boten dem Bildungsbürgertum ein attisches und römisches Drama ganz neuer Art, „wo gehasst und geliebt, gesägt und gehämmert, fantasiert und geschwindelt wird" (Mommsen, zit. in Dahlheim S. 703). Dahlheim schreibt: „Als die Römer dort ankamen, Fleisch und Blut an-

genommen hatten, war ihr Nimbus als zeitlose Vorbilder und Helden dahin.“ (ebd.)

Es mag in diesem Buch nicht so erscheinen, aber die wichtigsten Unruhen, Kriege, Revolutionen, Finanzkrisen, Staatsstreiche, die von Historikern so gern studiert werden, sind technisch gesehen Extremereignisse; zwar mit großen Auswirkungen, jedoch von geringer Häufigkeit. Man sollte die Katastrophenhäufigkeit der Geschichte nicht überbewerten. Die meisten Tage in der Geschichte der meisten Länder sind ziemlich langweilig. Selbst die katastrophalen Kriege ließen die meisten Orte unversehrt. Die großen Revolutionen der Geschichte – die Englische, die Amerikanische, die Französische und die Chinesische – ereigneten sich nicht überall.

Die wissenschaftliche Geschichtsschreibung, so Dahlheim, sei allerdings auch über Mommsen und Gibbon hinweggegangen, ebenso über Thomas Macaulay, Jacob Burckhardt, Leopold von Ranke oder Alexis de Tocqueville. Die Geschichtswissenschaft der Neuzeit trug einen Berg von Einzelfakten zusammen und habe darunter die Vorbilder und Tugenden der Antike begraben. „Das ist das eigentlich Entscheidende“, schrieb 1904 der Neuhistoriker Karl Lamprecht, „dass uns die Antike im Allgemeinen keine Ideale mehr zu bieten vermag, die über uns und unsere Entwicklungsstufe hinaus liegen. Das ist der Grund, warum auch so gewaltige Entdeckungen und neue Aufklärungen über die Antike, wie sie das letzte Menschenalter gebracht hat, keine neue Renaissance haben heraufführen können. Die normative Geltung der Antike war dahin; und die Frage trat auf, was an ihre Stelle treten könne.“ (zit. in Dahlheim 1995, S. 704f.) Werner Dahlheim greift im letzten Satz seines monumentalen Werkes *Die Antike* Lamprechts Befund auf, wenn er schreibt: „Die Antwort des 20. Jahrhunderts zeichnet sich ab: Nichts.“ (ebd.)

Dieses Diktum muss widersprochen werden. Die Menschenrechte mit ihrem zentralen Wert der Würde des Menschen im Zusammenspiel mit einem Kosmopolitismus, einer immer enger werdenden ökonomischen, wissenschaftlichen und politischen Zusammenarbeit, einer fast schon weltweiten Friedfertigkeit und Neugier kennzeichnet die zweite Hälfte des 20. Jahrhunderts. Die alten Gespenster der Machtgier, der Tyrannei, des politischen Größenwahns und des religiösen Aberglaubens konnten zumindest für einige Jahrzehnte wirksam zurückgedrängt werden.

8) Die im Eingangskapitel gestellten Fragen lassen sich nicht objektiv beantworten. Ob der Mensch gut und böse ist, entscheidet sich nach den persönlichen Vorlieben und nach dem, was man im Schilde führt. Der Mensch hat

die Potenz zu beidem. Eigene Bildung und äußere Umstände entscheiden mit darüber, welche Seite überwiegt. Partnerschaften, Familien und Gemeinschaften können den Einzelnen fördern, ebenso wie sie ihn hemmen können. Auch hier kommt es wieder auf die konkreten Umstände an. Und oftmals steht man sich selbst im Wege.

Die Erfahrung mit 2500 Jahren Politik, in denen alles ausprobiert wurde, was nur denkbar ist, mündet meines Erachtens in die Mischverfassung und die Mischwirtschaft, mehr oder weniger geglückte Mixturen aus mehreren Elementen, die die verschiedenartigen Bedürfnisse und Vorlieben mehr oder weniger geglückt befriedigen. Mischverfassung und Mischwirtschaft tragen den Keim der Unzufriedenheit in sich. Niemand fühlt sich je vollumfänglich berücksichtigt. Das erklärt die niemals zu bändigende Frustration auch bei guten Regierungen und einer guten Wirtschaftsentwicklung.

9) Nicht alles ist besser geworden, aber doch sehr vieles. Noch gibt es furchtbare Kriege, noch hungern viele Menschen, vor allem in Schwarzafrika. Die Ungleichheit zwischen Nationen und zwischen sozialen Schichten innerhalb von Nationen nimmt angeblich zu. Naturkatastrophen und Epidemien bedeuten schmerzhafte Rückschritte. Autokratische und diktatorische Regime, heute etwa in China, Russland und der Türkei, gewinnen an Einfluss. Zu der Bedrohung von Außen kommt die Herausforderung von Innen: Aus freien Wahlen gehen vermehrt Populisten, Nationalisten oder Extremisten als Sieger hervor. Die öffentliche Debatte in den sogenannten sozialen Medien entgleist zunehmend in Verschwörungswahn, ungehemmte Kritik und unbegrenztes Misstrauen gegenüber „der Elite". Was sind die Ursachen für die antiliberale Revolte und die scheinbar wachsende Attraktivität autoritärer Führung? Wie sollten wir unsere Beziehungen mit undemokratischen Regimen gestalten? Was ist zum Schutz der Demokratie und der Menschenrechte zu tun, damit den Autokraten und Diktatoren nicht die Zukunft gehört?

Die *World Values Survey* (Weltweite Werte-Erhebung) ist die umfangreichste und weiträumigste Umfrage über menschliche Werte, die je durchgeführt wurde. Es ist ein anhaltendes akademisches Projekt von Sozialforschern, um den Status von soziokulturellen, moralischen, religiösen und politischen Werten verschiedener Kulturen der Welt zu ermitteln und zu vergleichen. Die Daten dieses Projekts bestätigen einen positiven Trend[44]. Survey-Mitarbeiter Christian Wenzel, Politologe an der Universität Lüneburg, sagte in einem *Spiegel*-Interview (28. Dezember 2018), moralisch stehe es um das

---

[44] https://de.wikipedia.org/wiki/World_Values_Survey; 1. Januar 2019

Menschengeschlecht „ziemlich gut". Und es würden weiter Fortschritte gemacht. In seinem Buch *Freedom Rising: Human Empowerment and the Quest for Emancipation* (Cambridge 2014) hatte er Daten des World Values Survey ausgewertet. Zu den wichtigsten Trends zählten emanzipative Werte, die die freie Wahl und Chancengleichheit betonen. Der Wunsch nach Emanzipation und Selbstermächtigung (*human empowerment*) sei eine Quelle der Demokratie. Er mache die Zivilgesellschaft lebendig, stärke humanitäre Normen, steigere die Zufriedenheit und trage dazu bei, die moderne Gesellschaft auf eine nachhaltige Entwicklung auszurichten. Es kann nicht überraschen, dass das protestantische Europa in dieser Hinsicht am weitesten fortgeschritten ist und islamische Staaten das Schlusslicht bilden.

Wir werden niemals eine perfekte Welt haben. Und es ist sogar gefährlich zu versuchen, derartige, meist am Schreibtisch entworfene Beglückungsideen umzusetzen. Dies führt in aller Regel zu Tyrannei oder Totalitarismus. Aber es gibt keine Grenze für Verbesserungen, wenn wir Wissen anwenden, um menschliches Wohlergehen auszuweiten. Will der Mensch aus der Geschichte lernen, muss er sich an diese erinnern. Aus der Beschäftigung mit der Geschichte erwächst die Einsicht, dass Leben besser ist als der Tod, dass Gesundheit besser ist als Krankheit, dass Überfluss besser ist als Mangel, Freiheit besser ist als Zwang, Fröhlichkeit besser ist als Leiden und dass Wissen besser ist als Ignoranz und Aberglaube. Wir müssen mit den dunklen Seiten der menschlichen Natur rechnen, aber ebenso mit der Vernunft und der Wirkung von Aufklärung.[45]

---

45 Steven Pinker: *Enlightenment Now* (2018); siehe auch Gregg Easterbrook: *It's Better Than Than It's Looks*; Bobby Duffy: *The Perils of Perception*; Hans und Ola Rosling und Anna Rosling Rönnlund: *Factfulness*; Michael Cohen und Micah Zenko: *Clear and Present Safety*; Ruy Texeira: *The Optimistic Leftist.*

Danksagung

Seit Jahrzehnten besuche ich in Berlin eine Art Akademie, genannt „Die Eiche“[46], gegründet und geleitet von Professor Dr. Josef Rattner, und die „Kleine Akademie“ von Professor Dr. Gerhard Danzer in Potsdam. Ihnen und meinen dortigen Mitstreitern bin ich für ihr stetes Interesse und ihre Zuwendung zu tiefem Dank verpflichtet. Am meisten ermutigt, dieses Projekt in Angriff zu nehmen und durchzuhalten, hat mich meine Frau. Ihr gebührt der meiste Dank.

46 offiziell: Arbeitskreis und Institut für Tiefenpsychologie, Gruppendynamik und Gruppentherapie; seit 2015 auch Akademie für verstehende Tiefenpsychologie Berlin

Ausgewählte Bibliographie

Dahlheim, Werner (1994) Die Antike. Griechenland und Rom. Paderborn, München, Wien, Zürich: Ferdinand Schöningh

Gibbon, Edward (1987 [1776-89]): Verfall und Untergang des römischen Reiches. Die Andere Bibliothek Nr. 29, Nördlingen: Franz Reno

HWPh, Historisches Wörterbuch der Philosophie (1971-2007), hg. von Joachim Ritter, Karlfried Gründer und Gottfried Gabriel. 13 Bände, Basel: Schwabe Verlag

Höffe, Otfried (1987) Politische Gerechtigkeit. Grundlegung einer kritischen Philosophie von Recht und Staat. Erweiterte Neuausgabe. Frankfurt/Main: Suhrkamp

Höffe, Otfried (2015) Kritik der Freiheit. Das Grundproblem der Moderne, München: C.H. Beck

Höffe, Otfried (2016) Geschichte des politischen Denkens. Zwölf Porträts und acht Miniaturen, München: C. H. Beck

Lieber, Hans-Joachim (Hg.) (1993) Politische Theorien von der Antike bis zur Gegenwart. Bundeszentrale für politische Bildung, Studien zu Geschichte und Politik Bd. 299, Bonn

Ottmann, Henning (2001a) Geschichte des politischen Denkens. Band 1: Die Griechen. Teilband 1: Von Homer bis zur Sokrates. Stuttgart: J.B. Metzler-Verlag

Ottmann, Henning (2001b) Geschichte des politischen Denkens: von den Anfängen bei den Griechen bis auf unsere Zeit. Bd. 1: Die Griechen; Teilband 2: Von Platon bis zum Hellenismus. Stuttgart: J. B. Metzler-Verlag

Ottmann, Henning (2002a) Geschichte des politischen Denkens. Band 2: Die Römer und das Mittelalter. Teilband 1: Die Römer. Stuttgart: J. B. Metzler-Verlag

Röd, Wolfgang (1994) Der Weg der Philosophie. Bd. I: Altertum, Mittelalter, Renaissance. München: C. H. Beck

Weitere Literaturhinweise im laufenden Text.

Sach- und Personenregister

A

B

G

H

I

J

K

L

M

Q

R

S

W

X

Z

Über den Autor

Gerald Mackenthun studierte zunächst Zeitungswissenschaften und Politologie an der Freien Universität Berlin und arbeitete über 25 Jahre in verschiedenen Medien, vor allem als Wissenschaftskorrespondent der Deutschen Presse-Agentur im Landesbüro Berlin. Nebenbei studierte er Psychologie und absolvierte eine Ausbildung zum Psychologischen Psychotherapeuten. In diesen Beruf wechselte er 2004. Seitdem arbeitet er als niedergelassener Psychotherapeut in Berlin. Er ist Autor mehrerer Bücher und Grundlagenwerke über Themen der Tiefenpsychologie und beschäftigt sich insbesondere mit Alfred Adler, dem Wiener Begründer der Individualpsychologie. Er ist Dr.phil. und habilitiert im Fach Klinische Psychologie.

Weitere Bücher vom Autor

Diagnostik und Diagnose in tiefenpsychologischen und psychoanalytischen Verfahren. Berlin: VTA 2018

Berichte an den Gutachter schreiben in tiefenpsychologischen und psychoanalytischen Verfahren einschließlich der genauen Erörterung der Psychodynamik. Norderstedt: BoD; 2., korrigierte und ergänzte Auflage 2017

zus. mit Rattner, J.; Kulturanalyse und Psychotherapie. 200 S., Berlin: Verlag für Tiefenpsychologie, 2015

(Hg.) Alfred Adler – wie wir ihn kannten. 304 S., Göttingen: Vandenhoeck & Ruprecht, 2015

Grundlagen der Tiefenpsychologie. 360 S., Gießen: Psychosozial-Verlag, 2013

Gemeinschaftsgefühl. Wertpsychologie und Lebensphilosophie seit Alfred Adler. 560 S., Gießen: Psychosozial-Verlag, 2012

Widerstand und Verdrängung. Ursprung und Neuinterpretation zweier Schlüsselbegriffe der Tiefenpsychologie. 470 S., Gießen: Psychosozial-Verlag, 2., überarbeitete Auflage, 2011

zus. mit Lévy, A. (Hg.): Gestalten um Alfred Adler: Pioniere der Individualpsychologie. Würzburg: Königshausen und Neumann 2002

zus. mit Krämer, W.: Die Panik-Macher, München: Piper 2001

(Hg.) Verständnis und Mitgefühl: Vorträge und Essays zur tiefenpsychologischen Kulturanalyse und Psychosomatik. Würzburg: Königshausen und Neumann 2000

zus. mit Kaminski, K. (Hg.) Kinder verstehen lernen: Vorträge zur individualpsychologischen Pädagogik in Elternhaus und Schule. Würzburg: Königshausen und Neumann 1998

zus. mit Kaminski, K. (Hg.) Individualpsychologie auf neuen Wegen - Grundbegriffe, Individualpsychologie als angewandte Ethik, Psychotherapie, Charakterkunde. Würzburg: Königshausen und Neumann 1997

Die Entstehungsgeschichte der ‚Analytischen Sozialpsychologie' Erich Fromms 1928-1938: Eine Einführung. Forschungen zu Erich Fromm, Band 3, Frankfurt/Main: Haag+Herchen 1991

Phyllis Bottome

Alfred Adler – aus der Nähe porträtiert
304 Seiten, gebunden, 2., verbesserte Auflage
Juli 2017
ISBN: 978-3-00-040056-8
30,00 €

Über den Inhalt

Alfred Adler, Arzt und Psychologe, zählt neben Sigmund Freud und Carl Gustav Jung zu den Pionieren der Tiefenpsychologie. Adlers wichtigste Anliegen in der von ihm begründeten Schule der "Individualpsychologie" war die Ausarbeitung einer Menschen- und Lebenskenntnis, die allgemeinverständlich ist und zu einer verantwortungsvollen Lebensführung anleitet.

Die bekannte englische Schriftstellerin Phyllis Bottome (1882-1963), Adlers erste Biografin und mit ihm eng befreundet, hat seinen Lebensweg einfühlsam nachgezeichnet. Ihr temperamentvoller Lebensbericht, der auf zahlreichen persönlichen und schriftlichen Mitteilungen beruht, erweckt seine humorvolle und menschliche Persönlichkeit vor den Augen des Lesers zu neuem Leben.

Das Buch ist die erstmalige Übersetzung der dritten Auflage der Bottome-Biographie (1957) ins Deutsche. Klaus Hölzer und seine Mitübersetzer sind ausgewiesene Individualpsychologen.

Über die Autorin

Phyllis Bottome (1882-1963) war eine bedeutende englische Schriftstellerin - populär in Großbritannien und in den USA -, die in der Mitte ihres Lebens eine engagierte Anhängerin der Individualpsychologie wurde. Nach ihrer Begegnung mit Alfred Adler (1870-1937) veranschaulichte sie seine Psychologie in zahlreichen Romanen und Essays.

Bestellungen in allen Buchhandlungen und auf allen Online-Plattformen.

Gisela Greulich-Janssen

Fühlen und Denken – Wege zur Person
Philosophische und anthropologische Aspekte in der Psychotherapie
160 Seiten, gebunden, Oktober 2017
ISBN 978-3-946130-08-6
19,90 €

Matthias Voigt

Erziehung, Pädagogik und die Kultur der Menschheit
Der Beitrag der Tiefenpsychologie zur kulturellen Evolution
270 Seiten, gebunden, April 2017
ISBN 978-3-946130-11-6
27,00 €

Reinhold Köpke

Keine Angst vor Goethe
Eine Annäherung in 23 Kapiteln
234 S., Hardcover, Juli 2017
ISBN: 978-3-946130-12-3
24,00 €